歴史文化ライブラリー
608

相馬一族の中世

岡田清一

吉川弘文館

目次

鎌倉府体制の終焉と相馬氏

戦国期の争乱と相馬氏

「相馬」の故地と歴史資料――プロローグ

「相馬」の故地

「相馬」というと、相馬野馬追《そうまのまおい》を連想するかたが多いのではないだろうか。毎年七月下旬（令和六年からは五月下旬）に行われるこの行事は、国の重要無形民俗文化財にも指定された祭事で、旧相馬中村藩領に住む地域住民が中心となって執行されている。野馬追の行事は、『相家故事秘要集《そうけこじひようしゅう》』（延享二年〈一七四五〉成立）に平将門《たいらのまさかど》が下総国《しもうさのくに》小金原《こがねがはら》（千葉県松戸市）に放った野馬を敵と見做《みな》して行った軍事調練に由来すると伝え（『原町市史10』）、将門以来千年の由緒を持つ行事として、多くの観衆を魅了している。

なぜ、下総国で行われた軍事調練が、福島県浜通《はまどお》り（太平洋岸の通称）で行われているのだろうか。相馬野馬追から、「相馬」は福島県浜通り北部に位置する相馬市や南相馬市のことと思われているようであるが、将門・野馬追の伝承から想像できるように、「相馬」は下総国相馬郡に由来する。同郡は、明治四年（一八七一）十一月に印旛《いんば》県、さらに同六年千葉県に属したが、同八年には郡内を東流する利根川によって二分され、北半は茨城県に、南半は千葉県に属した。その後、同十一年の郡区町村編制法《ぐんくちようそんへんせいほう》施行時に北半は北《きた》相馬《そうま》郡、南半は南相馬《みなみそうま》郡とされ、南相馬郡は同三十年、千葉県東葛飾《ひがしかつしか》郡に編入されて「相馬」の名は消失した。そのため、相馬を名のる地域名は北相馬郡だけとなり、その内部にあった取手町《とりでまち》（一九七〇）・守谷町《もりやまち》（二〇〇二）も市制を敷き、藤代町《ふじしろまち》も取手市と合併（二〇〇五）したため、利根町《とねまち》だけが「相馬」の名を残している。

一方、福島県の「相馬」は、下総国相馬郡を支配した相馬氏が、鎌倉時代末期、その一族が陸奥国行方《なめかた》郡（南相馬市・飯舘村）に移住、中世後期には相馬氏が支配する地域として「相馬」を冠して「相馬行方郡」や「相馬宇多《うた》郡」という名称が現れてくる。慶長十六年（一六一一）十二月、相馬義胤《よしたね》・利胤《としたね》父子は行方郡小高《おだか》（南相馬市）から宇多郡中村（相馬市）に本拠を移し、さらに元禄十二年（一六九九）九月、藩主相馬昌胤《まさたね》は奥州中村と称してきた城下を「奥州相馬中村」に改めたという（「昌胤朝臣御年譜」、以下『相馬藩世紀』と記述）。明治四年（一八七一）の廃藩置県《はいはんちけん》により中村藩は消滅して中村県が置かれたが、同九年、福島県に編入された。同二十二年四月、町村制施行にともなって宇多郡中村町が、同二十九年四月には行方郡と宇多郡が合併して相馬郡がそれぞれ発足した。昭和二十九年（一九五四）三月、中村町が周辺七ヵ村と合併して相馬市が誕生した。また、旧行方郡域については、平成十八年（二〇〇六）一月、原町《はらまち》市と相馬郡小高町および鹿島町《かしままち》が合併して南相馬市が誕生した。

「相馬」には、二つの故地《こち》があるといえよう。

「相馬」をめぐる歴史資料

少々、二つの「相馬」について深入りしたが、「相馬」一族の中世を考える時、二つの故地を前提に記述することが求められる。ところが、奥州の相馬氏が明治維新にいたるまで大名家として存続したのに対し、下総の相馬氏は、古河公方家《こがくぼうけ》の奉公衆《ほうこうしゅう》に組み込まれ、さらに北条氏に属したため、天正十八年（一五九〇）の北条氏滅亡とともに所領を没収され、一族四散の状態となった。一部は徳川家の旗本《はたもと》として、さらに小田原藩大久保《おおくぼ》家や彦根《ひこね》藩井伊《いい》家などに仕えたが、中世の史料はほとんど残らなかった。

そのため、下総の相馬氏に関する研究は少なく、戦国期に関する鍛代敏雄《きたいとしお》氏の「古河公方家臣下総相馬氏に関する一考察」が詳しく、さらに黒田基樹《もとき》氏「戦国時代の柏地域」などがあるに過ぎない。

如上《じょじょう》の状況から、本書では、とくに後半は史料が残る奥州の相馬氏に関する記述となった。ただし、奥州の相馬一族に関する史料も、相馬家、相馬岡田家、大悲山《だいひさ》家に伝来した文書が大部分を占め、時期的にも鎌倉~南北朝期に関するものが中心である。そのため、室町~戦国期については、江戸時代に編さんされた史料を用いることも多くなった。

歴史を繙《ひもと》く行為は、多くのピースから全体を復元するジグソーパズルに似ている。それぞれのピースは、史実を解き明かす史・資料でもある。しかし、時としてこのピースは不正確で、復元する時に多少のズレが生じたり、隙間ができたり、さらにピース自体が無いときもある。

そうした時、その隙間やピースの無い箇所については、別のピースを求めたり、あるいは隙間を埋める別の工夫が必要となる。歴史についても、新たな史料の確認や既存の資料を再検討し、さらに考古学や民俗学の成果を取り入れて、隙間を埋めることになる。ただし、無理にピースをあてはめようとすると全体像に歪みを生ずる可能性もある。とくに江戸時代の編さん史料（だけではないが）は、編さん者の意図・思惑を考慮せざるを得ない。

こうした意図をもって叙述したつもりではあるが、本書から読み取っていただければと思う。

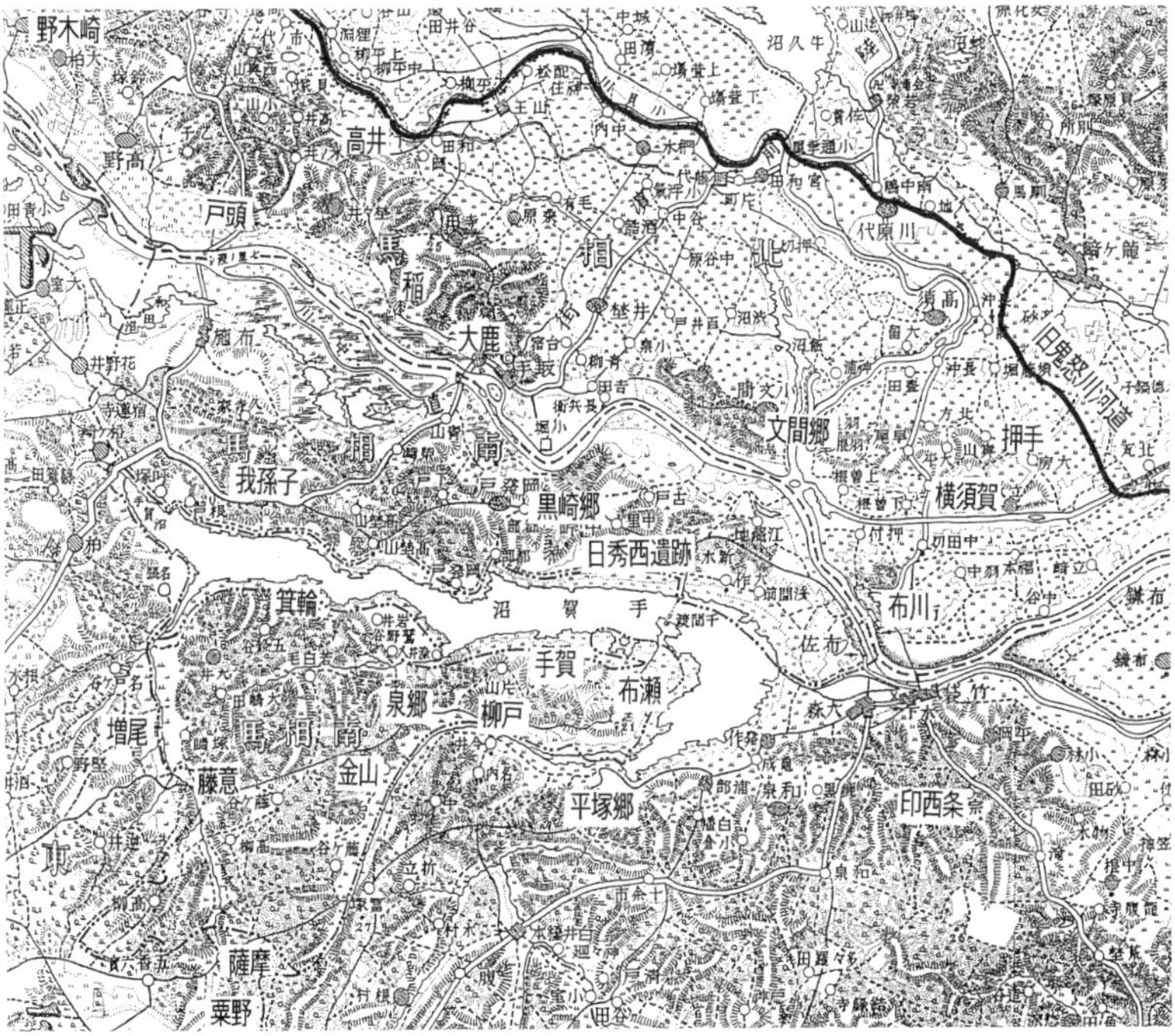

図1　下総国相馬郡関係地名

相馬御厨をめぐる紛争――「相馬」氏誕生の前提

相馬氏は、平良文《たいらのよしぶみ》を祖とする千葉氏の一族で、下総国相馬郡を苗《みょう》字《じ》の地とした。大治元年（一一二六）六月、平忠常《たいらのただつね》の孫である常時《つねとき》は、弟常兼《つねかね》の子常重《つねしげ》を養子に迎えて相馬郡を譲与した。同五年六月、常重は相馬郡布施《ふせ》郷を伊勢内宮《ないくう》に寄進、ここに相馬御厨《そうまのみくりや》が成立した。ところが、常重が子息常胤《つねたね》に御厨を譲与したところ、年貢《ねんぐ》未納を理由に下総守《しもふさのかみ》藤原親通《ちかみち》に捕縛《ほばく》され、親通に相馬郷と立花《たちばな》郷（千葉県東庄町《とうのしょうまち》）を奪い取られ、相馬御厨をめぐる千葉氏と親通の紛争は永く続くことになる。

このような状況下の保延四年（一一三八）、相馬氏の氏祖《しそ》、師常《もろつね》は誕生した。

さらに、常時の子常澄《つねずみ》が相馬御厨の支配権を主張した。本来、常時が相馬郡を支配していたから、あるいはその権利の一部が常澄に譲渡されていたのかもしれない。

こうした複雑な紛争が展開するなかで、康治二年（一一四三）、源義朝《みなもとのよしとも》（頼朝《よりとも》の父）が常重に圧力を加え、相馬御厨を奪いとった。義朝は相模国鎌倉（神奈川県鎌倉市）を本拠に、海を渡って房総半島に進出し、常澄を麾下《きか》に組み込むとともに、天養二年（一一四五）には、相馬御厨を伊勢内宮に寄進したのである。

保元《ほうげん》の乱《らん》後、相馬御厨は藤原親通の子親盛《ちかもり》から関連文書を譲渡されたと主張する源《みなもとの》義宗《よしむね》の手にわたり、永暦二年（一一六一）正月、伊勢内・外《げ》二宮に寄進された。翌月、常

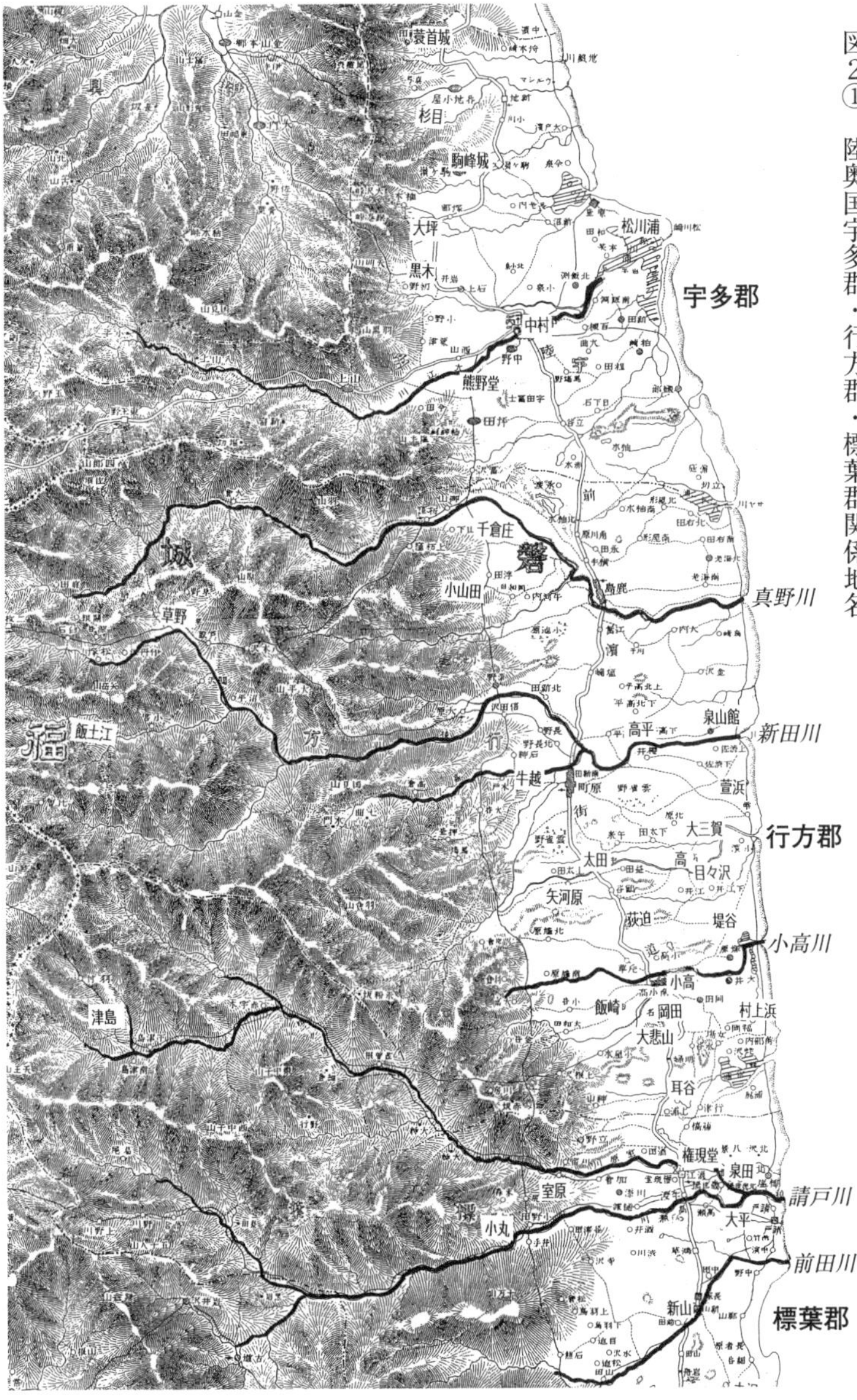

図2① 陸奥国宇多郡・行方郡・標葉郡関係地名

図2② 陸奥国標葉郡・楢葉郡関係地名

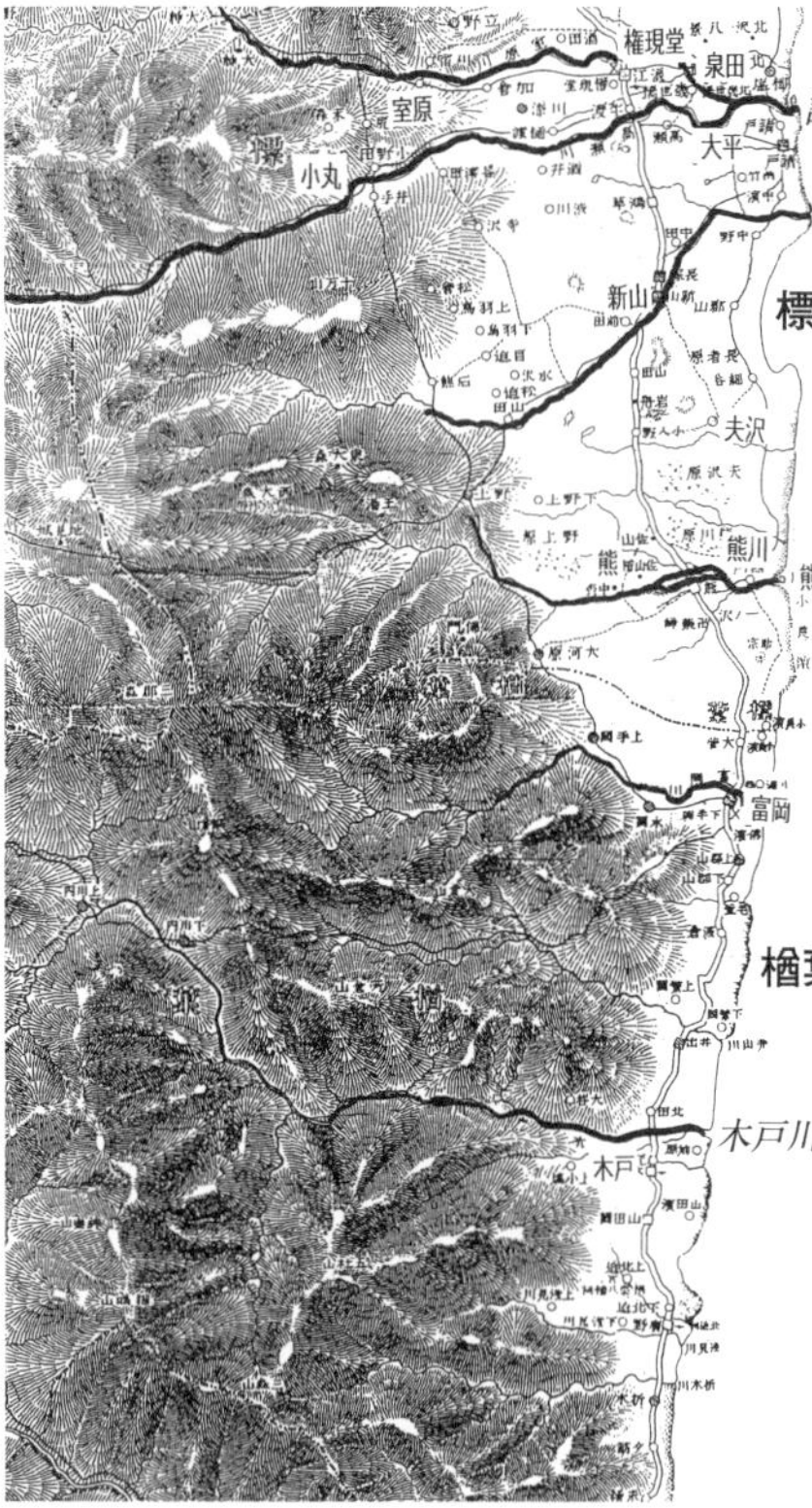

胤も伊勢二宮にふたたび寄進。神宮側は常胤の寄進を優先させたが、供祭物《ぐさいもつ》の納入が滞《とどこお》ったため、義宗の寄進が認められてしまった。源義宗については、これを佐竹氏と理解する西岡虎之助氏（『荘園史の研究』下巻一）以来の指摘に対し、「京《みやこの》武者《むしゃ》の兵衛尉能宗《よしむね》」

とする佐々木紀一氏の見解（「『平家物語』の中の佐竹氏記事について」）があるが、佐竹氏が常陸国南部や下総国東部に進出し、千葉氏や上総氏と対立していたことは確認できる。

こうして相馬御厨は、最終的に源義宗の支配が認められることになったが、相馬御厨をめぐる複雑な紛争は、千葉氏の支配権がきわめて不安定な状況下にあったことを示している。相馬氏・師常が歴史上に姿を見せるのは、こうした不安定さを克服する源頼朝の挙兵までまたねばならなかった（岡田清一『相馬氏の成立と発展』）。

＊　なお、記述上の留意点を記しておきたい。本書で用いた相馬家・相馬岡田家・大悲山家に伝来した文書はその都度の出典を略したが、新『相馬市史４』には写真と翻刻がすべて収録されている。また、歴史地名には比定できる現代の自治体等の名称を記したが、県名と県庁所在地が同一の場合および相馬市・南相馬市については県名を略した。いずれも紙幅の関係である。

＊　図１・２①②は平凡社『日本歴史地名大系』特別附録「輯製二十万分一図復刻版　茨城県全図・福島県全図」に本書関連地名を書き加えた。同図「解説」によると茨城県は明治二十年、福島県は同二十一年の輯製製版である。

鎌倉幕府と御家人相馬氏

御家人相馬氏の誕生

相馬氏祖師常の誕生

相馬氏の祖師常《もろつね》は、源頼朝《よりとも》の挙兵に参画し、幕府草創に大きな役割を果たした千葉介常胤《ちばのすけつねたね》の二男として誕生した。史料上の初見は、石橋山の戦いに敗れ、房総に遁れた頼朝に合流する常胤の二男として「師常相馬と号す」と記される『吾妻鏡《あづまかがみ》』治承四年（一一八〇）九月十七日条である。ところが、相馬郡を支配して相馬を名のっていたかのように記す『吾妻鏡』に対し、『源平闘諍録《げんぺいとうじょうろく》』では「次男師常」とのみあって、「相馬」を冠していない。

しかも、寿永二年（一一八三）十二月、頼朝に謀殺された上総権介広常《かずさごんのすけひろつね》に縁坐して捕縛され、その後、赦免された弟常清《つねきよ》が「相馬九郎」を冠して『吾妻鏡』に記されている。これは、常清の祖父常時《つねとき》が相馬郡を支配することがあり、その子孫もまた相馬郡に対して何らかの権利を持ち続け、常澄の子常清が「相馬」を名のったものと思われる。

さらに、吉川家本《きつかわけぼん》『吾妻鏡』文治二年（一一八六）六月十一日条には、

上総国畔蒜《あびる》庄は熊野別当《くまのべっとう》が支配するところである。ところが地頭職《じとうしき》については、頼朝公が相馬介と和田《わだ》太郎義盛《よしもり》に与えられ、それぞれが熊野別当の使者の命令に背いて年貢等を納入しなかったので、別当はこれを訴えたのである。（下略）

とあり、「相馬介」の存在が確認される。野口実氏は、「相馬介」とは常清の子定常《さだつね》に該当し、しかも相馬介の「介」は上総権介に由来し、広常の謀殺後、その地位を定常が継承したと指摘する（『中世東国武家社会における苗字の継承と再生産』）。おそらく、広常が掌握していた上総権介として上総国衙《こくが》を掌握し、上総一族を統括する「族長」ともいうべき地位を受けついだ定常が、相馬郡に対して何らかの権限を有していたと考えられる。

　では、この上総氏系の相馬氏に対し、常胤の二男師常が相馬郡を支配し、「相馬」を苗字とするのは、いつのことだろうか。史料は限られているものの、平泉藤原氏を攻撃した文治五年（一一八九）八月二十日に書かれた源頼朝の書状（『薩藩旧記雑録』）によれば、「ほうてう《（北条）》・みうら《（三浦）》の十郎・わた《（和田）》の太郎・さうま《（相馬）》の二郎・おやまた《（小山田）》のもの《（者）》、おくかた《（奥方）》せんち《（先陣）》したるものとん《（者共）》」に対し、軍勢二万騎を待って合流し、二十一日には平泉に到着すべきことを厳命したという。この書状に師常が「さうまの二郎」と記されたのは、相馬郡

の支配者として師常を頼朝が認めていたことを表している。

したがって、文治二年六月当時、相馬介を名のる上総定常の存在が確認できるから、師常による相馬郡の支配は、少なくともそれ以降、同五年八月までに可能になったといえる（岡田清一『相馬氏の成立と発展』）。

そのきっかけを示す史料は確認できないが、たとえば、建久元年（一一九〇）正月、平泉藤原氏の残党が蜂起した時、頼朝は常胤の嫡子胤正《たねまさ》を討伐の大将軍に命じた。それに対して胤正は、「先年、上総国で合戦があった時、葛西清重《かさいきよしげ》とともに戦った。このたびも清重を動員することを認めて欲しい」と言上し、許可を得ている（『吾妻鏡』）。この上総国の合戦に、上総一族が無関係であったとは考えがたい。おそらく、こうした事件を通して、相馬介定常を含む上総一族は徐々に千葉氏の支配に組みこまれていったのであり、師常の相馬郡に対する支配もその過程で確立されていったと思われる。

ところで、この「奥羽合戦」に頼朝は東国のみならず中国・九州の武士までも動員した。しかも、奥羽攻撃に加わらなかった武士は所領を没収され、一方で、従軍した者は所領の安堵《あんど》を受けている。頼朝は、この平泉攻略に従軍するかどうかでその忠誠心をはかり、去就をはっきりさせることをねらったのである（入間田宣夫「鎌倉幕府と奥羽両国」）。

だが、頼朝の目的はこれだけではなかった。『吾妻鏡』によれば、泰衡《やすひら》の首が届けられた九月六日、前九年合戦の先例が踏襲《とうしゅう》され、その首級は安倍貞任《あべのさだとう》のそれと同じ八寸の鉄釘で曝《さら》されたという。もっとも、前九年合戦を詳述する『陸奥話記』に、こうした事例は記されていない。頼朝が創作した「先例」の可能性もある。

この一連の行為は、多くの軍勢の前でなされた。おそらく、頼朝は頼義《よりよし》以来の主従関係を譜代《ふだい》性をもったものとして印象づけ、自らの立場がいかに正統性をもったものかを再認識させたのである。泰衡梟首《きょうしゅ》の後に、あえて全国の武士を引き連れて厨川《くりやがわ》（岩手県盛岡市）まで北上したのも、前九年合戦の再現であった（川合康『鎌倉幕府成立史の研究』）。

なお、この戦いは「奥州合戦」と称されることが多いが、陸奥国のみならず出羽国でも進められたことから、「奥羽合戦」と記すこともある（横山昭夫等『山形県の歴史』）。

師常と頼朝

父常胤とともに頼朝に合流した師常は、以後、千葉一族のひとりとして平家との合戦に従軍、元暦元年（一一八四）二月には、源範頼《みなもとののりより》に従って摂津国一ノ谷（兵庫県神戸市）の平家を攻撃し、さらに九州に上陸した。

また、文治五年（一一八九）七月、頼朝が平泉の藤原氏を攻撃するため鎌倉を出陣すると、常胤が率いる東海道勢に属して太平洋岸を北上した。阿津賀志山《あつかしやま》（福島県国見町）で藤原国衡《くにひら》勢を破った頼朝勢は、陸奥国府（宮城県多賀城市。以下「多賀国府」と記述する）で東海道勢と合流。その後、平泉を陥落させたのが八月二十二日、さらに厨川まで進軍し、九月二十日には平泉に戻った。

そこで頼朝は、軍功を挙げた御家人たちに恩賞を与えたが、最初に拝領した常胤の恩賞地を『吾妻鏡』は具体的に記載していない。しかし、のちに常胤の三人の子、すなわち二男師常が行方《なめかた》郡（南相馬市・飯館村）、三男胤盛《たねもり》が亘理《わたり》郡（宮城県亘理郡）のそれぞれ郡地頭職を、さらに四男胤信《たねのぶ》が好島《よしま》庄（福島県いわき市）の預所職《あずかりどころしき》を得て移住しており、平泉で行われた常胤への恩賞であったことは間違いない。以後、行方郡は相馬氏の重要な所領として相続されていくことになる。

この間、師常は鶴岡八幡宮や永福寺《ようふくじ》、相模日向山《ひなたやま》（神奈川県伊勢原市）、さらには信濃国善光寺（長野市）に参詣する頼朝に供奉《ぐぶ》するとともに、建久元年（一一九〇）十一月および同六年三月には、頼朝に従って上洛している。また、父常胤とともに、頼朝の子頼家《よりいえ》の御七夜《おしちや》や着甲始《ちゃくこう》めの儀に参列するだけでなく、「垸飯《おうばん》」役や馬引きなど、後の御家人役ともいうべき役目を負っている。

師常の結婚

師常が、頼朝の挙兵に加わった治承四年（一一八〇）当時、かれはすでに四十二歳。したがって妻子がいたことは予想できるが、確実なことはわからない。

ところで『源平闘諍録』は、伊東祐親《いとうすけちか》の三女を「兵衛佐《ひょうえのすけ》（頼朝）本妻」と記すとともに、その行く末を案じた頼朝が、大勢の御家人の前で「列座したる大名のなかに、誰を夫となさんと思食《おぼしめ》す。指して仰せ出されよ」と問いかけたところ、三女は一人の武士を指した。頼朝は、三女に「侍《さむらい》、その数多しといへども、日の本《もと》の将軍と号する千葉介常胤の次男、相馬の次郎師常とは是《こ》れなり」と言い、師常に対して「頼朝をば舅《しゅうと》と思はるべし。頼朝は聟《むこ》と思ふべし」と納得させたというのである。その後、師常はこの女性を伴侶とし、生涯を共にしたという。

ただし、この再婚譚《さいこんたん》は他の史料から確認できず、福田豊彦氏も「本書独自のもので、真偽の程は不明」と述べるにすぎない（『源平闘諍録（下）』）。しかし、『吾妻鏡』によれば、頼朝が常胤に対して「父と為《な》すべき由」を仰せられたというし、西国を転戦する範頼に対し、「千葉介ことに軍《いくさ》にも高名し候けり。大事にせられ候へし」との書状を送っており、常胤に特別な立場を示している。少なくとも、『源平闘諍録』は、建武四年（一三三七）以前には成立したと理解されており、鎌倉時代後末期、頼朝の前妻と師常が再婚したという説話が伝えられていたことは確かだろう。

後述するように、相馬氏と伊豆国の御家人天野《あまの》氏とのあいだには婚姻関係が結ばれ、師常の子孫が走湯山権現《そうとうさんごんげん》（伊豆山神社・静岡県熱海市）の塔頭般若院《たっちゅうはんにゃいん》を開山《かいさん》するなど、両地域を結びつける事例が増えてくる。しかも、走湯山の廻船「あたみ舟」が房総半島を北上

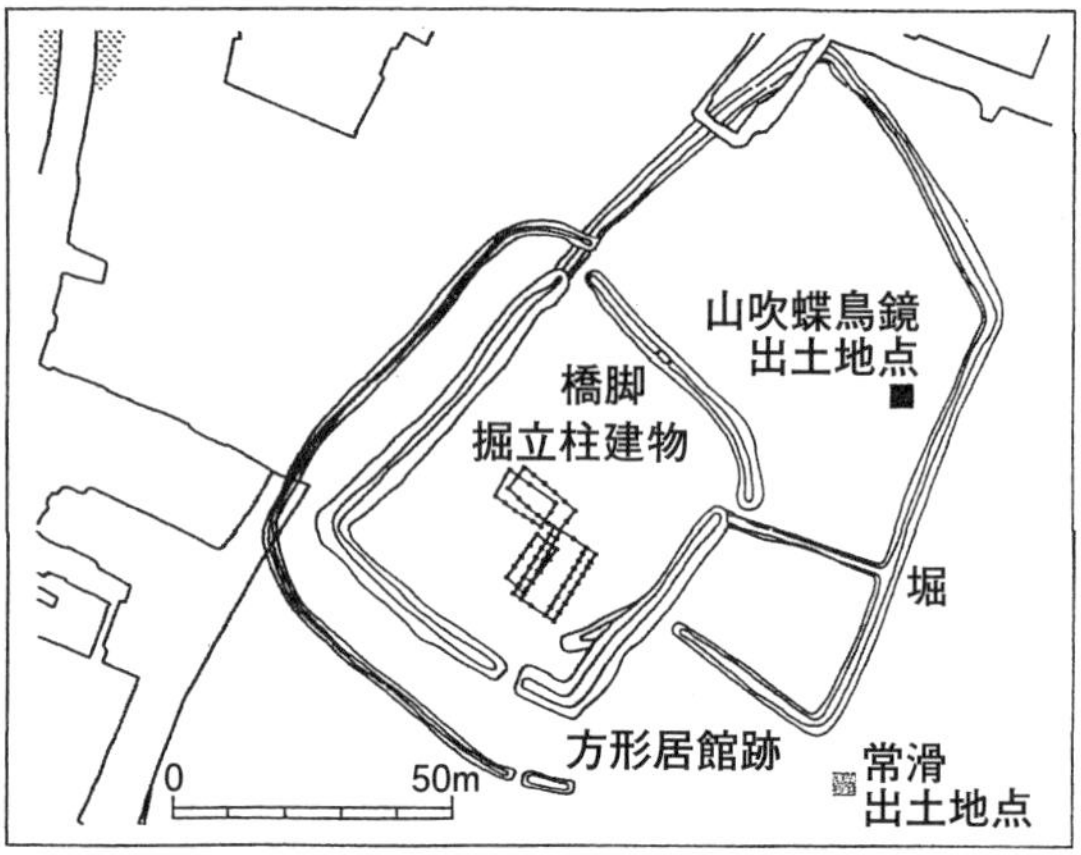

図３　羽黒前遺跡の館跡（『我孫子市史』原始・古代・中世編，2005年より）

し、現在の霞ヶ浦や北浦を含む広大な内海《うちうみ》（常総《じょうそう》の内海と仮称）とを往来したことなど（盛本昌広「走湯山燈油料船と神崎関」）、伊豆国との交流を示す事例が確認できる。師常と伊東祐親の三女との婚姻を史料からは確認できないが、これらの事例は不思議である。

相馬氏の本拠

相馬氏は、相馬郡（御厨）を苗字《みょうじ》の地として支配した。では、郡内の本拠（居館）はどこにあったのだろうか。平安時代末期、千葉氏は相馬郡司に代々任命されたが、かれらは本拠である千葉庄（千葉市）に居住し、在庁官人として下総国衙《こくが》（千葉県市川市）に勤務していたから、相馬郡家《ぐうけ》に常駐できなかった。

しかし、郡家が政治の中心として、あるいは交通の要衝として機能していた地域性は、時代が変わっても基本的に変わらなかったろう。したがって、相馬郡の拠点でもある郡家所在地の要衝性やその機能を掌握することは、常兼《つねかね》・常胤父子の時ばかりか、相馬郡を支配するようになった師常の時代でも変わらなかったろう。相馬氏の居館を、古代の相馬郡家の近くと考えることができる。

では、相馬郡家はどこに置かれていたのだろうか。以前、手賀沼《てがぬま》北辺に位置する千葉県我孫子市《あびこし》で、七世紀後半から九世紀にかけての官衙《かんが》的な様相を持つ遺構（日秀西《ひびりにし》遺跡）が確認された。

さらに、その東方約一キロに位置する羽黒前《はぐろまえ》遺跡からも、奈良・平安時代の多くの掘立《ほったて》柱《ばしら》建物が確認され、緑釉《りよくゆう》陶器や帯《おび》金具・転用硯《てんようけん》などが出土した。これらの出土遺物から、日秀西遺跡と関連する何らかの行政施設と指摘された（千葉県文化財センター編『千葉県我孫子市日秀西遺跡発掘調査報告書』）。しかも、羽黒前遺跡では奈良・平安時代の遺構の後に、約一三〇メートル×約一〇〇メートルの、一部に二重の堀をめぐらした複郭の居館跡が確認された。また、羽黒前遺跡の南西約八〇メートルに位置する羽黒前古墳の表土から確認された和鏡の鏡面には「敬白／奉懸羽黒権現／御正躰一枚／右、所願成就／円満為也／建武五年戊寅八月」と刻まれていた。もちろん、表土からの採集であるから、建武五年（一三三八）という年代と居館が同時期のものとは即断できない（『我孫子市史　原始・古代・中世編』）。あるいは興国元年（一三四〇）に発給されたと考えられる北畠《きたばたけ》親房《ちかふさ》袖判《そではん》御教書《みぎょうしょ》（松平結城文書）に

図4　伝相馬師常の墓

記された「下総国相馬郡に新城を構えられ候」との関係も想定できる。複郭の居館跡が当初からのものか、あるいは逐次《ちくじ》作り替えられたものかなど課題は多いが、発掘担当者が十三～十五世紀と考えている遺構は、相馬氏の居館と考えられることを指摘しておきたい。

相馬氏の鎌倉邸

一方、相馬氏は御家人として幕府に奉公した。では、師常やその子孫は鎌倉のどこに住み、御家人役を勤仕《ごんじ》したのであろうか。師常の死について、『吾妻鏡』元久二年（一二〇五）十一月十五日条には、

> 相馬次郎師常が卒した。年は六十七。正座して合掌《がっしょう》し、そのうえ動揺することがなかった。現世で往生が決まっていることは疑いない。この者は、念仏の行者であった。縁を結ぼうと称して、僧侶も俗人もこぞって集まり、師常を拝んだ。

とある。その情景から、鎌倉で亡くなったのであろう。

鎌倉市今小路《いまこうじ》には千葉常胤邸があったと伝えられ、その北には、扇ケ谷《おうぎがやつ》の惣鎮守で、師常が邸内に守護神として勧請《かんじょう》したと伝えられる八坂神社、俗称「相馬天王社」が今も鎮座する。『新編鎌倉志《しんぺんかまくらし》』は、貞享二年（一六八五）に刊行されたものであるが、

相馬天王祠は、網引地蔵《あみひきじぞう》の山の西麓、岩窟の内にある。相馬次郎師常の祠《ほこら》である。師常の屋敷は、巽《たつみ》の荒神《こうじん》の辺りにあって、天王を祀って草葺きの祠を立てたが、後にここに移したという。

とあり、巽荒神（巽神社）の近くにあった師常邸内に天王社が建立されたが、後に網引地蔵山の西麓に移されたという。

この「相馬天王社」の東を流れる扇川《おうぎがわ》と浄光明寺《じょうこうみょうじ》のあいだ、後代に建立された英勝寺《えいしょうじ》の向かい側に、師常の墓と伝えられる宝篋印塔《ほうきょういんとう》と五輪塔《ごりんとう》を収める「やぐら」（横穴の墓所）が現存する。これもまた確証はないものの、常胤邸の北に隣接するように相馬氏の屋敷地があったものと思われる。

相馬氏と変転する幕政

相馬義胤と幕政

正治元年（一一九九）正月に頼朝が急逝すると、その後継者頼家は比《ひ》企《き》一族との婚姻関係を梃子《てこ》に将軍として幕政をリードしようとした。しかし、有力御家人間の対立が表面化すると、それは早くも次期将軍をめぐる争いともなった。まず、頼家の傅《めのと》（養育係）でもあった梶原景時《かじわらかげとき》が亡ぼされた直後、北条時政《ときまさ》は従《じゅ》五位下《ごいのげ》・遠江守に叙任、幕政の中枢に位置づけられた。さらに、幕府創立以来の重鎮三浦義澄《よしずみ》や千葉常胤《つねたね》が没するなかで、時政は頼家の外戚比企能員《よしかず》を排除し、娘阿波局《あわのつぼね》が乳母《めのと》となっている千幡《せんまん》（後の実朝《さねとも》）の擁立を画策した。建仁三年（一二〇三）七月、頼家の罹病をきっかけに両者は武力衝突し、頼家の子一幡《いちまん》とともに比企一族を滅ぼした（岡田清一『北条義時』）。

この事件を通じて、幕政の実権を掌握した時政は、さらに幕府の背後に位置する武蔵国の掌握を意図し、元久二年（一二〇五）六月、武蔵国留守所惣検校職《るすどころそうけんぎょうしき》として同国に大きな影響力を持つ畠山重忠《しげただ》の排除を進めた（岡田清一『鎌倉幕府と東国』）。当初、難色を示した北条義時《よしとき》は、葛西清重を先陣とし、常胤の孫常秀《つねひで》や大須賀胤信《おおすがたねのぶ》、国分胤通《こくぶたねみち》、東重胤《とうしげたね》のほか、相馬義胤《よしたね》（師常の嫡子）を加えた千葉一族を後陣に配置し、重忠を亡ぼしたのである。

この事件の後、重忠謀殺を進めた時政を非難した義時・時房《ときふさ》兄弟は、姉の尼御台所政《あまみだいどころまさ》子《こ》とともに時政を伊豆国に追放、一気に幕政を掌握した。その後、政子の計らいで勲功のあった武士に恩賞が与えられたが、義胤も陸奥国宮城郡高城保《たかきのほ》（宮城県松島町）を拝領した可能性がある（岡田清一『相馬氏の成立と発展』）。

この事件後の十一月、師常は六十七歳の生涯を閉じた。幕府草創の第一世代から、第二・第三世代に、幕政の中心が確実に移ろうとしていた。義胤は、すでに同年正月一日、時政が担当した垸飯儀《おうばんのぎ》に、実朝へ献上する馬を従兄弟《いとこ》の東重胤とともに牽《ひ》いており、すでに師常の跡を継承していたと思われる。

義胤の名のり

ところで、当時の武士社会では、元服するとき、烏帽子親《えぼしおや》の諱《いみな》一字を与えられるという習慣があった。いわゆる偏諱《へんき》を賜るのである。義胤の名のり「胤」は相馬氏も含めた千葉一族が共有する通り字《とおりじ》で、その家系の正統な後継者、あるいは一族の一員であることを示している。少なくとも義胤が元服する際、その加冠役《かかん》を勤めた烏帽子親から一字を与えられたと考えられる。

では、義胤の「義」はだれから与えられたのであろうか。だれが烏帽子親となったのだろうか。父師常は、後妻として頼朝の前妻伊東祐親《すけちか》の三女を娶った可能性がある。師常は、その頃すでに四十代前半であったから、初婚ではない。義胤の初見は『吾妻鏡』元久二年（一二〇五）正月条であるから、師常が没する直前、すなわち六十六歳のときである。義胤の生没年が不明ながらも、一二三年後の安貞二年（一二二八）八月までは生存が確認できる。おそらく、師常四十歳代の子で、伊東祐親の三女が母であった可能性もあり、元服も十代後半と仮定すれば、頼朝の晩年から没後間もない頃と推測できる。

その頃、「義」を用いた御家人には、北条義時や三浦義村《よしむら》・和田義盛らがいるが、師常や義胤との接点は義時以外は確認できない。考察が逆になってしまうばかりか、史料的根拠が曖昧《あいまい》なままの憶測となるが、義胤は義時から「義」を与えられたのではないだろうか。「時」は北条氏の通り字でもあったから、頼朝の前妻が再嫁して出生した烏帽子子《えぼしご》に与えられるのは「義」でしかなかった。次に詳述するように、越後国の守護北条義時が義胤を守護代に抜擢したのも、このような事情があったのかもしれない。

畠山重忠が謀殺された直後、閏七月二十日、突如として時政は伊豆国北条に下向。『吾妻鏡』は義時が「本日、執権《しっけん》のことを奉《うけたまわ》った」と記す。この条文から、時政追放と同日、義時が時政の「執権」職を継承したとの通説が生まれ、さらに「執権」とは政所《まんどころ》の最上位の「執権別当」に由来することが当然視されてもきた。

義時の覇道

しかし、「執権」を継承したとされる義時が、政所の別当として確認されるのは承元三年（一二〇九）十二月に発給された政所下文《くだしぶみ》（詫摩文書）からであった。もちろん将軍実朝が政所を開設できるのは、従三位に昇叙した同年四月のことであるが、その直後に発給された政所下文（宗像神社文書）に義時の名はなかったから、これ以降、十二月までに別当の地位に就いたことになる。以後、義時は建保三年（一二一五）十月まで、最上位の別当として下文に署判を加えている。まさに「執権」であった。ところが、引退していた大江広元《おおえのひろもと》が政界に復帰し政所別当に復任すると、広元が最上位の別当に位置づけられ、義時は三番手の別当として署判している。当時、広元の位階が正四位下《しょうしいのげ》であるのに対し、義時は従四位下《じゅしいのげ》であったから、上位階の広元が筆頭別当として署判したのである。それは、義時が「執権」では無くなったことを意味した。

「執権」とは？

従来の研究は、発給された政所下文に署判する別当の順位とその変化を読み解くことがなかったともいえる。そもそも、「執権」は公家社会のなかで使われてきた名称であった。三位《さんみ》以上の貴族が開設できる政所には、多くの別当が名を連ねていた。そのなかから二人の別当が「執事《しつじ》」に就き、その上位階者が「執権」と称されてきた（橋本義彦『平安貴族社会の研究』）。すなわち、「執権」は役職名ではなく、上位階の「執事」に対する別称・尊称であった。鎌倉幕府が、京の朝廷や公家社会の組織を取り入れたことは、政所ばかりか、侍所《さむらいどころ》や問注所《もんちゅうじょ》からも理解できる。

そうした貴族社会の「執権」に依拠するかぎり、制度的には義時より上位階者が別当に就けば、「執権」の立場は交替せざるを得なかったのである。幕政に対する「実権」を義時が掌握していたとしても、その立場は制度的に確立していたわけでなかったことになり、不安定さは隠しようが無かったといってもよい。義時は、こうした制度的不安定から脱却するため、「執権」を幕府の制度上に位置づけようと考えた。

建保六年（一二一八）十二月二十日、右大臣に就いた将軍源実朝の政所始めが行われた。『吾妻鏡』には、次のようにある。

去る二日、将軍家実朝公が右大臣に任じられた。そこで今日、政所始めが行われた。北条義時と政所執事の二階堂行光《にかいどうゆきみつ》および家司《けいし》である源仲章《なかあきら》・源頼茂《よりもち》・大江親広《ちかひろ》・北条時房・若槻頼定《わかつきよりさだ》・清原清定《きよはらのきよさだ》らが、布衣《ほい》を着して列座した。清定が執筆として吉書《きっしょ》を書いた。

すなわち、この記述では執事や家司《けいし》（別当）の前に義時が記されており、かれの立場が執事や家司より上位者として記されていることがわかる。ここでは、別当上位に就く「執事」二階堂行光の位階は、『尊卑分脈《そんぴぶんみゃく》』でみるかぎり従五位下《じゅごいのげ》であり、源仲章の従四位《じゅしいの》上《じょう》より下位であった。こうした位階を無視した新たな序列がつくられ、その最上位（執権）に義時が位置づけられたのである（岡田清一「広元から義時へ」）。

もっとも、こうした新しい序列に基づく政所下文は発給されなかった。それから約一ヶ月後の翌年正月二十七日、実朝は公暁《くぎょう》《こうぎょう》によって暗殺されたからである。以後、義時が単独で加判する「関東下知状」によって政事が進められることになる。

越後守護代相馬五郎義胤

義時が越後国の守護に就いていた時、相馬五郎が守護代《しゅごだい》であったことは、次の史料から確認できる（後藤文書）。

御室《おむろ》御領でもある蒲原庄《かんばらのしょう》の市津料《いちつりょう》（市庭《いちば》や湊《みなと》の利用料）について、相馬五郎が守護代であった時、訴人《そにん》・論人《ろんにん》の両方を尋問し、守護の妨げを停止させた。ところが今、庄家＝仁和寺《にんなじ》側の申状によれば、「国の直人《ただびと》」がいろいろ理由をつけ、津料を抑留しているという。そのことが事実ならば、はなはだ良くないことである。早く先例に基づき、無法な濫妨《らんぼう》を停止させるよう、指図するところは以上のとおりである。

元仁二年二月十一日　相模守御判

越後国蒲原庄地頭殿

すなわち、義胤に比定できる相馬五郎が守護代であった時、蒲原庄（新潟市）の市庭や湊の利用料について、御室＝仁和寺と守護方が相論になったことに対し、相模守が濫妨の停止を指示したのである（湯山学「相馬御厨と島津・摂津両氏」）。

当時、越後の守護が北条義時であったことは佐藤進一氏が指摘しているが（『増訂鎌倉幕府守護制度の研究』）、義時は元仁元年（一二二四）六月に没しているから、義胤の守護代在職もそれ以前のことであろう。また、この文書の発給者「相模守」は、義時の弟時房である。しかし、この書状は幕府が発給した関東下知状ではない。

元仁二年（嘉禄元年〈一二二五〉）二月当時、「仰せに依り下知くだんのごとし」を書止め文言とする関東下知状は北条泰時《やすとき》が単独で発給しており、時房が泰時とともに連署《れんしょ》の下知状を発給するのは、同年十一月以降のことである（北条氏研究会編『北条氏発給文書の研究』）。しかも、当時の時房は泰時と微妙な関係にあるばかりか、元仁二年正月から四月まで、上洛していたという（石井清文『鎌倉幕府連署制の研究』）。

おそらくこの書状は、仁和寺側から「国の直人」による津料の抑留を訴えられた在京中の時房が、蒲原庄地頭に指示したものであって、鎌倉殿の仰せに基づいて発給したものではなかったのである。

また、蒲原庄に関する史料はきわめて少なく、明徳四年（一三九三）の斯波義将《しばよしまさ》の奉書《ほうしょ》案《あん》（上杉文書）に「越後国衙《こくが》内の蒲原の津」とあることを踏まえれば、蒲原の津の利用料を抑留した「国の直人」とは、守護の支配に組み込まれた在庁官人《ざいちょうかんじん》であろう（岡田清一『鎌倉幕府と東国』）。嘉禄元年九月、義時の子朝時《ともとき》が越後守《えちごのかみ》に補任《ぶにん》され、目代《もくだい》を介して国衙を支配するが、すでに義時の守護段階で国衙に対する支配が進みつつあったことを示している。

承久合戦と相馬氏

建保六年（一二一八）十二月、北条義時が鎌倉幕府的「執権」制度を構築し、幕府内に大きな権力・影響力を掌握しようとするなかで、翌年正月の実朝暗殺事件は、実朝を介して幕府という軍事権門を支配しようとする後鳥羽《ごとば》上皇《じょうこう》の構想を潰《つい》えさせた。

それればかりか、幕府を体制内に位置づけようとする後鳥羽にとって、「執権」義時の存在は強力な反対勢力と意識され、その排除なくして後鳥羽が考える体制構築はできないと意識されるようになったのである（岡田清一『北条義時』）。

承久三年（一二二一）五月、後鳥羽は義時追討の宣旨《せんじ》・院宣《いんぜん》を発給、これに対して幕府も大軍を動員し、東海道《とうかいどう》・東山道《とうさんどう》・北陸道《ほくろくどう》の三手から京都に向かった。いわゆる「承久の乱」であるが、当時、そのように称されていたわけではない。本書では、当時の用例から「承久合戦」と記した。

この上洛に、相馬一族がどのように関わったのか詳細はわからない。ただ、東海道勢を率いる「大将軍」に千葉介胤綱《たねつな》がいたから、これに組み込まれて上洛した可能性はある。また、『吾妻鏡』には、六月十四日に展開された宇治川の渡河《とか》作戦で討死《うちじに》した軍兵《ぐんぴょう》として、「相馬三郎、同太郎、同二郎」が記されている。しかも、「同太郎」にだけ「討たる」と小書《しょうしょ》されており、三郎・二郎は渡河に際して溺死したのであろう。いずれにしても五郎義胤が参陣した痕跡は確認できない。

相馬三郎らと義胤の関係も確認できない。後代の史料ではあるが、建治元年（一二七五）に作成された「六条八幡宮造営注文《ろくじょうはちまんぐうぞうえいちゅうもん》」は、焼失した六条八幡宮（京都市）の再建費用を負担する御家人四六九人の名を列挙しているが（福田豊彦『中世成立期の軍制と内乱』）、そのなかに「相馬五郎跡　三十貫・同六郎跡　六貫」とある。相馬五郎は義胤に比定されるから、六郎はおそらく義胤の弟であろう。とすれば、承久時の三郎以下三人も、名のりから五郎義胤の舎兄であった可能性がある。

相馬六郎は、「千葉支流系図」（『続群書類従』）に記載される義胤の弟六郎常家《つねいえ》が考えられる。常家の子胤家《たねいえ》は、『吾妻鏡』宝治二年（一二四八）正月三日条に「矢木式部大夫《やぎしきぶたいぶ》」

とあり、さらに文永八年（一二七一）の香取神宮《かとりじんぐう》（千葉県香取市）の遷宮《せんぐう》に関する造宮《ぞうぐう》記録（香取神宮文書）に「西廊《にしろう》一宇」を担当した矢木郷の地頭「式部大夫胤家」が確認できる。胤家の名のる矢木郷は、現在の千葉県流山市矢木が考えられ、相馬郡内ではない。あるいは常家系が隣接地域に侵食していった可能性がある。

相馬小次郎と淡路国炬口庄

貞応二年（一二二三）四月に作成された淡路国太田文《あわじのくにおおたぶみ》（皆川文書）には、石清水八幡宮《いわしみずはちまんぐう》の所領炬口庄《たけのくちのしょう》（兵庫県洲本市）について、「以前の地頭は国御家人《くにごけにん》の刑部丞《ぎょうぶのじょう》経実《つねざね》。新地頭は相馬小次郎が賜ったが、石清水八幡宮の訴えにより、地頭は同宮の御沙汰となった」とある。

この「相馬小次郎」は、後述するように島津久経《ひさつね》に嫁いだ相馬胤綱《たねつな》三女の譲状（島津家文書）に載る「さうむまのこ二郎左衛門殿たねつな」である。時期的に考え、承久合戦の勲功による恩賞であったと考えられ、相馬三郎ら三人が義胤の舎兄とするならば、三人の戦死という軍功に対し、甥にあたる小次郎胤綱に与えられたものであろう。もっとも、石清水八幡宮の訴えによって地頭職は返還させられたから、その替え地があったと思われるが、この点については、後に詳述したい。

義胤の御厨支配

相馬御厨を支配する相馬氏は、伊勢神宮に莫大な年貢を納入しなければならなかった。たとえば、建久十年（一一九九）三月には、内・外二宮に布五七〇反二丈・太藍摺《ふとあいすり》の布一反などを神宮から派遣された「宮掌《ぐうしょう》」今元《いまもと》に付託している（『鏑矢伊勢宮方記』）。納入者「地主平」は、時期的に師常であろう。

その後、相馬氏と神宮側で納入すべき布について訴訟が発生、地頭義胤は幕府に要請して、布一反当たり銭三〇文を納めるとの裁定を受けた。ところが、今度は外宮禰宜《げくうねぎ》の度会《わたらい》行元《ゆきもと》が以前のように布でもって納めるよう幕府に訴え、もし布が調達できなければ、布一反当たり銭四〇文を納入するよう申し入れた。実質的な年貢の増額である。嘉禄三年（安貞元年〈一二二七〉）八月、幕府は行元の主張を認める裁決を下した。

しかし、これに義胤側が反発すると、神宮側は布一反当たり銭三〇文とともに、「使雑《つかいのぞう》事《じ》」役《やく》（神宮が派遣した使者に対する饗応《きょうおう》・滞在費）として布二反の納入を求めたのである。三〇文の件は、嘉禄三年に四〇文という裁定が下っていたが、相馬氏側の抵抗に神宮側もあきらめたのであろうか。「使雑事」について、義胤は布を納める前例はなかったが、神宮側が強要したので布一反を納入していると主張した。安貞二年（一二二八）八月、幕府は布一反当たり銭三〇文、使者の費用は魚をそれぞれ納入すべきと裁決した。義胤にとって、嘉禄時の布一反当たり銭四〇文の裁定を覆すことができたといえる。しかし、御厨から納める布は銭で代納することが確定したため、その換算率が今後の紛争のもととなった。

義胤と新田岩松氏

嘉禄三年十二月、義胤は娘とよ御前へ、所領の一部である相馬御厨内の手賀《てが》・布瀬《ふせ》・藤心《ふじごころ》（千葉県柏市）・野木崎《のぎざき》（茨城県守谷市）および陸奥国千倉庄《ちくらのしょう》（南相馬市）に北草野（福島県飯舘村）を加え、五ヶ所を譲り与えた（新田岩松家文書）。

翌年七月、義胤は四代将軍藤原頼経《ふじわらのよりつね》が三浦義村の山荘へ渡御した際、これに供奉し、さらに翌月、既述のように相馬御厨から伊勢神宮への年貢について幕府から命令が下されたのを最後に史料上から確認できなくなる。義胤の子胤綱の初見史料は『吾妻鏡』嘉禎二年（一二三六）八月四日条（相馬左衛門尉）であるが、おそらく安貞二年以降、間もなく代替わりしたものであろう。

なお、義胤からとよ御前への所領譲与は、貞永元年（一二三二）十一月になって、幕府から安堵されたが、その後、とよ御前はこれらの所領を持参して、上野国《こうずけのくに》の豪族新田一族の岩松時兼《いわまつときかね》に嫁いだ。その時期は、とよ御前が夫の時兼から所領を譲与された宝治二年（一二四八）以前であるが、正確な時期はわからない。とよ御前が譲り受けた所領の一部は、岩松氏あるいはかの女の娘系に相続され、結果的に相馬氏から所領が流失する最初の事例となった。

分立する相馬氏

石見国守護相馬胤綱

『吾妻鏡』によれば、嘉禎二年（一二三六）八月、将軍藤原頼経が新しく造営された御所に移る際に供奉《ぐぶ》した相馬次郎左衛門尉が確認される。義胤の子胤綱である。その後も、頼経の御行始《ごこうはじ》めや上洛、鶴岡八幡宮への参詣に供奉するなど、仁治元年（一二四〇）八月二日条まで確認できるが、いずれも将軍の供奉役という御家人役を勤仕《ごんじ》するというものであった。

しかし、他の史料からは、胤綱に関する別のすがたを知ることができる。すなわち、次の史料二点は、これまで知られなかった文書なので、原文を読み下して載せておこう（吉川聡・遠藤基郎・小原嘉記「『東大寺大勧進文書集』の研究」）。

［A］関東御教書写《みぎょうしょのうつし》

東大寺大講堂の材木引き人夫の事。近隣諸国守護人・地頭等、勧進所《かんじんどころ》の注文に任せ、沙汰致すべきの由、御下知先ずおわんぬ。しかるに人夫を充て召さる事、定めて合期《ごうき》せざるか。所領の分限《ぶげん》に随いて、材木を配分すべきの旨、仰せ遣わさるところ也。但し、大物においては、周防国《すおうのくに》の課役《かえき》たるべし。小物に至りては、近き国に充て催さるべき也。よって石見国《いわみのくに》守護分ならびに御家人等、この旨を以て、懈怠《けたい》無く勤仕せしむべきの由、下知を加えらるべきの状、仰せに依り執達くだんの如し。

天福元年十二月十二日　　武蔵守在判

（相模守在判脱カ）

相馬左衛門尉殿

［B］石見国守護相馬胤綱書状写

東大寺大講堂の材木引きの人夫の事。近隣諸国守護人・地頭等、勧進所の注文に任せ、沙汰致すべきの由、御下知先ずおわんぬ。しかるに充て召さる人夫の事、合期せざるに依り、所領の分限に随いて、材木を配分すべきの旨、御教書かくの如し。早くかの状を守り、当国守護分ならびに御家人等、おのおの懈怠無く勤仕すべきの由、沙汰を触れらるべく候也。恐々謹言《きょうきょうきんげん》。

十二月十七日　在判
石見国守護代左近将監《しゆごだいさこんしようげん》殿

［A］は、天福元年（一二三三）、武蔵守＝執権北条泰時が相馬左衛門尉に発給した関東《かんとう》御教書《みぎようしよ》である。東大寺大講堂《だいこうどう》の造営について、東大寺勧進所の注文に基づいて材木切り出しの人夫を差し出すよう近隣の守護人や地頭に指示したものの、期日までに集められないという。そこで、所領の分限＝規模に応じて材木を提出するよう命じたので、石見国の守護分（領）と御家人に懈怠無く勤仕するよう下知を加えよ、というものである。なお、同時期の関東御教書は、泰時とともに連署《れんしよ》北条時房が「相模守（花押）」と署判を加えているので、おそらく写す際に書き落としたのであろう。

この［A］を受けて、［B］では、石見国の守護分（領）と御家人に対して、怠ること無く勤めるよう指示されたいと守護代である左近将監に連絡したのである。相馬左衛門尉は、『吾妻鏡』の記述から胤綱に当たるから、守護代に命じた［B］の発給者は、石見国の守護である相馬胤綱ということになる。

この点について、西田友広氏は［B］の書止め文言が「沙汰を触れらるべく候也、恐々謹言」と厚礼であるから、両者は「対等」な関係にあったと指摘（「鎌倉時代の石見国守護について」）。これに対して伊藤邦彦氏は、幕府の職制上、守護正員《せいいん》と在国と推測される守護代が対等な関係などありえず、「千葉氏庶流《しょりゅう》（分家）の守護正員も事例がない」ことから、胤綱を正式な守護である天野政景《まさかげ》の「守護代行」と指摘する（『鎌倉幕府守護の基礎的研究【国別考証編】』）。

しかし、幕府の御教書［A］が「守護代行」に直接発給された事例は確認できない。そもそも、幕府の指示はまず守護に下され、そのうえで守護から「守護代行」に命令が届けられるのであって、幕府から「守護代行」への直接指示は職制上考えにくい。また、胤綱後の守護に就いた伊東祐家《すけいえ》もまた伊東家嫡流とは断定できず、父義胤が越後守護代であったことを考えれば、「対等」の背景には、たとえば守護代が「在国司《ざいこくし》」であった場合なども想定可能であろう。千葉氏庶流を根拠に、胤綱が守護であることを否定するのは難しい。

では、胤綱は、いつ、石見国守護に任じられたのであろうか。石見国の守護について佐藤進一氏は、建久四年（一一九三）に佐々木定綱《さだつな》が任命され、その後は嫡子広綱《ひろつな》が継承したが、承久合戦で後鳥羽方についたため没収され、建治（一二七五～七八）前後から弘安八年（一二八五）までは伊藤三郎左衛門尉が守護であったと指摘する（『増訂鎌倉幕府守護制度の研究』）。佐藤説にしたがえば、［A］［B］二点の史料は、この不明であった佐々木氏と伊東氏とのあいだを埋める貴重なものということになる。

なお、佐藤進一氏の指摘と、胤綱の守護在任時期が天福二年（一二三三）前後ということからすれば、承久合戦の勲功賞として宛行《あてが》われた可能性がある。承久合戦に相馬一族三人が戦死し、その恩賞として相馬胤綱に与えられた炬口庄地頭職は、返還を余義無くされた。当然のことながら、替わりの恩賞が与えられたと思われる。没収された庄園の地頭職の代わりに守護職とは考えにくいが、一族三人の同時戦死に対する恩賞の可能性を指摘しておきたい。

「相馬胤綱子孫系図」を読む

島津家文書に収められている「相馬小次郎左衛門尉胤綱子孫系図」（図5。以下「胤綱子孫系図」と略述）は、胤綱の妻子やその婚姻関係などが読み取れる貴重な系図である。この「胤綱子孫系図」には、相馬親常に「今訴人」とあり、島津忠宗《ただむね》に「論人」とあったから、訴訟に関連して幕府に提出された具書《ぐしょ》の控えと思われる（訴訟については後述）。また、胤綱が天野政景の娘（後に相馬尼と号した）と結婚したこと、さらに、二人のあいだに出生した娘三人が、それぞれ足助《あすけ》氏や摂津大隅前司《せっつおおすみのぜんじ》＝中原親員《なかはらのちかかず》、さらに島津下野《しもつけ》入道＝久経《ひさつね》に嫁したこともわかる。

ところで、胤綱の子胤継《たねつぐ》の箇所に「相馬尼義絶《ぎぜつ》せしめおわんぬ」とあり、相馬尼によって義絶＝勘当されたことがわかる。しかも、胤継の罫線は父胤綱と直結しているのに対し、胤村《たねむら》は相馬尼と結ばれていることに気づく。胤村が相馬尼所生《しょせい》の男子であることを強調しており、胤継とは異母兄弟であったことを推測させる。おそらく、胤継は胤綱の先妻の子

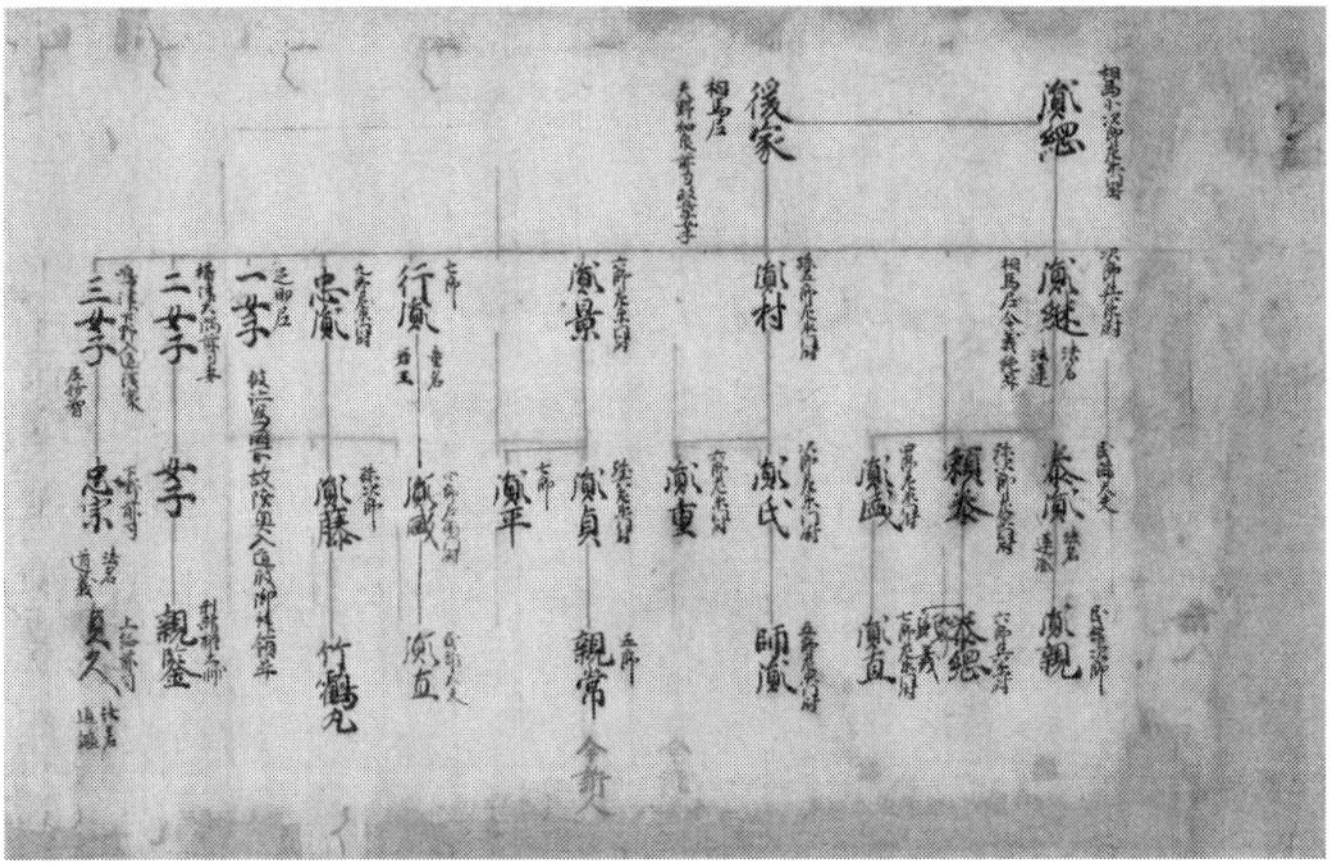

図5　相馬胤綱子孫系図（島津家文書，東京大学史料編纂所所蔵）

であって、後妻となった相馬尼は、胤綱亡き後、胤継を義絶して胤村を胤綱の後継者にしようとしたのではないだろうか。

相馬尼・胤村と胤継

　相馬氏と天野氏を結びつける史料は、『吾妻鏡』にもあった。すなわち、正嘉二年（一二五八）三月一日、将軍宗尊《むねたか》親王が二所詣《にしょもうで》に鎌倉を出発した時、先陣の随兵《ずいひょう》一二騎のなかで、それまで相馬胤綱が勤めていた随兵役を天野左衛門尉が勤仕しているのである。二所詣とは、将軍家がおもに正月、走湯山権現《そうとうさんごんげん》（静岡県熱海市）と箱根権現（神奈川県箱根町）、すなわち、現在の伊豆山神社と箱根神社に参詣する行事で、頼朝に始まり、頼家を除く歴代の将軍が行っている（岡田清一『鎌倉幕府と東国』）。

　それまで相馬胤綱が勤めていたこの重要な行

事に、なぜか正嘉二年については天野左衛門尉に交替しているのである。そこで、胤綱以降、供奉人役を含む御家人役を勤めた相馬一族をまとめた表1を見てみよう。

①~③は胤綱が供奉人役を勤めているが、④の寛元元年（一二四三）以降、胤村・胤継が中心となり、他に相馬四郎兵衛尉・同小五郎・同左衛門三郎が一度勤めることもあった。そのなかで、とくに注意すべきは、⑨の御格子番衆《みこうしばん》に組み入れられた胤継である。数多くの御家人が参列する供奉人役と異なり、幕府内に宿直《とのい》して格子の開閉の役を負った胤継こそ、胤綱の後継者＝家督《かとく》にふさわしい。ところが、正嘉二年正月の二所詣に天野左衛門尉が供奉してからは、以後、胤村だけが勤めていることがわかる。なお、⑰の事例はこれからの供奉人役を指名しただけで、実際に胤継が勤めることはなかった。

こうした相馬一族が勤仕した御家人役の変遷と併せ考えると、正嘉二年六月の⑯以降、供奉役が胤村に限られてくる背景に、相馬尼による胤継の「義絶」を想定せざるを得ない。胤綱の死後、その家督をめぐって、正嘉二年三月以前、相馬尼は長子胤継を義絶し、実子胤村を後継者に据えようとしたのである。そうした一族内部のいざこざによって供奉人役を勤められず、一時的に相馬尼の実家である天野氏に替わったのではなかろうか。

表1　相馬一族の御家人役

	年	月	御家人役	御家人役勤仕者
①	1236	嘉禎2年8月	将軍頼経、新造御所移徙の供奉	相馬左衛門尉(胤綱)
②	1238	暦仁元年2月	将軍頼経上洛の供奉	相馬左衛門尉(胤綱)
③	1240	仁治元年8月	将軍頼経の鶴岡八幡宮参詣に供奉	相馬左衛門尉(胤綱)
④	1243	寛元元年7月	将軍御出時の供奉人決まる	相馬左衛門五郎(胤村)
⑤	1244	寛元2年6月	将軍頼嗣の御行始の儀に供奉	相馬次郎兵衛尉(胤継)
⑥		8月	将軍頼嗣の鶴岡八幡宮参詣に供奉	相馬五郎左衛門尉胤村
⑦	1245	寛元3年8月	将軍頼嗣に供奉 八幡宮の流鏑馬役	相馬四郎兵衛尉 相馬小五郎・相馬左衛門三郎
⑧	1246	寛元4年8月	将軍頼嗣の鶴岡八幡宮参詣に供奉	相馬次郎兵衛尉(胤継)
⑨	1252	建長4年4月	幕府の御格子番衆	相馬次郎兵衛尉胤継
⑩		8月	将軍宗尊の鶴岡八幡宮参詣に供奉・中止	相馬次郎左衛門尉
⑪		11月	将軍宗尊の北條時頼邸渡御に供奉	相馬孫五郎左衛門尉胤村
⑫	1256	康元元年6月	将軍宗尊の鶴岡八幡宮参詣供奉人指名	相馬次郎兵衛尉(胤継) 同孫五郎左衛門尉(胤村)
⑬		7月	将軍宗尊の北條時頼邸渡御に供奉	相馬次郎兵衛尉胤継
⑭		8月	将軍宗尊の鶴岡八幡宮参詣に供奉	相馬弥五郎左衛門尉胤村
⑮	1258	正嘉2年3月	将軍宗尊の二所詣に供奉	**相馬左衛門尉(胤綱)跡／天野左衛門尉**
⑯		6月	将軍宗尊の勝長寿院の供養に供奉	相馬五郎左衛門尉胤村
⑰			将軍宗尊の鶴岡八幡宮参詣供奉人指名	相馬次郎兵衛尉(胤継) 同五郎左衛門尉(胤村)
⑱		8月	将軍宗尊の鶴岡八幡宮参詣に供奉	相馬孫五郎左衛門尉胤村
⑲	1261	弘長元年7月	将軍宗尊親王の随兵役を辞退	相馬孫五郎左衛門尉(胤村)

胤綱の長女と足助氏

胤綱と相馬尼とのあいだに出生した三人の女子は、それぞれ足助《あすけ》氏・摂津《せっつ》氏・島津氏に嫁いだ（湯山学「相馬御厨と島津・摂津両氏」）。長女が嫁した足助氏は、三河国足助庄（愛知県豊田市）を本拠とする源氏一族であるが、足助重長《しげなが》の娘辻殿《つじどの》は二代将軍頼家とのあいだに公暁《こうぎょう》を出生するなど（永井晋『鎌倉源氏三代記』）、将軍家・幕府と強い繋がりが確認できる。

もっとも、長女（足助尼）が足助一族の誰に嫁いだかはわからない。長女が父胤綱から譲与された所領についても具体的にはわからない。ただ、「胤綱子孫系図」には、長女が持参した所領は「闕所《けつしょ》」となって「故陸奥入道」が支配したと載せている。この「故陸奥入道」は、執権北条時宗の姻戚にあたる安達泰盛《あだちやすもり》と思われるが、「闕所」となったのはどのような理由からであろうか。

直接的な史料がないものの、頼家が鎌倉から追放されると、足助氏も幕府内での基盤を失ったことは、比企氏の例からも想定できる。足助氏の動向は『吾妻鏡』に一切現れないが、幕府内での政変と無関係ではなかったのである。

しかし、「故陸奥入道」が拝領した足助尼の旧領は、弘安八年（一二八五）の「霜月騒動《しもつきそうどう》」で泰盛が滅亡すると、おそらく北条氏の手に渡ったと思われる。すなわち、永徳二年（一三八二）十月、鎌倉公方足利氏満《うじみつ》は「相馬御厨《みくりや》内横須賀《よこすか》村」（茨城県利根町）を鎌倉の別願寺《べつがんじ》に寄進した（別願寺文書）。氏満と横須賀村の関係は明らかではないが、鎌倉幕府が滅亡した時、北条氏の多くの所領は足利高氏《たかうじ》（後の尊氏。以下、尊氏と記述）・直義《ただよし》兄弟に与えられた。あるいは「霜月騒動」後、北条氏が横須賀村を支配し、その後、足利氏に与えられたのであろうか。

胤綱の二女と中原（摂津）氏

胤綱の二女は摂津大隅前司に嫁いだ。摂津大隅前司は、鎌倉幕府の法曹官僚中原師員《なかはらのもろかず》の子親員である。師員は、四代将軍藤原頼経に近侍《きんじ》し、さらに発足当初から評定衆《ひょうじょうしゅう》として幕政に重きをなした。その後、摂津守に任じられ、その子孫の多くも摂津守に補任されたから、「摂津」を冠して記述され、さらに苗字として名のるようになった。親員は、建長四年（一二五二）から正嘉二年（一二五八）にかけて『吾妻鏡』に散見するが、将軍への供奉人役を勤仕するだけで、とくに目立った動向は確認できない。

ところで、この系図は所領をめぐる争いに関連して作成されたと考えられるから、系図中の「二女子―女子―親鑑《ちかあき》」という記述は、二女が持参した所領の相続過程を示すものでもあろう。おそらく、二女の娘が親鑑の父親致《ちかのり》に嫁したか、あるいは二女の娘が親鑑を養子に迎えて相続させたかであろう。親鑑は、鎌倉幕府の評定衆・越訴頭《おっそのかみ》を歴任し、その子高親《たかちか》も引付衆《ひきつけしゅう》という幕府の有力御家人であった。元弘三年（一三三三）五月、新田義貞

図6　相馬氏と中原（摂津・三池）氏

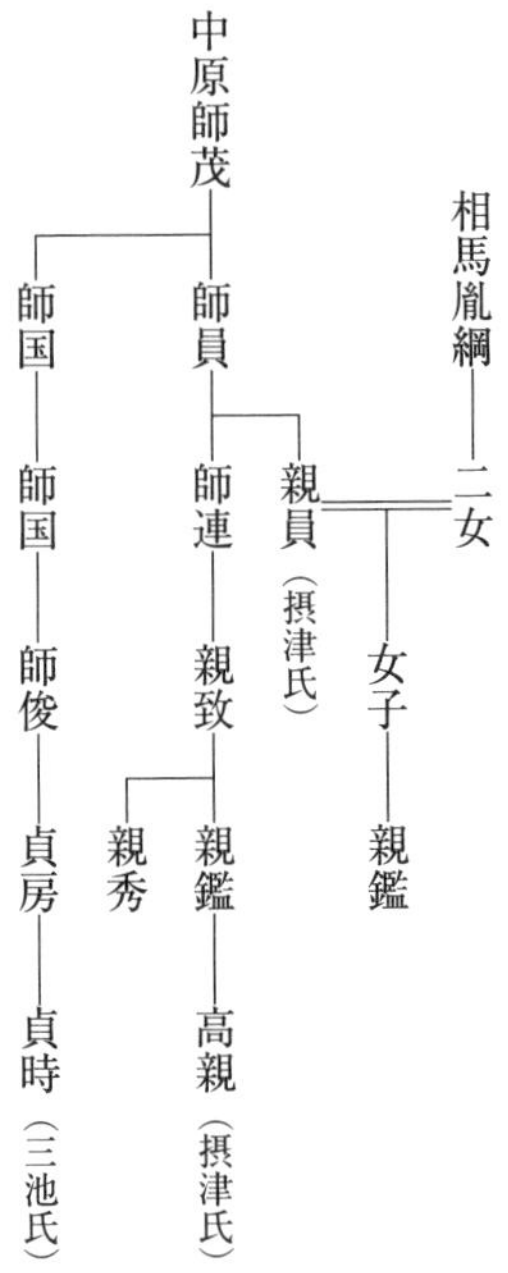

および足利尊氏の嫡子千寿王《せんじゆおう》（後の義詮《よしあきら》）が鎌倉を攻撃した際、親鑑・高親父子は北条高時《たかとき》とともに自害した（『太平記』）。

いずれにしても、胤綱の二女が持参した所領は親鑑に継承されたと思われるが、その後、それはどうなったのであろうか。明らかな史料はないものの、建武五年（一三三八）八月、親鑑の弟摂津親秀《ちかひで》は、相馬御厨内戸《と》頭《がしら》村（茨城県取手市）の替わりとして近江国柏木《かしわぎの》御厨《みくりや》（滋賀県水口町）の地頭職を足利尊氏から宛《あて》行《が》われている（士林証文）。おそらく、二女の遺領は、娘を介して親鑑に相続され、親鑑の死後は弟の親秀が支配したのであろう。

なお、戸頭村は、観応三年（一三五二）、足利尊氏から香取神宮に寄進され、その後、香取神宮の大禰宜《おおねぎ》長房《ながふさ》から子息に譲与された（香取旧大禰宜家文書）。

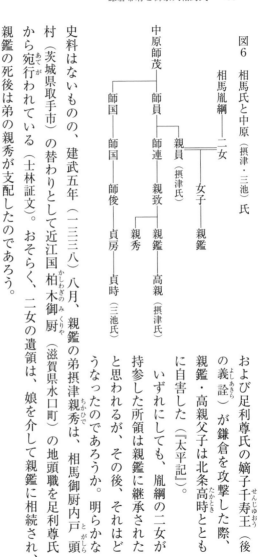

胤綱の三女と島津氏・三池氏

胤綱の三女（尼妙智《みょうち》）は、島津下野入道（久経）に嫁した。島津氏の祖忠久《ただひさ》（久経の祖父）は摂関家に仕える在京の武士であったが、祖母比企尼《ひきのあま》は源頼朝の乳母《めのと》であり、母は後に頼朝の側近藤九郎盛長《とうくろうもりなが》に再嫁し、叔母もまた頼家の乳母になるなど、頼朝との結びつきは強かった。薩摩国や越前国の守護に任じられるなど、幕府の有力御家人であった。

三女がいつ久経に嫁したかわからないが、子の忠宗《ただむね》は建長三年（一二五一）生まれというからこれ以前である。弘安七年（一二八四）三月、三女は父胤綱ならびに故尼御前＝相馬尼の譲状とともに「相馬御厨内黒崎郷」を忠宗に譲与した（島津家文書）。

黒崎郷は、比定できる地名を確認できないが、弘安十年十月、三女は亡母の遺領として「黒崎郷下黒崎村発土を加う（千葉県我孫子市）」と稲村（茨城県取手市）、さらに文間《もんま》郷押手《おしで》村（茨城県利根町）を幕府から安堵された。また、元徳三年（一三三一）八月、忠宗の子貞《さだ》久《ひさ》は嫡子宗久《むねひさ》に布川《ふかわ》村（茨城県利根町）・押手村・甲斐御房《かいごぼう》村・下黒崎郷・ふんとの村を譲与した。ほかに南北朝期の「島津氏所領注文」（島津家文書）に上黒崎村が載っている。

正和二年（一三一三）十二月、尼「しんねん」は娘の阿久里御前《あぐりごぜん》に相馬郡我孫子《あびこ》村（千葉県我孫子市）を譲与し、翌年正月、執権北条熙時《ひろとき》から安堵された（三池文書）。尼「しんねん」の父貞時《さだとき》は、建治元年（一二七五）八月の関東御教書案（児玉韞採集文書）に「肥後

図7　相馬氏と島津氏・三池氏

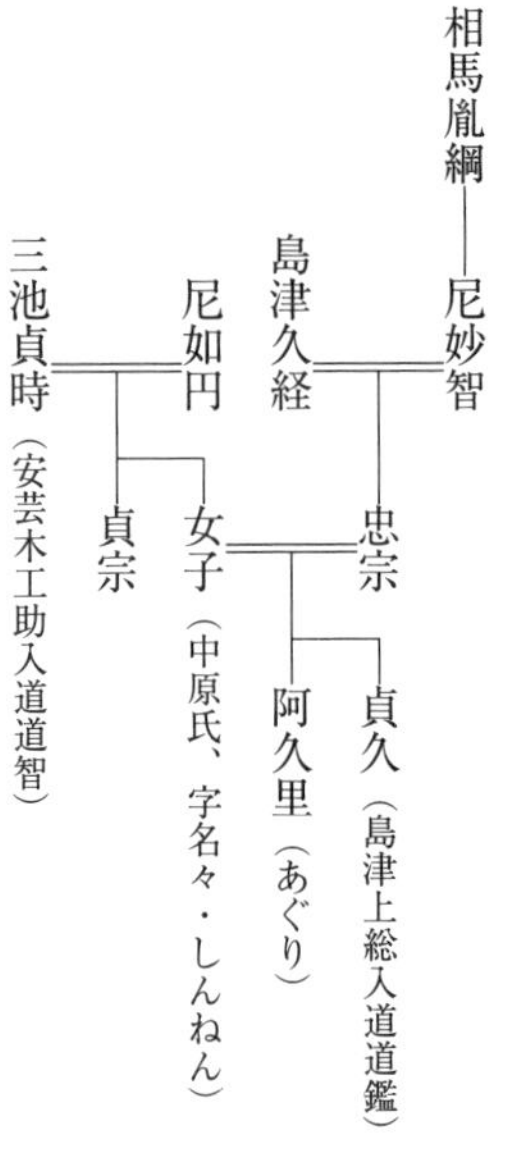

国鹿子木《かのこぎ》西庄下村（熊本市）の地頭職安芸木工助定時《あきもくのすけさだとき》」と見え、中原師俊《もろとし》の孫「貞時木工助入道」と同一人物であろう（図6参照・『新熊本市史二』）。さらに、暦応三年（一三四〇）の三池近房《みいけちかふさ》申状《もうしじょう》（島津家文書）には「祖父三池安芸木工助入道々智《どうち》」とあり、貞時は筑後国三池荘（福岡県大牟田市）を支配し、苗字の地としたようである。この申状に添えられたと思われる系図を参考にまとめたものが図7である（岡田清一『相馬氏の成立と発展』）。三池貞時の娘名々《なな》（尼「しんねん」）は忠宗と結婚し、夫が支配した我孫子村を譲り得て、それを娘の阿久里《あぐり》御前に譲与したことがわかる。

相馬郡黒崎郷と島津一族

黒崎郷の範囲は確定できないが、布川・上黒崎・下黒崎・発戸《ほっと》・甲斐御房・我孫子などの村々が含まれていた。

以下、図8を参照されたいが、黒崎郷内に属する村名のなかで、布川村は茨城県北相馬郡利根町布川に比定され、発戸村は千葉県我孫子市岡発戸《おかほっと》周辺（西嶋定生

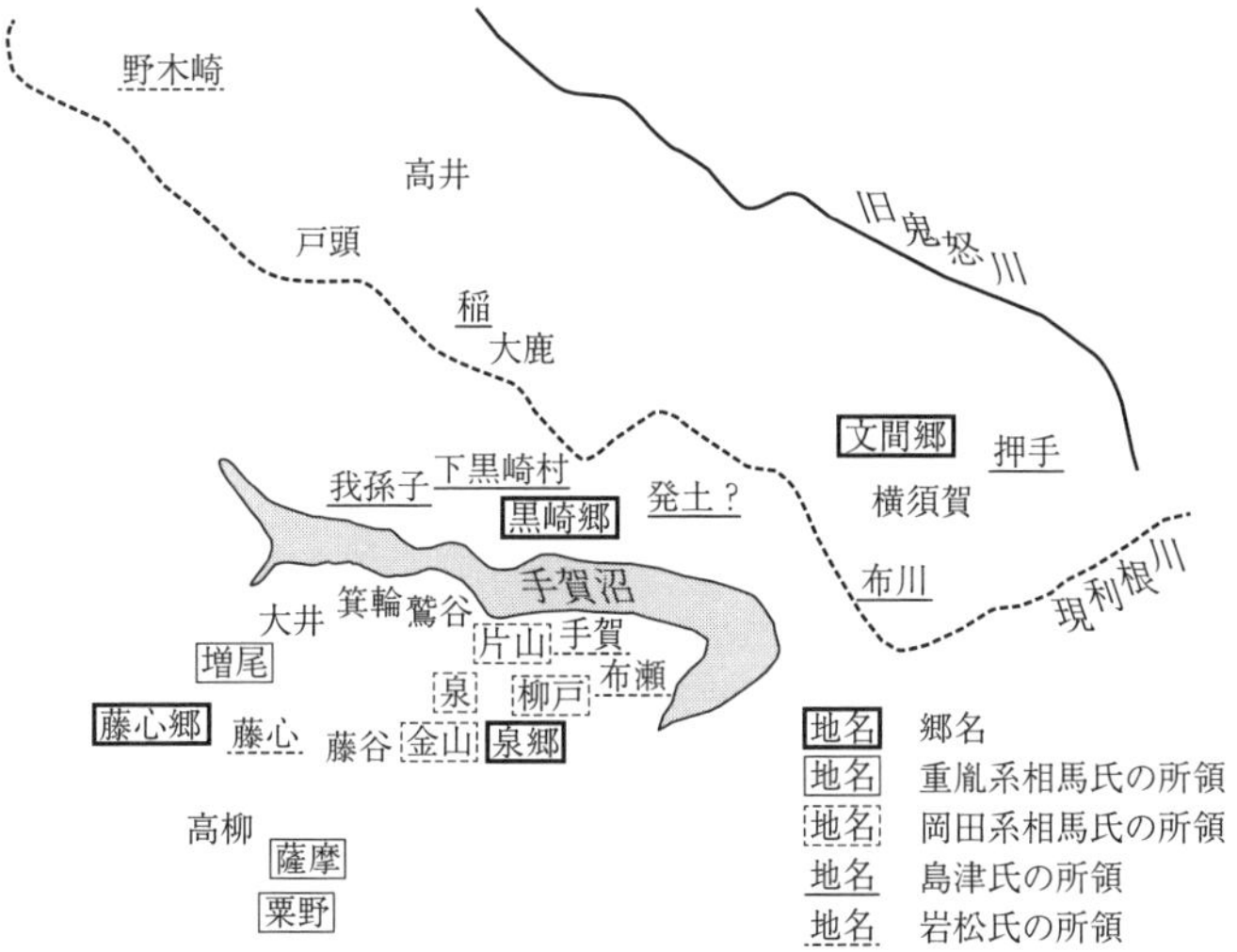

図８　相馬郡の中世村落

「我孫子古代中世史の研究課題」）、あるいは「ふんと」と読むことから我孫子市古《ふっ》戸《と》（『柏市史　原始・古代・中世編』）に比定されている。甲斐御房村についてはわからない。

　なお、利根町布川は、現在でこそ利根川を隔てて我孫子市の対岸に位置するが、江戸時代初期、それまで東京湾（江戸の内海）に流れていた利根川が付け替えられて現在の流路になった際、我孫子市の台地の北端にあった布川地区が切り離され、川向かいの地区になってしまったのである。また、我孫子村は現在の我孫子市の旧市街地域であろう。

　このように見てくると、黒崎郷は我孫子村から東端に位置する布川村にいたるまでの台地をほぼ占めていたことがわかる。しかも、相馬郡の中心地域＝古代の郡衙所在地は、我孫子市日秀西《ひびりにし》遺跡や羽黒前《はぐろまえ》遺跡周辺と想定され、相馬氏の本拠と考えられる地区であった。そして、それは黒崎郷内の可能性が高い地区でもあった。

幕政の変質と相馬一族の内紛

胤村の急逝

胤綱の死後、相馬尼によって長子胤継が義絶され、胤村が家督を継承したとみるべきだろう。しかし、分割相続が原則の鎌倉時代にあっては、胤村や胤継を含めた相馬一族がそれぞれの所領を相続していくことになる。

正嘉二年（一二五八）七月当時、相馬胤村が鶴岡八幡宮への供奉《ぐぶ》を辞退した時、新たに賦課された「放生会流鏑馬《ほうじょうえやぶさめ》」役の負担に耐えきれないこと、「老・病、相侵《あいおか》」すような状況であったことを理由にあげている。その後、胤村は相馬郡に戻ったらしく、弘長元年（一二六一）七月には、鶴岡八幡宮の放生会に出御する将軍宗尊親王《むねたかしんのう》の供奉人役を病気を理由に辞退する旨、幕府に届けている。さらに、同三年八月にも、宗尊親王に従って上洛することが決まっていたから、当時、胤村は存命していた。しかし、文永九年（一二七二）十月の関東下知状《かんとうげちじょう》は胤村を「亡夫・亡父」と記しているから、その間に没したことになる。しかも、急逝だったらしく、遺領の分与について譲状《ゆずりじょう》を作成していなかったようである。このことが、胤村の子孫に大きな影響を及ぼすことになった。

胤村の遺領配分

幕府は、「未処分《みしょぶん》」を理由に胤村の遺領配分を、文永九年および永仁二年（一二九四）の二度にわたって行った。その内容を残された史料からまとめたものが表2であるが、それがすべてではない。たとえば、弘安八年（一二八五）正月、相馬（岡田）胤顕《たねあき》は容態が悪化したため、嫡子胤盛《たねもり》や妻たちに所領を譲ろうとしているから、文永九年にいずれかの所領を配分・安堵されたに違いない。おそらく、苗字の地ともなる相馬郡泉村《いずみむら》（千葉県柏市）や行方郡岡田村（南相馬市）であろう。

なお、「未処分」とは、譲与者＝胤村が譲状を作成せず死没したことを示している。譲状とは、現在の遺言書であり、譲る対象者、譲る具体的な所領が自筆で記述されていることが求められる。したがって、他人が書いたり、譲与の内容が不明瞭であっては、譲状＝遺言書となり得ないことは現在でも同じである。

「未処分」の場合、遺領の譲渡・安堵がどのようになされるか、七海雅人《ななみまさと》氏は「得分親《とくぶんしん》」（法定相続人）のあいだで配分が決定され、それを幕府が安堵する場合（A型）と、法定相続人間で配分（分与）が決定できず幕府に提訴され、幕府が配分・安堵する場合（B

型）があったと指摘する（「鎌倉幕府の配分安堵」）。そのうえで、この文永九年の配分・安堵は、後家尼阿蓮《ごけにあれん》の実子と考えられる松若丸（師胤《もろたね》）・某（有胤《ありたね》）・鶴夜叉丸（通胤《みちたね》）を対象に、阿蓮によって行われたA型の配分安堵であったとする。

しかし、七海氏が、阿蓮の実子ではないとする胤顕にも、配分・安堵が行われたようで、必ずしもA型とはいえない。さらに、南北朝期の史料ではあるが「相馬一族闕所地置文《おきぶみ》案」にも、胤氏《たねうじ》の子師胤が行方郡太田《おおた》村・吉名《よしな》村（南相馬市）を支配していたことが記さ

表2　相馬胤村の遺領配分

	文永九年（一二七二）		永仁二年（一二九四）	
	相馬郡	行方郡	行方郡	高城保
胤村後家阿蓮	増尾	小高・飯崎		
平松若丸（師胤跡）	薩摩・粟野	耳谷	目々沢・堤谷・小山田	
平某（有胤カ）		高平・鷹倉		
鶴夜叉丸通胤		大悲山	小島田	長田
岡田胤顕（跡）	（泉）	（岡田）	院内・大三賀・八兎	波多谷・赤沼四町
胤門			高・荻迫	
胤氏		（太田・吉名）		赤沼六町

＊（地名）は後の史料に依る。

れるから、胤氏から譲与されたものであろう。残念ながら、胤氏の系統を含め下総国相馬郡に残った相馬一族の史料は残されておらず、配分時期が文永九年（一二七二）か永仁二年（一二九四）かは確認できない。しかし、文永九年に弟胤顕への所領配分が行われたとすれば、長子である兄胤氏への配分もあったとみるべきだろう。

なお、この胤氏の子師胤は胤村の子師胤と同名であるが、甥に当たる別人なので注意したい。この同名の二人の存在が、後に大きな影響をもたらすことになる（図9参照）。

幕府裁定への不満

胤村の遺領配分については、後家尼阿蓮が主導的に動いたようである。しかし、後妻の主導に反発した前妻の子らは、阿蓮の動きを阻止しようと幕府に訴えたのではないだろうか。幕府はこの訴えに対し、文永九年十月、所領の配分安堵を行ったのである。すなわち、B型の配分・安堵である。しかし、それは双方にとって満足のいくものではなかったし、とくに阿蓮側の不満は大きく、次のような「上申書」が提出された。

相馬五郎左衛門尉胤□□□□

一　五郎胤顕分　　百九十四丁余

一　六郎胤重分　　□□□□□

一　左衛門次郎胤氏分　九十余丁

一　彦次郎師胤分、当腹の嫡子なので二百三十九丁□□二合である。ほかの子息よりは多い。先例では、駿河入道（中原季時《なかはらのすえとき》）殿の御跡や印東《いんとう》四郎太郎の跡については、すべて故人の意向に基づいて御成敗がなされた。胤村の跡に限ってどうして先例と異なることがあってよいだろうか。そこで、師胤については、譲状の分限に基づき、御配分に預かりたいと思う。そこで進上いたします。

一　後家分

相馬 箕勾　同 薩摩　粟野
同 増尾　闕所 盤崎
同 小高　已上五ヶ村の内二ヶ村を給わる。

あの二ヶ所の替わりに、北田・高村などを給わりたい。

すなわち、「当腹《とうふく》の嫡子」＝現在の妻（阿蓮）の子であること、先例などを根拠に、師胤にほかの兄弟より多くの遺領を配分されるよう裁定を下されたいと求めているのである。したがって、本史料は阿蓮や師胤側から幕府に提出された上申書《じょうしんしょ》、あるいは嘆願書《たんがんしょ》のようなものであろう。なお、筆者はこれまで本史料を文永九年の配分・安堵以前と位置づけていたが、文永九年に記された「平松若丸」が本史料では「彦次郎師胤」とあり、この間に元服したことが考えられるから、七海氏の指摘のように文永九年以降のものと訂正したい（「鎌倉幕府の配分安堵」）。

図9　鎌倉時代の相馬一族

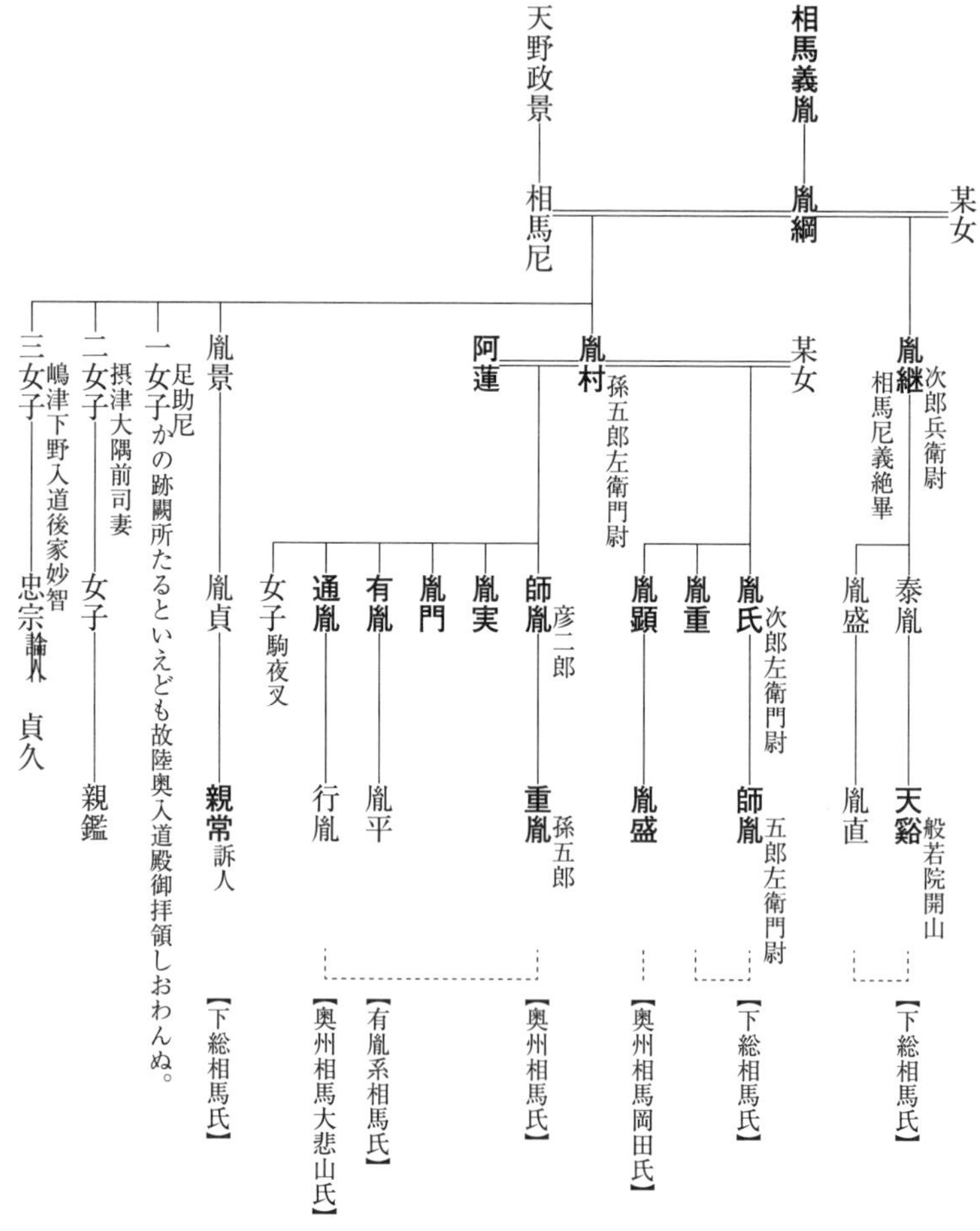

さらに、相馬家に残る古文書「永仁二年御配分系図」等からは、胤村の男子九人が確認できるが、これまた七海氏が指摘するように、「上申書」で「当腹の嫡子」師胤の優位性を主張する対象は、師胤よりも前に記載された胤顕、胤重《たねしげ》、胤氏であり、この三人がおそらく「異腹」（前妻）の子であったろう。したがって、記載されない残る五人は「当腹」を主張する必要のない師胤と同腹の子だったのである。七海氏のまとめた系譜関係をもとに、胤綱の子胤継の系譜も含めて再整理すると、図9のような系図ができあがる。

阿蓮・師胤から重胤へ

阿蓮・師胤が幕府に提出した「上申書」による幕府の裁定が決まらぬなか、弘安八年（一二八五）六月、尼阿蓮は増尾《ますお》村を嫡子師胤に譲与した。同村は、阿蓮が出家を思い留まらせるため娘駒夜叉《こまやしゃ》に譲与していたが、かの女は母の意志に背いて出家したため、阿蓮はこれを悔《く》い返《かえ》し、あらためて師胤に譲与したのである。

阿蓮が娘の駒夜叉に行使した「悔い返し」は、『御成敗式目《ごせいばいしきもく》』（貞永《じょうえい》式目）第二十六条に規定されたもので、子が親から所領を譲られ、幕府が安堵した後でも、親はこれを取り戻すことができた。これを親の「悔返権《くいかえしけん》」というが、幕府の認定も親権《しんけん》の前には無力であって、幕府でさえ御家人の一族内部の問題には関与できない部分があった。

正応二年（一二八九）、師胤は子息松鶴丸（重胤《しげたね》）に所領を譲り与えた。それらは、文永九年に幕府から安堵された三ヶ村と、弘安八年、母阿蓮から譲与された増尾・小高《おだか》二ヶ村と村上浜《むらかみはま》（南相馬市小高区）であった。

永仁二年（一二九四）八月に行われた幕府の配分・安堵は「師胤跡《あと》」（師胤の子孫）・「胤顕跡」（胤顕の子孫）・相馬胤門《たねかど》・大悲山《だいひさ》通胤が対象となった。文永九年に配分された遺領との重複は認められないが、「〜跡」と記された対象が増えている。「〜跡」とは、遺領を相続できる法定相続人（得分親）を故人名で一括して記したもので、幕府から賦課される御家人役を分担する責務を有していた。したがって、譲状には「御公事《みくうじ》（御家人役を含むいろいろな負担）においては、先例に任せて勤める」などの文言が多く記載される。

岡田氏の所領

永仁二年八月、胤顕跡が幕府から認められた所領四ヶ村は、結局は胤顕の後家尼妙悟《みょうご》が支配した。胤顕はほかにも多くの所領を配分されたようで、正和四年（一三一五）八月、尼妙悟が嫡子胤盛《たねもり》に譲与した泉村（千葉県柏市）・岡田村（南相馬市小高区）・飯土江《いいとい》の狩倉《かりくら》（福島県飯舘村）・矢河原山《やがわらやま》（南相馬市原町区）は胤顕の跡として一期支配《いちごしはい》してきたものであろうが、飯土江の狩倉や矢河原山は史料から確認されない。狩倉は、狩猟や騎射の修練の場として、矢河原山も垣に用いる雑木や薪、さらに山菜や茸を採取する場として、いずれも利用価値が高い山野であったから相続の対象にもなったのである。史料は残されていないが、胤顕が幕府から配分・安堵された所領であろう。

一方で、永仁二年に配分された院内村などは記されておらず、尼妙悟の譲状はほかにもあったと思われる。なお、妙悟はその所領の最終処分権を惣領《そうりよう》胤盛に与えることを明記した。もっとも、胤盛も早くに没したため、胤盛の後家、尼専照《せんしよう》が受け継ぎ、元応二年（一三二〇）三月、胤康《たねやす》および長胤《ながたね》らに所領を譲与したが、惣領たる胤康に所領の最終的な処分権を与えていた。

元徳三年（一三三一）九月、胤康は泉・金山・上柳戸・舟戸《ふなつ》（千葉県柏市）・岡田・八兎《やつうさぎ》・飯土江狩倉を嫡子胤家および妻・娘たちに譲与し、胤家を惣領に立てること、女性への所領はいずれも一期支配であることを明記した。一族の惣領を明確にするとともに、女性への相続を限定し、所領の散逸《さんいつ》防止を図ったのである。

大悲山氏の所領

文永九年、大悲山村を配分された鶴夜叉丸＝通胤の家系は、「大悲山」村を苗字の地とした。通胤は、大悲山村・小島田村とともに高城《たかき》保長田《ほながた》（宮城県松島町）を支配し、正和二年（一三一三）十一月、これらを行胤《ゆきたね》に譲与した。その際、長田村内の屋敷と田を譲与された行胤の妹鶴夜叉は、行胤が譲状に背いた時、その所領を支配するよう明記されている。女子が所領を支配することは珍しくないが、「相馬岡田系図」によると、鶴夜叉は従兄弟の胤持《たねもち》と結婚している。いずれにしても同族であるが故の対応であろうか。翌年三月、この通胤の譲与は幕府から認められた。その後、鶴夜叉は出家して「明戒《みょうかい》」と名のったらしく、所領をめぐって行胤を提訴したが、幕府の滅亡後、建武政権（陸奥将軍府）は行胤勝訴の裁定を下した。

なお、行胤にはもうひとりの妹がいたが、不忠をはたらいたため所領は譲与されなかった。「標葉《しねは》女子」とあるから、標葉一族と結婚したものであろう。不忠の内容はわからないが、「相馬岡田系図」によると、夫を亡くした後、小松《こまつ》掃部《かもん》入道《にゅうどう》々雄《どうゆう》の家人《けにん》に再嫁したことが義絶の理由であったという。

『御成敗式目』二十四条には、亡夫から所領を譲られた未亡人が再婚した場合、その所領は没収され、亡夫の子息に与えられることが定められていた。標葉一族の男性と結婚した女子は、夫亡き後に「掃部入道々雄の家人」と再婚したことが事実ならば、実家の父通胤もまた「標葉女子」の再婚を認めなかったのであろう。

所領をめぐる一族の内紛・相論

父師胤や母阿蓮、さらに叔父胤門の養子となって所領を譲られた重胤であったが、胤門の娘が訴訟を展開するなど反発する一族もおり、支配する所領（在家）が錯綜することもあってか、幕府に提訴されることが少なくなかった。

たとえば、永仁五年（一二九七）ころ、重胤が胤門から相続した高村（南相馬市）・関沢

（福島県飯舘村）を押領《おうりょう》した伯父胤氏は、その事実を否定したが、同年六月、幕府は重胤の支配を認める裁決を下した。また、師胤が阿蓮から増尾村などを相続した時、在家など一部の所領が弟の胤実《たねざね》に譲与されており、師胤や胤門が没すると、甥の重胤を訴えたのである。これに対して幕府は、阿蓮の譲状に基づき双方がそれぞれの所領を支配すべき裁決を下している。この二件の訴訟は、一方の当事者が師胤の子重胤であって、胤村の所領処分に後家尼阿蓮が実子師胤を惣領に据えたことに対する不満・反発などに遠因があった。また、岡田胤盛は叔父胤実と大内《おおうち》（南相馬市）・八兎両村について争っている。

相馬氏と島津氏の相論

所領をめぐる争いは一族内に留まらなかった。すでに載せた「胤綱子孫系図」には、相馬親常《ちかつね》の下に「今訴人」、それに対応するかのように忠宗の下に「論人」とそれぞれ「朱書き」されており、相馬氏と島津氏とのあいだに訴訟が発生していたことがわかる。なお、この「論人」という文字は抹消されて貞久と書き改められている。文保二年（一三一八）三月、忠宗は相馬郡内の村々を子息貞久・時久《ときひさ》に譲与しているから、忠宗から貞久に「論人」が替わったのであろう。

親常が、相馬御厨内のどこを所領としていたか明らかにできないが、元亨元年（一三二一）九月、忠宗が貞久に申し送った「置文」（島津家文書）には「下総国黒崎の越訴《おっそ》のこと」と記されているから、島津氏が支配した黒崎郷に関する訴訟であったことがわかる。

「越訴」とは、上告や再審請求のことであるから、幕府に提訴した親常がその判決に納得できず、上訴《じょうそ》したのであろう。この訴訟の結末はわからない。

ところで、島津氏の所領の一つ「稲村」の一部を、胤村の子有胤が支配していた。南北朝期の史料ではあるが、「相馬一族闕所地置文案」には、有胤について「子息らは御敵なり。かの跡など、高平村五十貫文、稲村十五貫文」と記されている。有胤がいつから稲村を支配したか明らかでないし、「稲村十五貫文」という書き方からすれば、一円的に支配していたわけではない。この稲村は、島津氏が支配した黒崎郷に含まれていたから、「黒崎の越訴」の該当地の一つであった可能性は高い。島津氏と訴訟を展開したのは親常だけでなく、有胤も当事者であった。

島津久経に嫁いだ胤綱の女子（尼妙智）が受けついだ相馬御厨黒崎郷内には、相馬郡家に比定される日秀西遺跡や、相馬氏の居館址とも考えられる羽黒前遺跡が含まれていた。驚くべきことに、相馬氏の本拠地ともいうべき地区が島津氏に流失していた可能性が高いのである。

胤氏・師胤の越訴と濫訴

重胤と伯父胤氏は、高村（南相馬市）をめぐって訴訟におよんだが、重胤勝訴の裁決が下ると、敗訴した胤氏の子師胤は幕府に越訴した。ところが、それは濫訴《らんそ》と認定され、師胤は太田村や吉名村の三分一を没収され、北条氏の被官《ひかん》長崎思元《しげん》に与えられた。しかし、没収された所領はこれだけではなかった。

相馬家に残されてきた「下総国南相馬・陸奥国行方郡郷村田数注進状案」ともいうべき文書は、別筆で「応永二」と記されてあるので、応永二年（一三九五）の文書と理解されてきた。しかし、この筆跡は本文とは異なり、応永二年当時のものとは言い切れない。

この文書には、「南相馬」に属する九ヶ村の名が列記されているが、各村名の頭（上）部には「上・中・下」いずれかが小書されている。これがなにを意味するかといえば、たとえば「中　藤ヶ谷の村上下」とあるので、この「上・中・下」は村名の一部ではなく、各村を上・中・下に三分し、村ごとにそのいずれかを示したと理解できる。

このような記述方法については、何らかの罪科によって所領三分の一が没収された時、各々の村を三分割し、そのいずれかを没収対象とし、対象とされた区分を村名の頭（上）部に記載したことが指摘されている（石井新二「上総国周東郡における称名寺領」）。

すなわち、この史料は没収対象となった南相馬と行方郡の村々が上中下に三分割され、実際に没収されることになった各村の田数三分の一の目録ということになる。しかも、九ヶ村のうち、増尾・薩摩・粟野三ヶ村は相馬氏の所領、泉村は相馬岡田氏、他の五ヶ村を支配した相馬氏は、下総国に残った一族であった。また、岡田胤盛が叔父胤実と訴訟を起こしているから、胤盛の越訴・濫訴もあった可能性がある（岡田清一『相馬氏の成立と発展』）。したがって、行方郡内にも没収された太田・吉名両村があったから、「陸奥国行方郡の郷村」分が載っていてもよいのだが、それは載っていない。ある段階で、削除されたとみるべきだろう。

「下総国南相馬・陸奥国行方郡郷村田数注進状案」の謎

この文書の文末には、「応永の比《ころ》に至り、総州相馬に知行有るの証し、滅墨応永二とあり」という押紙《おうし》が添付されている。この押紙については詳述しないが、相馬中村藩の年譜『相馬藩世紀』（尊胤《たかたね》朝臣《あそん》御年譜《ごねんぷ》）延享元年（一七四四）三月十四日条には、相馬家伝来の古文書を将軍徳川吉宗に上覧することになった時、その写しを一九通二巻に仕立て、一通ごとに「由縁書《ゆえんしょ》」を書き、それぞれの「前書」に張ったことが記されている。この「由縁書」こそ押紙だったと思われる（岡田清一『中世東国の地域社会と歴史資料』）。すなわち、この文書に張られた「由縁書」は、相馬中村藩が、応永年間にいたるまで下総国相馬郡を支配していたと主張するものであったといえよう。

おそらく、文末の「押紙」と関連づけて考えれば、下総国南相馬の支配を強調すれば事足りたのであり、当然支配している行方郡は必要無く、押紙が添付された段階、すなわち、延享元年ころに史料の削除があった可能性を示しているのである。

相馬一族の奥州移住

相馬重胤と長崎思元

元亨元年（一三二一）十月、没収された師胤の所領三分の一を長崎思元《しげん》側に引き渡すため、使者として岩城二郎《いわきじろう》・結城宗広《ゆうきむねひろ》の二人が派遣された。ところが、使者の二人は重胤の所領である高村の在家三分の一をも引き渡したのである。重胤が叔父胤門から譲与された高村の在家は、一部が胤門の娘彦犬《ひこいぬ》に与えられていた。この相続に対し、伯父胤氏ばかりか彦犬までが重胤を訴えており、濫訴と判定された胤氏の越訴に彦犬が与《くみ》し、彦犬が支配する在家三分の一までも没収の対象となった可能性もある。あるいは、彦犬の所領は高村内の在家であったため、現地の情勢に不案内な二人の使者は、師胤支配の在家だけでなく、重胤支配の在家三分の一まで思元に引き渡したとも考えられる。

いずれにしても、重胤が長崎思元を幕府に訴えると、思元方も引き渡された北田村（不詳）を支配しようとして、重胤が狼藉をはたらいたと応訴したのである。幕府が重胤に出頭を命じたことはいうまでもない。思元方は、北田村を没収対象地として給与されたと主張したのである。

北田村は、その所在地を特定することはできない。しかし、師胤の所領太田村は、重胤の支配する高村に隣接していた。思元側としては、太田村と同時に隣接する彦犬支配の高村在家三分の一も没収対象地と理解したのではなかろうか。その結果、彦犬の支配する高村の在家に留まらず、重胤の支配する同村の在家三分の一までもが引き渡された、これが実態であったろう。

しかし、重胤の受け止め方は違った。思元は、新田義貞が鎌倉を攻撃した元弘三年（一三三三）五月、東勝寺で自害した御内人《みうちびと》の筆頭でもあった（『太平記』）。北条得宗家が専制的政治を展開するなか、その被官もまた、強引な手段によって御家人の所領を押領することもあった。そして、重胤もまたそのように理解したのである。こうした得宗家や被官の専横に対し、重胤が選択した活路が行方郡への下向と移住であった。

重胤の移住

重胤が行方郡に移住した時期を確定することはできないが、元亨二年（一三二二）の長崎思元側の訴状や関東御教書に、重胤を「小高孫五郎」と記していることは興味深い。一方で、小高村との関係性を強調し、現地で重胤が狼藉をはたらいたと主張する思元方の思惑もあったと考えられる。先に提訴した重胤の訴状では、「今年十月、引き渡しが行われた時、重胤は下総国相馬郡に居住していた」と相馬郡居住を強調している。思元側の訴状は、これを否定することが必要であった。

相論に関する文書であるから、どこまで真実を描いているのか判断に迷うところであるが、少なくとも所領の引き渡しが行われた前後、すなわち元亨元〜二年ころ、重胤は行方郡に下向、その後も留まって、結果的に移住ということになったのであろう。

なお、近世に編さんされた史書類では、元亨三年四月、太田村別所館に入ったと記されることが少なくない（『相馬市史1』）。しかし、太田村が胤氏・師胤系の所領であったことは確実であるから、太田村への下向は考えられない。

当時、胤氏が「左衛門尉」を名のるのに対し、弟師胤は彦次郎を名のり、かつ無官であって庶子家の立場でしかなかった。ところが、江戸時代に相馬中村藩主家となった師胤・重胤系の子孫は、一族郎従を引き連れ、胤氏・師胤系が支配した太田村に移住したというストーリーを創り、その家系を相馬一族の「惣領」と喧伝することが必要であったとの指摘もある（千枝章一「再考『相馬重胤の奥州移住について』」）。首肯すべきであろう。

北条氏の房総進出と相馬一族

千葉氏は、千葉庄（千葉市）を本拠とし、その一族は下総国内に盤踞《ばんきょ》していた。とくに常陸国との国境を流れる鬼怒川《きぬがわ》水系の下流「常総《じょうそう》の内海《うちうみ》」に面する大須賀保《おおすがのほ》（千葉県成田市）や神崎庄《こうざきのしょう》（千葉県神崎町）・東庄《とうのしょう》（千葉県東庄町）・海上庄《うなかみのしょう》（千葉県銚子市等）を支配しており、伊豆国熱海郷（静岡県熱海市）の走湯山権現（伊豆山神社）に属して塩や酢を含む年貢などの搬送、流通に関わった「熱海船」に対する関手《せきて》（通行税）の徴収などは、支配の根幹を成す一つであったろう。

また、柏市大井に残る「車ノ前五輪塔《くるままえ》」の石質がいわゆる「伊豆石《いずいし》」であるが、舟運によって搬送されたと考えられ（『柏市史　原始古代中世考古資料』）、近くを流れる大津川河口には地名「船戸（津）」が残り、「津」＝湊として機能したことを想像させる。

相馬氏もまた、胤継の孫天谿《てんけい》が走湯山の塔頭「般若院《はんにゃいん》」を開山し、その子孫が代々継承したと伝えており（般若院系図）、相馬郡（御厨）・相馬氏と伊豆方面との関係を示唆している。おそらく、相馬御厨の年貢も「熱海船」によって伊豆まで搬送され、さらに伊勢神宮に海上輸送されたのではないだろうか。

こうして、河川や海は、多くの人員や物資を搬送する手段として活用されたから、河川や海の掌握は、これに従事する多くの人びとを支配し、関手・河手《かわて》の徴収など経済的利益をもたらすことになった。しかも、貨幣経済の進展は流通網確保の重要性を強め、十三世紀半ば以降、北条氏が徐々にこの地域に進出し始めるようになった。

寛元四年（一二四六）の執権時頼の排斥計画や、翌年の「宝治合戦」の後、鬼怒川水系に属する各地を北条一族や御内人が支配するようになった（岡田清一『鎌倉幕府と東国』）。さらに、神崎関に隣接する多賀郷が北条氏と深い関係にあった野本時員《のもとときかず》の所領であった可能性があり（盛本昌広「走湯山燈油料船と神崎関」）、その対岸にある「潮来津《いたこのつ》」（常陸国海夫注文案、茨城県潮来市）に残る長勝寺《ちょうしょうじ》の銅鐘は、元徳二年（一三三〇）に北条高時が寄進したもので、同寺もまた北条氏ゆかりの寺院であった（『潮来町史』）。

したがって、「常総の内海」の両岸が北条氏の影響下に置かれた可能性が大きい。鎌倉時代後半になると、走湯山権現に対する北条氏の関与も強まり、「熱海船」とともに北条氏の支配下にあったと考えられる（岡田清一『鎌倉幕府と東国』）。

しかし、それは手賀沼を中心とした相馬郡と、鬼怒川水系を経由して房総半島、さらに伊豆方面との結び付きを阻害することにもなった。この北条氏が支配した平塚郷（千葉県白井市）や印西条《いんざいのじょう》（千葉県印西市）の対岸に、相馬胤顕系が領した泉郷《いずみごう》があった。両地域のあいだを流れる小河川は手賀沼に通じており、胤顕系の所領もまた鬼怒川水系を介して外洋と結び付いていたことがわかる。後に胤顕の孫胤康が「相馬泉五郎」と記されるように、胤顕系にとって泉郷は苗字の地ともなりうる「本領」であった。
直接的な史料は存在しないので推測の域を脱し得ないが、進出する北条氏の脅威を意識せざるを得ない状況にあったのは、決して重胤だけではなかった。

北条氏の標葉郡進出

北条氏進出の脅威は、相馬郡だけではなく、奥州行方郡の南に位置する標《しね》葉《は》郡（福島県浪江町・双葉町・大熊町）にも及んでいた。同郡は、海道平氏の一族と考えられる標葉氏によって支配されたが、同氏に関する史料はきわめて少なく、これまで近世に編さんされた資料をもとに叙述されてきた。ところが、相馬中村藩が天保九年（一八三八）に編集した系図集『衆臣《しゅうしん》家譜《かふ》』に中世文書が抄録されていることがわかり、さらにその抄録部分の基となった文書の写本（海東家文書）が泉田邦彦氏によって確認・公表された（「鎌倉末・南北朝期の標葉室原氏」ほか）。その後、新たな文書も含めて新『相馬市史4』に収録されたが、以下の叙述でも、この文書群「海東家文書」を活用することになる。

なお、標葉氏の一族「室原《むろはら》氏」の系図冒頭に記された文書抄録から、以下のような史実がわかる。正安二年（一三〇〇）十二月、標葉隆俊《たかとし》が没すると、嫡子隆氏《たかうじ》と継母尼法真《ほうしん》・二男隆実《たかざね》とのあいだで所領をめぐる相論が生じ、延慶三年（一三一〇）五月、隆実が下浦《しもうら》村（南相馬市、当時は標葉郡）を支配するとの裁定が下った。その時、尼法真は「下浦・

室原村《むろはらむら》（福島県浪江町）」内の所領を得たようで、応長元年（一三一一）六月、「左衛門尉判、散位判」の「御証文」が、さらに七月になって関東下知状が下された。この七月の下知状は、海東家文書に残されているが、六月の「御証文」は確認できない。

なお、所領を安堵する「御証文」が「左衛門尉、散位」によって発給されている事例をさがすと、北条得宗家《とくそうけ》の公文所《くもんじょ》から発給される「奉書《ほうしょ》」の可能性が大きい。とするならば、尼法真は得宗家の被官（御内人《みうちびと》）であって、標葉郡の一部が得宗家の所領に組み込まれていた可能性がある。ただし、その後、関東下知状が発給されているから、御家人であると同時に、得宗家にも奉仕する二つの立場を使い分けていたのである。

また、元亨四年（一三二四）六月、北条高時は標葉郡中田村（福島県双葉町）の安堵を要請した標葉清直《きよなお》に対し、得宗家の当主として安堵しているし、元弘三年（一三三三）十二月以前、後醍醐天皇は「標葉庄」を東北院門跡《もんぜき》に寄進しているのも（松平文庫色々証文）、北条氏の旧領として没収されたことを推測させる。

このように見てくると、標葉郡の全域かはともかく、あるいは標葉一族のすべてかはともかく、北条氏が侵出して標葉一族を被官化する動きは、その北に隣接して行方郡を支配する相馬氏、とくに標葉氏と婚姻関係をもった大悲山氏にとっては大きな脅威となったはずである。

行方郡の板碑と有胤系の移住

中世の宗教と社会を考える資料のひとつに板碑《いたび》がある。板碑は、おもに鎌倉時代から江戸時代初頭の寛永年間（一六二四～四四）にかけて造られた石製塔婆《とうば》のひとつであるが（『東町史　古代中世史料編』）、その塔身には本尊の種子《しゅじ》（梵字）、あるいは来迎図などのほか、なかには偈頌《げじゅ》・願文・造立年代も刻まれ、さらに造立者や被供養者名がみられるものもある。埼玉県の荒川《あらかわ》上流部、秩父《ちちぶ》地域で製作された板碑は南関東各地から、武士団の移住にともなって全国に伝わり、それぞれの地域で特有の石材・形態の板碑が造られたという。

もっとも、福島県浜通りの板碑は、南端のいわき市を除けば、相馬氏が支配した地域のわずか一六基に過ぎない。そのなかで、南相馬市原町区下高平に集中している七基のなかで、嘉元二年（一三〇四）銘と胎蔵界大日如来《たいぞうかいだいにちにょらい》を刻んだ二基の板碑は、高さ一五〇チセン前後ときわめて大きく、嘉元二年という年次も、重胤が行方郡に下向したとされる元亨元～二年よりも以前のものである。その大きさから、家人や郎従が造立したとは考えられず、ほかの地域から移されたとも考えにくい。おそらく、造立当時から、ほぼ原位置を保っていると考えられる（『原町市史4』）。そこで、この二基の造立者を探し出すため、その板碑が所在した高平地区の状況を考えてみよう。

高平村と相馬有胤

高平村は、文永九年（一二七二）、平有胤が幕府から安堵された所領であり、既に紹介したように「相馬一族闕所地置文案」に「有胤子息らは御敵なり。かの跡など、高平村五十貫文、稲村十五貫文」と記載される。この「高平村五十貫文、稲村十五貫文」という記述は、師胤の「一分跡、行方郡内太田村土貢六十貫文、吉名村土貢四十貫文」に近似しており、同じように三分の一没収の事例と理解できる。

しかも、高平地区に隣接する「泉」地区（地名としての泉の初見は天正十八年〈一五九〇〉の「相馬領検地帳」まで下る）は、古代の行方郡家跡であることが確認され、さらに泉氏の本拠「泉館跡」に隣接する遺跡の東地区からは、十三世紀後半～十五世紀および十六世紀末～十七世紀初頭の中国産陶磁器や国産陶器が多く出土しており、遺跡内の「舘前」地区には「中世の屋敷地」と推定できる遺構も確認されている（『原町市史3』）。また、隣接する泉観音堂に安置される十一面観音菩薩立像（『原町市史4』）からは、弘安六年（一二八三）という胎内銘が確認されている。

「中世の屋敷地」や十一面観音菩薩立像と有胤系相馬氏の関係は確認できないが、嘉元二年銘の大型板碑の存在とともに、相馬一族の移住地としては申し分無い地域である。重胤が下向したとされる元亨元～二年（一三二一～二二）より早い嘉元二年（一三〇四）ころ、有胤あるいはその子孫が下向・移住したとの推定もある（『原町市史4』・七海雅人「鎌倉御家人の入部と在地住人」）。

こうした北条氏の進出、あるいは島津氏への所領の流出、さらに一族内で頻発する訴訟などの複合的な原因が、相馬一族に対応を迫ったのである。その結果、奥州の所領支配を優先して下向・移住する一族、あるいは相馬郡に残る一族、なかには北条氏の被官に組み込まれるなど、多様な選択を迫られたのである。

南北朝期の争乱と相馬一族

鎌倉時代末期の紛擾と相馬一族

津軽の内紛　文治五年（一一八九）の奥羽合戦後、奥州惣奉行《おうしゅうそうぶぎょう》に就いた葛西清重《かさいきよしげ》および伊沢家景《いさわいえかげ》が奥羽両国の支配に関わるようになった。しかし、北条氏の勢力が拡大して奥羽両国に多くの所領を得ると、安藤《あんどう》氏を「蝦夷管領《えぞかんれい》（代官職）」として派遣したといわれ、さらに多くの被官を派遣して所領経営を担当させた。しかし、北条氏の被官と御家人との対立・抗争が多発するようになると、御家人たちも北条氏との関係を深め、あるいは移住して所領支配を強めるなど、その対応に苦慮した（岡田清一『鎌倉幕府と東国』）。

この不安定な状況は、北条氏の所領が集中する津軽方面で露呈した。建治元年（一二七五）六月の日蓮《にちれん》書状（日蓮聖人遺文）に「去る文永五年（一二六八）の頃、東には俘囚《ふしゅう》起こり、西には蒙古《もうこ》より責め使い着きぬ」とあるように、蒙古の襲来にも匹敵するような「俘囚」の蜂起が発生していた。本来、「俘囚」は朝廷に帰属した蝦夷《えみし》を示す言葉であるが、現地の住民を意味するようになっていた。北条氏の派遣した安藤氏の支配に「蝦夷《えぞ》」も反発したのである（大石直正「外が浜・夷島考」）。

しかも、「俘囚」蜂起は未解決のまま、元応二年（一三二〇）以降、出羽でも蝦夷が蜂起した。正中二年（一三二五）六月、安藤季長《すえなが》が「蝦夷管領」を取り上げられ、新たに同族の安藤宗季《むねすえ》が任命されると、季長・宗季の双方に蝦夷らが与《くみ》して戦うまでに発展した。

嘉暦元年（一三二六）三月、幕府は工藤祐貞《すけさだ》を派遣、七月には季長を捕縛して鎌倉に召喚した。しかし、現地では季長の郎従季兼《すえかね》に「悪党」や「津軽山賊」が加わり抵抗が続いた。翌年六月、幕府は「蝦夷追討使」小田高知《おだたかとも》・宇都宮高貞《うつのみやたかさだ》を派遣。嘉暦三年十月になってようやく「和談《わだん》の儀」が成立したが、北条氏の支配に対する北辺の不満が解決したわけではなかった。

西の悪党

「悪党」は、北辺だけでなく全国的に、それぞれの地域で跋扈《ばっこ》していた。弘安九年（一二八六）、幕府は悪党を所領内に住まわせているだけで所領三分の一を没収する厳しい措置を講じ、さらに乾元二年（一三〇三）には、「悪党」に対する罰則をそれまでの流刑《るけい》から斬刑《ざんけい》に重罪化した。

ところで幕府は、建治元年（一二七五）、西国の新関《しんぜき》・河手《かわて》などの停止を下知したが、新たに関所を設置して関銭《せきせん》や河手＝河川通行税を徴収することも「悪党」の行為と見做したものと思われる。それは、交通の要衝が関銭や河手といった経済的利潤を得る対象であったことを示している。

しかも、こうした交通の要衝は、御家人・非御家人を問わず重視していた。たとえば、得宗家《とくそうけ》（北条氏惣領《そうりょう》家）の被官（御内人《みうちびと》）安東蓮聖《あんどうれんしょう》は借上《かしあげ》を営むとともに、海上交通の要衝でもある播磨国福泊《ふくどまり》（兵庫県姫路市）に築港するなど、経済・流通システムに深く関わり、ときには得宗家の権威を背景に強引な手段を用いた。まさに「悪党」である。

しかし、幕府の新関・河手の禁止政策は、御内人の経済活動を阻害することにもなり、御内人がその政策を遵守すれば、自らの活動を否定することにもなった。得宗家の権威をもって行動する以上の不利益を想定したとき、御内人あるいは御家人の立場を否定することも厭《いと》わぬ故に、「悪党」にもなりえたのである（岡田清一『鎌倉殿と執権北条１３０年史』）。

後醍醐天皇の討幕計画

文保二年（一三一八）正月、大覚寺統《だいかくじとう》の後宇多《ごうだ》上皇は、持明院統《じみょういんとう》の花園《はなぞの》天皇に譲位を迫り、翌二月、尊治《たかはる》親王を践祚《せんそ》させた。後醍醐《ごだいご》天皇の誕生である。しかし、兄後二条《ごにじょう》天皇の遺児邦良《くによし》親王が東宮《とうぐう》（皇太子）であることからすれば、邦良が成長するまでの中継ぎであり、「一代の主」でしかなかったことは明らかであった。

そのような立場を否定すべく、元亨元年（一三二一）六月には院政を停止し、摂政や関白を置かずに親政《しんせい》を進め政治権力の一元化をはかった。さらに、文保の和談＝両統迭立《りょうとうてつりつ》を原則とする幕府に対し、近臣日野《ひの》資朝《すけとも》・同俊基《としもと》らに倒幕を企てさせた。幕政に対する御家人の不満と「悪党」にみられる地域社会の不安を想定した計画であった。しかし、この計画は発覚し、多くの関係者が捕縛された。

正中三年（一三二六）三月、東宮邦良が夭折《ようせつ》すると、幕府は持明院統後伏見《ごふしみ》上皇の皇子量仁《かずひと》親王を立太子させた。この幕府の対応に、自身の子孫に皇統を継承させようと考えていた後醍醐は、焦燥の念を募らせた。しかも、元徳二年（一三三〇）、後醍醐の子世良《ときよし》親王が病没し、自身の皇統を存続させるのが困難になったころ、幕府は量仁への譲位を後醍醐に強く求めるようになった。こうして後醍醐は、ふたたび討幕の計画を進めた。

元弘元年（一三三一）五月、吉田《よしだ》定房《さだふさ》の密告により日野俊基・文観《もんかん》らが捕らえられ、またしても計画は事前に発覚、後醍醐は奈良に行幸《ぎょうこう》、ついで笠置寺《かさぎでら》（京都府笠置町）に逃れた。九月には楠木《くすのき》正成《まさしげ》が呼応するかたちで蜂起、赤坂城《あかさか》（大阪府千早赤阪村《ちはやあかさかむら》）に籠《こ》もった。

これに対し、幕府は北条貞直《さだなお》・金沢貞冬《さだふゆ》・足利尊氏《たかうじ》らを発遣して笠置寺を包囲した。そのさなか、量仁は後伏見の詔勅でもって践祚した。光厳《こうごん》天皇である。ここに、後醍醐・光厳という二人の天皇が併存する事態となった。

幕府勢の攻撃に笠置寺は陥落、後醍醐は捕らえられ、翌二年三月には隠岐に流された。これによって事件は終息《しゅうそく》したかにみえたが、翌年早々には後醍醐の子護良《もりよし》親王が楠木正成に呼応して挙兵、護良は軍勢動員のための令旨《りょうじ》（粉河寺文書）ばかりか、「東夷」「高時法師一族凶徒」追討の令旨（牛屎院文書他）を矢継ぎ早に下して反幕勢力を結集した。

尊氏と義貞の討幕

さらに同年閏二月、隠岐を脱出した後醍醐は、伯耆《ほうき》国の船上山《せんじょうさん》（鳥取県琴浦町）を本拠に、討幕の綸旨《りんじ》を各地に送った。これに対し、幕府はふたたび名越高家《なごえたかいえ》や足利尊氏を上洛させたが、尊氏はその途中で後醍醐から討幕の綸旨を受けたらしい。そのまま丹波国篠村《しのむら》（京都府亀岡市）に入った尊氏は、結城宗広《ゆうきむねひろ》や小笠原貞宗《おがさわらさだむね》らに幕府攻撃への参陣を求めつつ、五月七日には京都を攻撃、六波羅探題《ろくはらたんだい》を陥落させた。その直後、尊氏は六波羅探題跡地に「奉行所」を置き、参陣した武士から提出された着到状《ちゃくとう》の「奥《おく》」（左端）に「承了《うけたまわりおわんぬ》」と書き記して花押《かおう》を据《す》える作業を開始した。戦いが繰り広げられるなかで、着到や軍忠《ぐんちゅう》を報告して責任者の承認を得たのであり、これが「証判《しょうはん》」である。これによって、武士の戦功は認定され、後に恩賞《おんしょう》を要請する時の証拠にもなった。

一方、護良の令旨《りようじ》を得た新田義貞は、帰国して五月八日には上野国新田庄（群馬県太田市）で討幕の行動を開始したといわれ、翌日には武蔵国に攻め入った。早くも十八日には鎌倉を攻撃、二十日になって義貞が稲村ケ崎から鎌倉に突入すると、翌日には高時を始めとする北条一族は代々の墓所でもある東勝寺《とうしょうじ》（神奈川県鎌倉市）で自害、全滅した。この鎌倉攻撃は、義貞勢だけで進められたものではなく、尊氏の子千寿王《せんじゆおう》（後の義詮《よしあきら》。以下、義詮と記述）も一方の旗頭として行動していた。ところが、鎌倉に留まることなく上洛した義貞に対し、残った義詮は鎌倉の支配を進め、東国の武士を味方に引き入れることに成功した。後に、これが建武政府の政策遂行に大きな支障ともなった。

幕府の崩壊と相馬一族

幕府が笠置寺に派遣した軍勢のなかに、相馬左衛門（西源院本『太平記』）、あるいは相馬右衛門次郎（流布本『太平記』）が従っていたが、いずれも特定できない。また、建武三年（一三三六）六月、尊氏が後醍醐の拠る比叡山を攻撃した際、これを迎撃した軍勢に「下総国の住人相馬四郎左衛門尉忠重《ただしげ》」がいた（『太平記』諸本）。

十七世紀半ばに編さんされたと考えられる「相馬系図」（『諸家系図纂』）には、胤村《たねむら》の子胤氏《たねうじ》（下総相馬氏）の曽孫に「左衛門尉忠重」が載る。西源院本『太平記』所載の「相馬左衛門」と同一人物の可能性はあるが、『太平記』以外の同時代史料からは確認できない。

いずれにしても、下総の相馬一族が幕府勢として上洛し、幕府倒壊後は後醍醐方に与して尊氏勢に対峙《たいじ》したものであろう。

六月四日、後醍醐は京に入り、新政権を発足させた。その翌日、尊氏は鎮守府将軍に任じられ、同時に昇殿を許されたが、同日、陸奥《むつ》国七草木《ななくさき》村（福島県郡山市）の地頭藤原氏（田村宗猷《そうゆう》の娘、相馬重胤《しげたね》の妻）は、代官備前房超円《びぜんぼうちょうえん》を介して着到状を奉行所に提出、六月二日から「御方」に加わり、今後とも軍忠を挙げることを報告した。それに対して、文書の「袖《そで》」（右端）に「左少将」の花押が据えられた。当時、左少将には護良の家司《けいし》四条隆貞《しじょうたかさだ》が確認できるが、花押に若干の相違が見られ、隆貞と断定できないという（新『相馬市史4』）。四条隆貞の名で「証判」を与えた事例は、その可能性も含めて一例（指宿文書）しか確認できない。あるいは、備前房超円の着到状は「一見了」などの文言が欠損した可能性もあるが、護良のもとに提出されたものであろう。

地頭藤原氏は、七月十七日になって後醍醐の綸旨によって当知行地を安堵されている。しかも同日、相馬重胤もまた当知行地安堵の綸旨を得ているから、重胤もまた着到状を提出していたのであろう。

後醍醐は、六月十五日、「凶悪の輩」が「兵革濫妨《へいかくらんぼう》」をはたらき庶民が愁《うれ》いていることを理由に、綸旨を帯びざる者が「自由の妨げ」を致した場合、国司や守護人が糺弾すべき宣旨を発給した（金剛寺文書）。重胤や地頭藤原氏が所領を安堵された綸旨も、その日付から、この宣旨に基づいて発給されたものであった。

ただし、綸旨が絶対的な権威と強調したこの宣旨は、綸旨を帯びての行為は「濫妨」「自由の妨げ」に該当しないと理解され、諸国の武士は安堵の綸旨を求めて京に殺到、かえって後醍醐の政治を遅滞させることにもなった。しかも、上洛した武士のなかには、足利尊氏のもとに軍忠状・着到状を提出して「証判」を得る者も多く、これを危惧《きぐ》する護良とのあいだに対立の火種を生じさせた。

七月二十五日、後醍醐は「当時知行の地」――現在の所領支配者の権利を認める、すなわち安堵の綸旨を必要としない旨の官宣旨《かんせんじ》（市河文書ほか）を、翌日には「当時知行の地」を「北条高時ら朝敵等の所領以外」と限定した、いわゆる「諸国平均安堵法」を五畿七道諸国に発し、その認定・安堵を各国府に委任した。

なお、これらの官宣旨は多くの諸家・諸社寺に伝来するが、相馬・相馬岡田両家に伝わる文書群にも残されており、両氏のもとに届けられた、あるいは回覧されて写本が作成されたことになる。相馬一族内にあっては、ともに行方郡に移住した庶子家であったから、この段階では、両家は対等に扱われていたことを意味する。この関係が変化するには、もう少しの時間が必要であった。

しかし、こうした後醍醐の朝令暮改《ちょうれいぼかい》的な政策は多くの武士を不安がらせ、新政権内部における護良と尊氏の対立も不安材料となった。この情況を解消するため、後醍醐は雑訴《ざっそ》決断所《けつだんしょ》や恩賞方《おんしょうかた》などの枢要な組織を設置するとともに、「当時知行の地」の安堵を担当する各国衙の機構整備を進めた。なかでも、旧政権が所在した鎌倉＝相模や隣接する武蔵、さらに北条氏領が遍在する奥州の体制づくりは急務であった。

建武政権と相馬一族

陸奥将軍府と鎌倉将軍府

元弘三年（一三三三）八月、北畠顕家《きたばたけあきいえ》を陸奥守に任命した後醍醐は、白河庄（福島県白河市）の結城宗広《ゆうきむねひろ》に無二の忠を求め、顕家の下知に従うべきと命じた（白河集古苑所蔵文書）。十月二十日、顕家は後醍醐の子義良《のりよし》親王（後の後村上天皇）を奉じて京都を出発、陸奥国府（宮城県多賀城市。以下、多賀国府と記す）に向かった。六波羅探題の攻撃に加わった奥州の武士の多くも帰国したことであろう。国府に到着した顕家は、奥州支配のための組織を整え始めた。

まず、式評定衆《しきひょうじょうしゅう》や引付《ひきつけ》、さらに政所や評定奉行・寺社奉行・侍所が設置され、顕家とともに下った公家が混じっているものの、結城宗広・親朝《ちかとも》父子は当然ながら、伊達行朝《だてゆきとも》や武石《たけいし》氏・伊賀《いが》氏など奥羽の武士の多くが任命された。また、二階堂公朝《にかいどうきみとも》や顕行《あきゆき》ら鎌倉幕府以来の法曹官僚、安威《あい》氏や五大院《ごだいいん》氏など北条氏の被官・奉行人も加わっている（佐藤進一『鎌倉幕府訴訟制度の研究』）。現地の事情に通じた人材の確保とでもいえる。

この国府体制は、ほぼ鎌倉幕府の組織を踏襲したものであり、陸奥《むつ》将軍府《しょうぐんふ》とか奥州小幕府などと称されるが、奥羽を安定させ、後醍醐の新政権を支えようとした北畠親房《ちかふさ》の意図があったという（伊藤喜良『東国の南北朝動乱』）。もっとも、それは鎮守府《ちんじゅふ》将軍に任じられ、外ケ浜《そとがはま》（青森県）や糠部《ぬかのぶ》郡（青森県〜岩手県北部）の旧北条氏領を得て奥州に勢力を拡大しようとする足利尊氏を牽制し（白根靖大「建武の新政と陸奥将軍府」）、鎌倉を根拠に南奥・関東の武士に対する支配を強めようとする足利義詮をも牽制することになった。

なお、陸奥将軍府の首脳陣に、相馬一族を始めとして岩城一族や石川・蘆名《あしな》諸氏は含まれていない。その理由は明らかではないが、早急に進められた組織づくりは、たとえば結城宗広ら一部によって人選が進められたのではないだろうか。

一方、相模守に任じられた足利直義《ただよし》は、十二月には後醍醐の子成良《なりよし》親王を奉じて鎌倉に下向、いわゆる鎌倉将軍府を組織した。雑訴決断所に掲示された壁書《かべがき》には、「関東十ケ国成敗の事」として裁判の進め方など三ヶ条が記され、さらに軍事・検断《けんだん》組織として、足利一族や関東の有力武士からなる「関東廂番《ひさしばん》」が組織された（建武年間記）。この番衆に「相馬小次郎高胤《たかたね》」の名が載るが、同時代史料はもとより諸系図からも確認できない。

状況が大きく変化するなかで、すでに九月以降、多賀国府に見参した相馬岡田氏の一族長胤《ながたね》や南部師行《もろゆき》（新渡戸文書）らが散見され、奥州の武士の対応は早かった。一方で、石川庄（福島県石川町）の石川光隆や津軽の曽《そ》我乙房丸《がおとふさまる》らは、幕府崩壊後も鎌倉に留まり、足利義詮のもとで鎌倉二階堂の警固に当たっており（秋田藩家蔵文書・遠野南部文書）、その対応もさまざまであった。

陸奥将軍府と相馬一族

十二月になって、相馬重胤の子親胤《ちかたね》は行方郡の本領安堵を多賀国府に申請して安堵の外《げ》題《だい》を、翌年八月には岡田胤康《たねやす》が高城保波多谷村《たかきのほはたや》（宮城県松島町）を安堵される顕家の下文《くだしぶみ》をそれぞれ得ている。

このように、相馬一族の多くは建武政権のもとで行動しているが、重胤や親胤、さらに岡田胤康・長胤、大悲山行胤《だいひさゆきたね》らは独自に所領の保全を申請しており、相馬一族が必ずしも重胤のもとで同一歩調をとっていたわけではなかった。

なお、元弘三年暮れ、北条氏の残党が津軽地方で蜂起したが、翌年末には鎮圧されたが（岡田清一『鎌倉幕府と東国』）。南部師行《なんぶもろゆき》は投降した武士の名を書き出しているが（遠野南部文書）、そのなかの「相馬入道子息法師丸」は、幕府崩壊後も建武政権に抵抗した相馬一族のひとりであった。鎌倉時代、津軽地方は北条氏の所領であったから、あるいは「相馬入道子息法師丸」も北条氏の被官として、その所領支配に関わっていたのかもしれない。

なお、この近辺にはかつて「相馬村」（青森県弘前市）があり、相馬姓の多い地域であることも気にかかる。

相馬重胤と検断奉行

陸奥将軍府は、奥州各地域の支配を円滑に行うため、国府の支庁ともいうべき郡奉行所《こおりぶぎょうしょ》を各地に設置した。この郡奉行所は、郡奉行と検断《けんだん》奉行から構成されていたが、前者が一般行政を担当し、後者が軍事・警察関係を担当して治安を維持し、郡奉行を補佐することになった。

建武二年（一三三五）六月、多賀国府は行方郡奉行に相馬重胤を命じ、さらに伊具《いぐ》・亘理《わたり》（宮城県）・宇多・行方（相馬市・南相馬市）四ヶ郡および金原保《かねはらのほ》（福島県伊達市）の検断を武石胤顕《たけいしたねあき》とともに執行するよう命じた。この時点で、重胤は京都から帰国しており、翌月、行胤が顕家から大悲山村の支配を認められた際、その引き渡しを行っているのも、郡奉行の職務のひとつであったのだろう。

武石氏は下総千葉氏の一族で、胤顕は系譜上からは確認できないが、津軽で発生した北条氏残党の蜂起が鎮圧された時、「津軽降人」を預かっており、陸奥将軍府の引付三番を担当する武石二郎左衛門尉と同一人との指摘もある（『亘理町史　上巻』）。なお、重胤が本拠とする行方郡奉行に任じられており、胤顕も亘理郡奉行であった可能性がある（岡田清一『中世南奥羽の地域諸相』）。

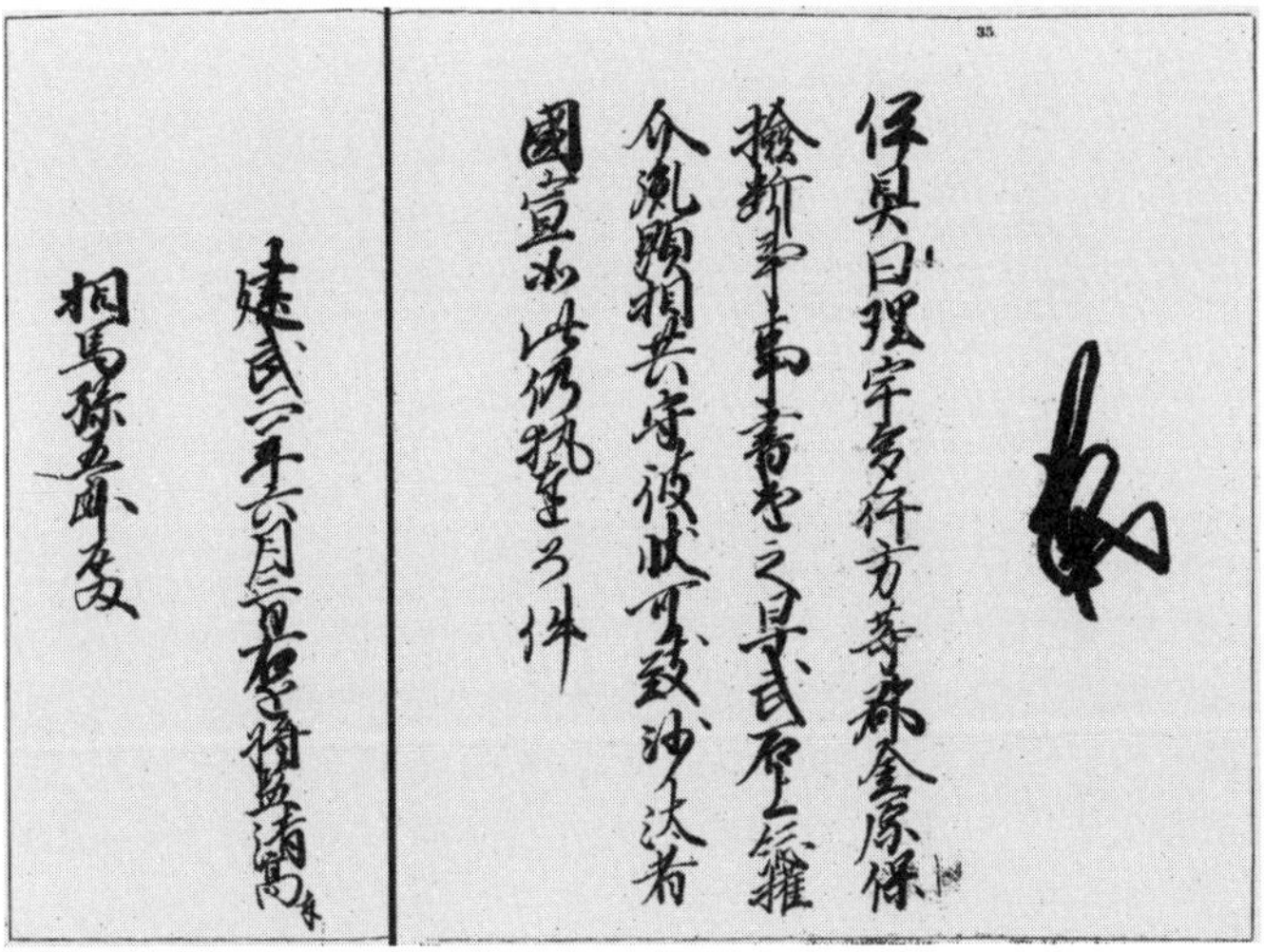

伊具亘理宇多行方等郡金原保
検断事、[illegible]之、早武石上総権
介胤顕相共守彼状可致沙汰者
国宣如此、仍執達如件

建武二年六月三日　右近将監清高　奉

相馬孫五郎殿

図10　陸奥国宣（建武２年６月３日，相馬文書，東京大学史料編纂所所蔵影写本，相馬和胤氏原本所蔵）

重胤が何らかの公的権限を獲得したのはこれが最初であり、行方郡内に移住した相馬一族でも初めてのことだった。鎌倉時代、相馬氏は多くの一族に分かれ、その幾つかは自立した御家人として幕府に奉公していた。

しかし、胤村の前妻の子胤氏系が「左衛門尉」を継承するのに対し、後妻阿蓮《あれん》の長子と考えられる師胤《もろたね》は彦次郎、その子重胤も孫五郎と無官であって、師胤・重胤系相馬氏は胤村の後家尼阿蓮の働きがあったとはいえ、あくまで庶子家でしかなかった。当然のことながら、重胤系相馬氏がほかの相馬一族に比して絶対的な優位にあったわけではない。

したがって、後に相馬一族の中核ともなる重胤系相馬氏は、建武政権、そして、その崩壊後は足利氏との関係を強め、行方郡や周辺地域に対する公権（地域支配の権限）を獲得しながら、所領の獲得に奔走することになる。その重胤が、ここに郡奉行・検断奉行という公的地位を得て、ほかの相馬一族に比して一歩抜きん出る立場を獲得したのである。

ところが、同年七月、後醍醐は結城宗広に「宇多庄」を勲功の賞として与え、知行すべきことを認めた。顕家から重胤・胤顕が検断奉行に任命された宇多郡と、後醍醐から宗広に与えられた宇多庄はもちろん同一地域であろう。「郡」と「庄」との使い分けはわからないが、権限・権利の内容に違いはあっても、一つの地域に南奥の有力武士が同時に関わることになった。それぞれが権限・権利を拡大しようとする時、両者が対立するのは必至であったし、以後、北朝方に就いた相馬氏は、南朝方に与《くみ》した結城氏と熾烈《しれつ》な戦いを繰り広げることになる。

建武政権の破綻と相馬一族

新政権のもとに結集した武士にとって、最大の目的は所領の安堵と新恩地の給与であったから、「所領個別安堵法」に続いて「諸国平均安堵法」が発布されるなど変転する政策は、参集した多くの武士を不安がらせた。

一方で、新政権は多くの負担を諸国の武士に強いた。その一つは軍役《ぐんやく》である。幕府が滅んだ後も、北条氏や幕府旧臣の残党による武力峰起が各地で発生した。しかも、北条氏と関連性のない地域でも発生していたから（鈴木由美『中先代の乱』）、政府はこれら各地の武力蜂起を追討するため、多くの武士を恒常的に動員せざるをえなかった。

建武二年（一三三五）三月、「遠国《おんごく》三十町、中国《ちゅうごく》二十町、近国《きんごく》十町」につき一人の割合で軍役を追加負担することが決まった。遠国に属する陸奥国では、所領三〇町につき一人の割合で京都に勤番し、二九町未満の武士も惣領あるいは郡奉行を通じて課役を果たさなければならなかった。また、内裏《だいり》の造営・京都市中の警備も賦課され、すでに前年十月には、従来の負担にさらに二〇分の一の税を追加する法令も施行されていた（建武年間記）。

これらの重い負担に対し、好島《よしま》庄（福島県いわき市）の領主伊賀盛光《いがもりみつ》は、津軽の北条氏残党の追討に出陣した際、京都の篝屋役《かがりややく》（市中の警備）の免除を北畠顕家に嘆願している（小西新右衛門氏所蔵文書）。また、津軽に派遣された標葉《しねは》郡（福島県双葉郡）の領主標葉孫九郎は、重い負担に堪えかねて戦場から逃亡し、その所領半分を没収された（朴沢文書）。建武政府の諸政策に対し、多くの武士のあいだには非難と不満が募り、政権に対する武力蜂起が各地でみられるようになった。

同年六月、後醍醐に対する西園寺《さいおんじ》公宗《きんむね》の謀叛計画が発覚した。『太平記』によれば、北条高時の弟泰家《やすいえ》は鎌倉陥落に際して奥州に逃れ、その後、上洛して公宗に匿《かくま》われて時興《ときおき》と改名、公宗に「天下を覆《くつがえ》さんこと」を勧めた。その際、諏訪《すわ》氏のもとに逃れていた高時の遺児時行《ときゆき》を「関東の大将」とし、越中守護北条時有《ときあり》の子時兼《ときかね》を「北国の大将」として同時に挙兵する計画を企てたという。さらに公宗は、後醍醐を暗殺し、持明院統の後伏見《ごふしみ》法皇を擁立するという政権転覆を謀った。しかも、この計画は公宗一人で企てたのではなく、かなり大がかりなクーデタ未遂事件であった（亀田俊和『南朝の真実』）。

もっとも、この計画は公宗の弟公重《きんしげ》の密告によって露顕し、捕縛された公宗は出雲国《いずものくに》への流罪《るざい》が決定した後、八月になって京都で斬殺された。事件は解決したかにみえたが、さらに混迷を深めた。

中先代の乱と南奥

西園寺公宗の謀叛計画との関係は確認できないものの、七月、北条時行は諏訪祝《はふり》頼重《よりしげ》や滋野《しげの》一族を動員して信濃で挙兵（市河文書・宗像文書）、信濃守護の小笠原貞宗《さだむね》勢を破って上野国に進攻した。さらに武蔵国女影原《おなかげはら》（埼玉県日高市）では、直義が派遣した軍勢を撃破して鎌倉を占拠した。この時、直義は幽閉中の護良を殺害。その後、成良とともに三河国まで敗走したが、ここで成良を京都に送り返して援軍を要請した。

これに対して尊氏は、後醍醐に征夷大将軍《せいいたいしょうぐん》と諸国惣追捕使《しょこくそうついぶし》の任命を要請したが、八月一日、後醍醐が成良を征夷大将軍に任命すると、その翌日、許可を得ることもなく京を出陣した。九日、慌《あわ》てた後醍醐は尊氏を征東将軍《せいとうしょうぐん》に任命したが、遅きに失した対応であった。尊氏は、三河国矢作宿《やはぎのしゅく》（愛知県岡崎市）で直義と合流すると、各地で時行勢を破り、十九日には鎌倉の奪還に成功した。世にいう中先代《なかせんだい》の乱である。

なお、八月九日、北畠顕家は「坂東の凶徒」に与した結城盛広《もりひろ》の所領を没収して結城宗広に（結城神社所蔵文書）、さらに長倉（福島県西郷村）における合戦に対する恩賞として陸奥国高野郡を伊達行朝《だてゆきとも》の一族に、それぞれ与えた（結城古文書写）。長倉は、盛広が支配する白河庄北方に属しており、あるいは盛広方がこの地で蜂起し、宗広や行朝と合戦に及んだのであろうか。また、「小平《おだいら》の輩」が「散在の凶徒」に与同して安達郡木幡山《こはたやま》（福島県二本松市）に立て籠もったため、上総権介（武石胤顕あるいは佐竹貞義《さたけさだよし》）は好島庄の伊賀盛光に出陣を命じた（飯野文書）。いずれも北条時行の蜂起に与したためと考えられ、信濃〜鎌倉方面に限定される軍事行動ではなかった（鈴木由美『中先代の乱』）。

時行との連繫を示す史料はないものの、庶子家たる結城宗広が後醍醐に優遇されるなか、結城惣領家の一族盛広に不満があったとも思われ、「小平」（福島県平田村）が北条氏の被官石川一族の支配した石川庄内であることを考えると、結果的に呼応したことになった。

鎌倉を奪還した尊氏は、斯波家長《しばいえなが》を奥州総大将として陸奥国に派遣した。家長は、その苗字が示すように志和郡《しわ》（岩手県紫波郡）を本領とする有力な足利一族であったから、陸奥将軍府に対する備えを意図したものであろう（小川信『足利一門守護発展史の研究』）。

尊氏の離反と相馬一族

その後、後醍醐の帰京命令に従わず鎌倉に留まった尊氏は、関東の武士に対し所領を安堵する事例が増えてくる。十月になると、越後国奥山庄《おくやま》（新潟県胎内市）から鎌倉に到着した三浦茂実《もちざね》のように、尊氏の館周辺を警固する者も現れ始めた（三浦和田文書）。それに対して北畠顕家・多賀国府もまた陸奥国内の武士に対し、所領安堵の御教書《みぎょうしょ》や国宣《こくぜん》を多発している。

十一月に入ると、尊氏と義貞・多賀国府との緊張関係はますます激しくなり、二日には足利直義が下野国の那須《なす》氏に新田義貞追討を目的に軍勢を催促し（結城古文書写）、六日には高師泰《こうのもろやす》が鎌倉の西の入口でもある稲村ケ崎の警固を伊豆国の天野《あまの》氏に命じている（天野文書）。さらに尊氏は、斯波家長に御教書を送ると、家長は十二月二日に陸奥各地の武士に軍勢催促状を発給した。それは、二十日に好島庄の伊賀盛光のもとに届けられたが、その四日後には一族を動員して参陣している（飯野文書）。

一方、後醍醐も尊氏から剥奪《はくだつ》した鎮守府将軍に北畠顕家を任命し、陸奥国内の武士を糾合する求心力を高めようとした（白根靖大「建武の新政と陸奥将軍府」）。十一月十九日、後醍醐は義貞に尊氏追討の宣旨を下すと、新田一族を始めとする軍勢が出京した（『太平記』）。同時に後醍醐は、北畠顕家に上洛を命じており、十二月二十三日には宮城郡（宮城県）の高柳一族が多賀国府に集結、顕家から「証判」を得ている（朴沢文書）。

尊氏の離反は、相馬氏のみならず南奥の武士に大きな影響を与えた。十一月から翌月にかけて、相馬重胤は嫡子親胤《ちかたね》・次子光胤《みつたね》・大悲山《だいひさ》朝胤《ともたね》に嫁いだ娘に、あるいは岡田胤康が子息胤家《たねいえ》に、それぞれ所領を譲与している。それは相馬一族のみならず、岩崎郡金成《かなり》（福島県いわき市）を支配する岡本氏でも確認される（秋田藩家蔵文書）。このつぎつぎと行われる南奥諸氏の所領譲与は、単なる偶然ではない。建武政府から離脱して対立する尊氏に与することを決め、後顧《こうこ》の憂《うれ》いを絶って合戦に臨《のぞ》もうとしたのである。早くも十二月二十日、大悲山行朝・朝胤父子は着到状を提出して証判を得た。

南下する斯波家長と相馬一族

尊氏・直義追討のために東下した義貞勢は、十二月五日、駿河国手越《てごし》河原《かわら》（静岡市駿河区）の戦いで直義勢を退けたものの、その後の駿河国竹之下《たけのした》（静岡県小山町）や伊豆国府（静岡県三島市）で敗れると、そのまま京に退却した。尊氏は義詮《よしあきら》を鎌倉に残し、義貞勢を追った。そして、尊氏勢を顕家率いる奥州勢が追撃し、さらに家長勢が追尾した。

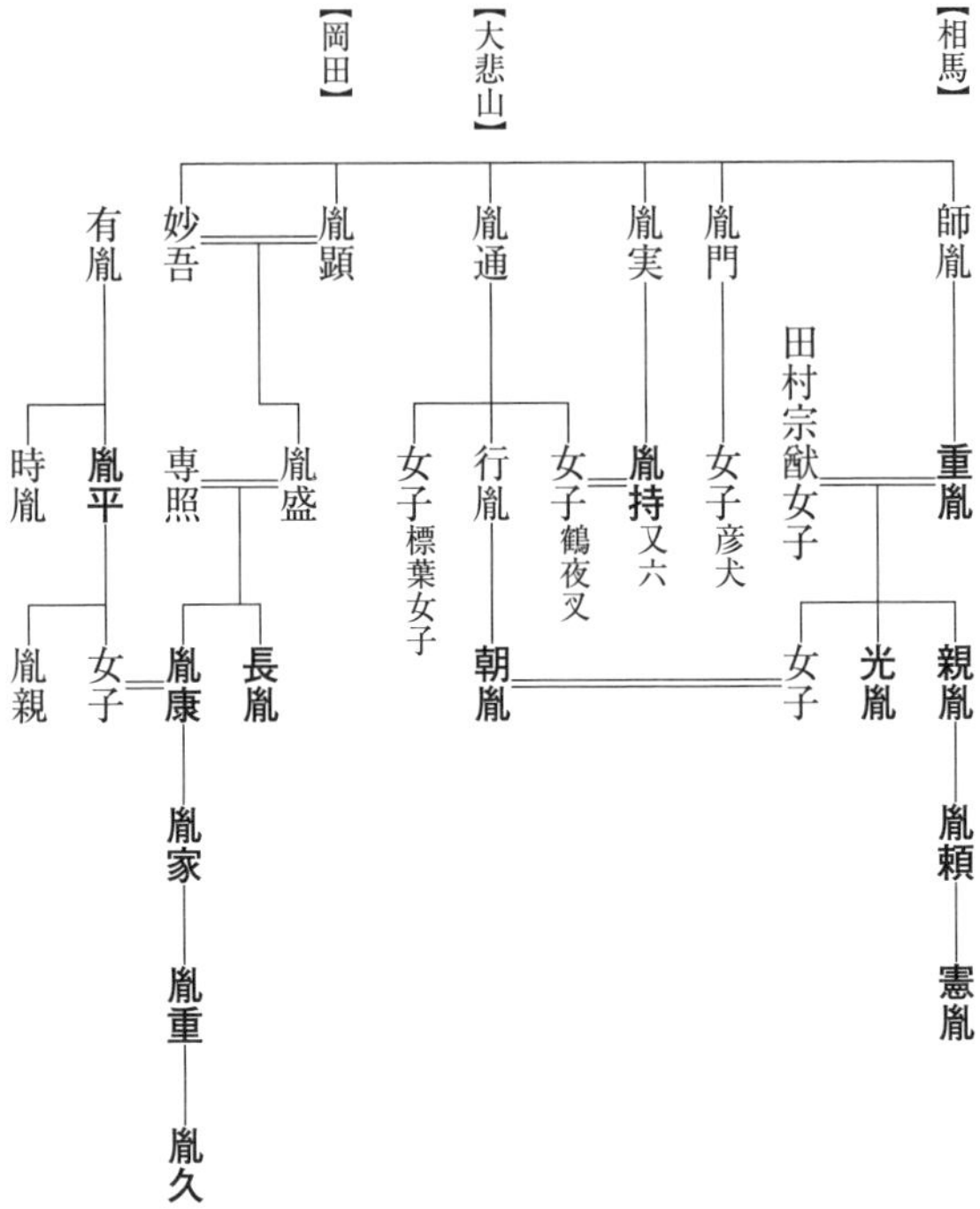

図11　南北朝期の相馬一族

相馬重胤を含む相馬一族は、亘理《わたり》郡河名宿《かわなのしゅく》（宮城県柴田町）で南下する家長勢に合流、鎌倉に向かったが、家長は鎌倉に留まって義詮を補佐するとともに、東国・南奥の掌握に努めた。以後、家長は戦死する建武四年（一三三七）十二月まで軍事指揮権を発動し、検断権や所領の預置、所領安堵の推挙などを積極的に展開し、陸奥将軍府の弱体化を進めた（伊藤喜良『東国の南北朝内乱』・白根靖大「建武の新政と陸奥将軍府」）。

なお、重胤の嫡子親胤は、元弘三年（一三三三）十二月、陸奥国府に所領の安堵を求め、安堵の外題を得ているから、行方郡小高《おだか》に残っていたものと思われるが、その後の動向は確認できない。ところが、建武四年正月、親胤の子胤頼《たねより》が提出した着到状には「建武二年、千田《ちだ》大隅守（胤貞《たねさだ》）とともに千葉楯（千葉市）を攻撃したところ、にわかに将軍家（尊氏）が上洛したのでお供を申し上げたが、いまだに帰国していない」とあり、さらに親胤が観応三年（一三五二）十一月に奥州管領吉良貞家《きらさだいえ》に恩賞を申請した一巻には「去る建武二年、下総国千葉城に向かって出発した後、親胤は尊氏方に属して箱根坂水呑《みずのみ》で戦功を挙げた」と記している。

箱根坂水呑の戦いは、建武二年八月二日、新田勢を迎撃するため鎌倉を出陣した尊氏が、十七日に戦った「筥根《はこね》合戦」の一ヶ所「水飲」であろうから（国立国会図書館所蔵文書）、千葉城攻撃はそれ以前、おそらく七月下旬～八月初旬のことであったろう。しかし、重胤

図12　千葉氏略系

千葉頼胤（千葉介）
- 宗胤（千葉太郎）― 胤貞（千田大隅守）
- 胤宗（千葉介）― 貞胤（千葉介）

らが家長に合流したのは十一月下旬～十二月初旬のことと思われるから、親胤は早くから別行動をとり、千葉城攻撃に加わっていたことになる。

当時の千葉一族は、内紛の危機に見舞われていた。建治元年（一二七五）八月、千葉介頼胤《よりたね》が夭折《ようせつ》すると、長子宗胤《むねたね》は大隅国守護として肥前国小城《おぎ》郡（佐賀県小城市）を支配していたこともあって、蒙古襲来以降、かの地に下向していた。そのため、次子胤宗《たねむね》が「千葉介」を継承したが、二人の関係は必ずしも良好なものではなかった。それは二人が没した後も、宗胤の子胤貞と胤宗の子貞胤の代になっても内紛は継続し、千葉氏は分裂の様相を示していた。

そうしたなかで、千田胤貞は早くから尊氏のもとに馳せ参じたらしく、建武元年九月に行われた後醍醐の賀茂社行幸に際し尊氏に供奉《ぐぶ》したことが確認できる（朽木文書）。一方、貞胤は尊氏追討に出陣した新田義貞勢に加わっており、敵対関係が続いていた（『千葉県の歴史　通史編　中世』）。

相馬親胤と千田胤貞との連繫については明確な史料がないが、千葉氏の内紛と尊氏・後醍醐の対立が結び付き、相馬氏を含む千葉一族が胤貞・貞胤双方に分かれ、下総各地で争うまでに拡大していった（小笠原長和『中世房総の政治と文化』）。

尊氏の敗走と北畠顕家の東下

翌建武三年正月、上洛する尊氏勢に対し、後醍醐方も応戦の体制を整えるなかで、顕家勢も到着。この顕家勢と新田義貞・楠木正成勢に挟撃された尊氏・直義は、京都制圧後わずか三週間ほどで九州に敗走した。しかし、尊氏は持明院統の光厳上皇から院宣を得ることに成功、朝敵の立場を回避するとともに、新田義貞追討の院宣が下されたと称して諸国の武士に軍勢を催促し、さらに一族・重臣を四国や中国地方の諸国に配置した。

九州に逃れた尊氏・直義は、肥前の守護少弐頼尚《しょうによりひさ》や筑前の宗像《むなかた》氏らの支援を受け、三月には肥後国の菊池・阿蘇両氏の軍勢を多々良《たたら》浜（福岡市東区）で破ると、四月には上洛を開始した。なお、この時の尊氏勢に千田大隅守胤貞や宇都宮氏などが従っていたが、相馬親胤の名は確認できない（『太平記』）。一方、尊氏の勝利を知らない後醍醐が、義良を元服させて陸奥太守に任じ、北畠顕家とともにふたたび奥州に向かわせたのは三月十日のことである（『神皇正統記』）。

南奥の動乱と相馬一族

相馬光胤の帰国と小高築城

顕家を追って南下した斯波家長は鎌倉に留まり、足利義詮を補佐して東国における勢力確保に奔走した。また、従弟《いとこ》の斯波兼頼《かねより》や佐竹一族の中賀野義長《なかがのよしなが》を奥州に派遣、奥羽の武士を掌握させようとし（小川信『足利一門守護発展史の研究』）、さらに兼頼を補佐するため氏家道誠《うじいえどうせい》を代官として送り込んだ。しかし、陸奥将軍府の支配に組み込まれた武士のなかには、顕家に味方するものも多く、足利氏の奥州支配は必ずしも順調に進んだわけではなかった。そうしたなかで、尊氏の敗戦が鎌倉の義詮・家長のもとに届けられたのである。

建武三年（一三三六）二月、鎌倉にあって状況の悪化を憂《うれ》いた重胤は、国元の防備を固めるため、次子光胤に対し、斯波家長の命令書と次のような五ヶ条からなる「事書《ことがき》」を与えて帰国させた。
①小高堀内に城郭を構え、近隣の凶徒＝南朝方を退治すること。
②敵対する一族や「七郡の御家人等」に対し、方便を廻らして味方に取り込むこと。
③城内の兵粮米については、須江《すえ》九郎左衛門尉の二〇〇石を宛てること。そのほか一族や□□□分の村々については、「給主代」に命じて集めること。
④京や鎌倉で味方が劣勢に陥ったとしても裏切らないこと。二心《ふたごころ》ある一族等はこれを討ち取ること。
⑤軍忠をはたらいた一族や他人については詳細に報告すること。

すなわち、小高村にある堀内（屋敷地）を堅固にして城塞化するように命じたが、ほぼ一ヶ月後には顕家配下の広橋経泰《ひろはしつねやす》が攻め寄せており、どの程度の防衛施設ができたのであろうか。現在の小高城には、城域全体を囲繞《いにょう》するような明確な堀跡は確認できない。

また、兵粮米を分担した須江九郎左衛門尉は重代《じゅうだい》の家人《けにん》であって、小高村の在家《ざいけ》農民を支配していた。村々には「給主代《きゅうしゅだい》」がおり、かれらが在家から兵粮米を取り集めたのである。複数の村を支配する「給主」相馬一族は、それぞれの村に家人を住まわせ（給主代）、在家を支配したのである。若党とも記される家人は、戦いでは旗差《はたさし》や中間《ちゅうげん》を従えていたが、旗差や中間は平時には村々に住み、農業などに勤《いそ》しむ在家農民でもあった（岡田

図13　小高城（南相馬市教育委員会提供）

清一『相馬氏の成立と発展』）。

なお、こうした一族に対する強い指示は、建武政権と対立するなかで、分裂することによって生ずる危機意識の表れであり、存亡の危機を利用して、一族に受け入れさせることを可能にしたのである。その際、重胤は多賀国府から任命されたものであっても、行方「郡奉行」という立場を一族に意識させたことであろう。

相馬重胤・岡田胤康の戦死

四月、鎌倉に残った重胤は、斯波家長から行方郡内の闕所《けつしよ》ならびに相馬又六が支配していた高城保の一部を与えられた。相馬又六は、重胤の従兄弟胤持《たねもち》（胤実の子）で、大悲山通胤《みちたね》の娘鶴夜叉《つるやしゃ》の夫でもあった（歓喜寺所蔵「相馬之系図」）。南朝方に属したために所領を没収され、それが重胤に与えられたのであろう。

なお、相馬岡田家に伝来する「相馬系図」は、鶴夜叉を論人と記しており、鶴夜叉の夫胤持の所領没収に対し、鶴夜叉が提訴した可能性がある。また、相馬胤平《たねひら》（有胤《ありたね》の子、重胤の従兄弟）が北畠顕家に任官を希望すると、それに応えて離反を防ごうとしている。当初、胤平は顕家方として行動していた。

ところで、相馬光胤が一族を引き連れて帰国したため、鎌倉に残った重胤麾下《きか》の軍勢が無勢になったことはいうまでもない。ここに、尊氏を敗走させた顕家は、多賀国府に戻るため東下、鎌倉の家長勢と衝突した。

この鎌倉における合戦は詳しい史料がないものの、三月二十五・二十七の両日に戦われたようで、さらに四月十六日になって片瀬河《かたせ》（神奈川県藤沢市）で激戦が繰り広げられた（本間文書）。しかし、無勢の重胤は鎌倉の法華堂《ほっけどう》下で自害、岡田胤康も若党飯土江義泰《いいとえよしやす》とともに片瀬で討死《うちじに》した。家長勢を撃破した顕家は、鎌倉大道中道《かまくらだいどうなかつみち》を北上、利根川を渡ってふたたび多賀国府を目指したものと思われる（落合文書）。

惣領代光胤の軍勢

帰国した光胤は、一族を始めとして周辺地域の武士を小高城に集結させたことが、氏家道誠に提出した「着到状」などから確認できる。

ここには、一族のみならず、武石胤通《たけいしたねみち》や標葉教隆《しねはのりたか》、伊達高景《だてたかかげ》・光義《みつよし》兄弟、さらには新田経政《にったつねまさ》の代官田嶋小四郎、長江景高《ながえかげたか》の娘の代官が集まっていた。その際、光胤は「惣領代子息弥次郎」と名のり、自身を「惣領＝重胤」の代官と位置づけ、行方郡検断奉行に就いた重胤の子息であることを強調して軍勢の動員を要請したと思われる。

これ以前、重胤は親胤に所領を譲与した際、親胤を「嫡子」と表現している。嫡子とは、あくまで家を継ぐ者の意であり、親胤は重胤の家を継ぐ立場の者でしかない。しかし、「惣領」とは家々の集合体である「一族」の長であった。しかも「一族」には、血族《けつぞく》のみならず姻族《いんぞく》や乳母《めのと》関係、烏帽子《えぼし》親子などによって結ばれた擬制親族《ぎせいしんぞく》も含まれていた。

しかし、重胤が自ら一族に対して惣領と公言したことはない。こうした一族の長でもある惣領に重胤を位置づけたのは、おそらく帰国して陸奥将軍府と対峙し、一族の軍勢を集結させなければならなかった光胤の思惑があったものと思われる。

建武三年（一三三六）五月に小高城が陥落して光胤が討死すると、逃れた親胤の子松鶴丸《まつつるまる》（後の胤頼《たねより》）は、翌年正月、結城宗広が支配する宇多郡熊野堂城《くまのどうじょう》（福島県相馬市）を攻略。その報告を受けた氏家道誠は軍功を認めるとともに、さらなる軍忠を「相馬惣領松鶴殿」に求めている。光胤の戦死後、親胤不在のなかで、相馬一族をまとめる惣領の立場が、尊氏の代理人たる道誠によって胤頼に求められたのである。

なお、武石胤通は重胤とともに検断奉行に就いた武石胤顕の一族であろう。また、陸奥将軍府に属す一族が多い標葉氏のなかで、教隆が相馬氏に同調したのは、大悲山通胤の娘が標葉氏に嫁いでおり、そうした婚姻関係が介在したのかもしれない。さらに新田経政は行方郡内千倉庄《ちくらのしょう》（南相馬市）の一部を支配する新田岩松氏、長江景高は相馬一族が支配する高城保（宮城県松島町）に隣接する深谷保《ふかやのほ》（宮城県東松島市）を支配する長江一族と推測され、いずれも地縁的関係が介在したのであろう。

ただし、鎌倉・法華堂下で自害した重胤に対し、岡田胤康は片瀬で討死しており、必ずしも重胤と同一行動をとっていたわけではない。おそらく、光胤が惣領代として動員できたのは、危急存亡の事態故に相馬一族だけであって、他氏族については、独自に行動する不利益を考慮したそれぞれの判断に基づくものであろう。重胤系相馬氏が、相馬一族や他氏族を動員できるようになるには、もう少しの時間と犠牲が必要であった。

惣領代光胤の戦いと小高落城

光胤は、小高堀内の防備を強化して一族や関係者を集結させ、近隣の新政府方を攻撃した。当面の敵は、宇多郡を支配する結城宗広であった。宗広は、熊野堂に城郭を構え、家人中村氏を介してその支配を強めていた。

建武三年（一三三六）三月、光胤は一族を派遣して熊野堂城を攻撃。さらに反転して標葉庄（福島県浪江町・双葉町）の標葉氏と戦い、標葉清兼《きよかね》・仲清《なかきよ》兄弟らを捕縛した。光胤の攻勢に対し、広橋経泰《ひろはしつねやす》は岩城郡の国魂行泰《くにたまゆきやす》を始めとする南朝方の武士を動員して小高城を攻撃した。これは光胤が撃退したものの、以後、両派の攻防が繰り広げられた。

小高城周辺における戦いは続いた。五月六〜七日、相馬勢はふたたび熊野堂城で結城勢と戦うなか、顕家の率いる大軍勢が多賀国府をめざし、宇都宮から浜通り（福島県太平洋岸）に出て北上を続けた。

五月、光胤は親胤の嫡子胤頼を養子に迎え所領を譲り与えた。もっとも、小高城を守備するには胤頼が幼少であったため、惣領代として光胤が一族を動員したことはすでに記した。しかし、五月二十四日、顕家勢の攻勢に堪えきれず、光胤ら多くの一族は討死し、小高城は陥落した。逃れた幼少の胤頼以下一族が小高城の奪還に成功するのは、翌年正月のことである。

尊氏の入洛と混迷する南奥の顕家

博多を発った尊氏は、兵庫で直義勢と合流すると、摂津湊川《みなとがわ》（兵庫県神戸市）で新田義貞・楠木正成勢を破り、六月十四日には光厳上皇を奉じてふたたび入洛し、京都を制圧した。これ以前、後醍醐は比叡山に逃れたが、早くも十七日には直義勢が攻撃、この時、強弓をもって防戦した一人が下総国の住人相馬忠重であることはすでに記した。

八月、尊氏の奏請によって豊仁親王《とよひと》が践祚した。いわゆる光明《こうみよう》天皇である。十月、後醍醐は比叡山を下りて還京するとともに、義貞を恒良《つねなが》・尊良《たかよし》両親王とともに越前に派遣した。翌月になって光明に神器を渡さざるをえなかった後醍醐は、十二月には吉野に逃れて皇位の継続を主張し、足利方の征討を訴えた（白河集古苑所蔵文書）。その間、尊氏は『建《けん》武式目《むしきもく》』を制定して新たな武家政権の樹立を表明し、両皇統派が対立する、いわゆる南北両朝による本格的な混乱期を迎えることになる。

一方、多賀国府に戻った北畠顕家は、各地で北朝方との戦いを繰り広げた。しかし、常陸における南朝方の拠点瓜連城《うりづら》（茨城県那珂市）が陥落し、奥州の南朝方への支援も困難を来《きた》すようになると、北朝勢は顕家の籠もる多賀国府を攻め立てた。そのため、延元二年（一三三七）正月、顕家は義良とともに国府を逃れ、霊山《りようぜん》（福島県相馬市・伊達市）に移らざるをえなかった。霊山は、西の伊達郡が南朝方に与《くみ》する伊達氏の本拠であり、北の金原保・東の宇多郡は結城氏が支配してその周囲を防衛していた。しかし、顕家が霊山に入った直後、北朝方は早くも攻囲《こうい》し、近日の合戦が予想された（岩瀬文庫所蔵古文状）。

さらに小高落城後、逃れていた相馬胤頼は一族を動員し、結城宗広の代官中村六郎が立て籠もる熊野堂城を陥《おとしい》れ、さらに小高城を奪い返した。

その直後の三月、足利尊氏は「雅楽《うた》庄地頭職」を佐竹貞義《さたけさだよし》に与え、関東執事高師直《こうのもろなお》は石塔義房《いしどうよしふさ》に引き渡しを命じた（佐竹文書ほか）。「雅楽庄」とは宇多庄のことであり、尊氏は宗広の宇多庄に対する権利は否定し、石塔方を側面支援したのである。ただし、宇多郡は応永四年（一三九七）、結城満朝《みつとも》から嗣子《しし》氏朝《うじとも》に譲与され（白河証古文書）、同七年には、満朝が篠川《ささがわ》公方足利満貞《あしかがみつさだ》から安堵されているから（國學院大學所蔵文書）、佐竹氏の支配は早い段階で無実化したのであろう。

これに対し、三月には広橋経泰が宇多郡に隣接する行方郡小池《こいけ》（南相馬市）に築城し、早くも翌月には小高城を攻撃した。しかし、南朝方は小高城を攻めあぐね、かえって十月に小池城が落ちると、霊山の搦《から》め手《て》である宇多郡はおろか標葉・楢葉《ならは》両郡さえ確保することは困難をきわめた（飯野文書・猪熊文書）。

親胤の帰国と顕家の再上洛

南奥の緊迫した状況が続くなか、尊氏とともに上洛した相馬親胤は、建武三年十一月には鎌倉に戻ったようで、斯波家長から相馬一族が支配していた相馬郡内の所領を給与された。いずれも尊氏方に敵対して闕所となった村々であった。さらに翌年二月、「大将蔵人殿」＝石塔頼房《いしどうよりふさ》（渡部正俊「石塔氏小考」）に属し、常陸の関城《せきじょう》（茨城県筑西市）攻撃に出陣して軍功を挙げ、義房（頼房の父）の証判を得ている。

その後、頼房勢は岩崎郡三箱《さはこ》（福島県いわき市）に展開し、「霊山搦手」を目指した。大悲山朝胤や相馬胤時《たねとき》（有胤の子）も三箱・湯本まで南下して参陣し、「東海道大将惣領□□」の手に属して標葉郡の戦いに軍功を挙げるとともに、四月九日には小高城に立て籠もって南朝勢を迎撃している。この「東海道大将惣領□□」は、惣領相馬親胤のことと思われ、親胤もまた石塔頼房勢に加わって浜通りを北上し、四月初旬には帰国したのである。

北朝方は、斯波家長の派遣した中賀野義長《なかがのよしなが》が南奥の武士を掌握しつつあり（飯野文書・猪熊文書）、さらに新たに奥州総大将として下向した石塔義房は、顕家の去った多賀国府を拠点に霊山を攻撃した。こうしたなかで、十二月二十五日、後醍醐は北畠顕家に再度の西上を命じたのである（白河集古苑所蔵文書）。

しかし、厳しい状況のなか、顕家が霊山を出て上洛を試みたのは翌年八月になっていた。顕家は、ふたたび奥州の精兵を動員して北関東を突破、十二月には鎌倉で家長を撃ち破ると、翌延元三年（一三三八）正月には美濃国青野原《あおのはら》（岐阜県大垣市）で桃井直常《もものいただつね》や守護土岐頼遠《ときよりとお》らと戦い勝利を得た。だが、奥州からの行軍《こうぐん》と度重なる戦いに疲弊するなか、北朝勢の主力が近江から美濃に入ったことを知った顕家は、伊勢・伊賀を経て奈良に入り、さらに京都周辺を転戦した。その後、大和国般若坂《はんにやざか》（奈良市）で桃井直常に敗れると、五月、和泉国堺浦・石津（大阪府堺市）で高師直勢と戦い敗死したのである。その直後の閏七月には、新田義貞が越前藤島《ふじしま》（福井市）で敗死しているから、南朝方の劣勢はいよいよ明らかになっていった。

北畠親房・顕信の奥州下向計画

延元三年（一三三八）九月、後醍醐は奥州の劣勢を挽回するため、北畠顕家の弟顕信《あきのぶ》を陸奥介・鎮守府将軍に任命し、義良を奉じて父親房とともに奥州に下向させた。この時、伊勢大湊《おおみなと》（三重県伊勢市）を出帆した親房らは、暴風雨のために遠州灘《えんしゅうなだ》で遭難、義良・顕信が伊勢に吹き戻されるなか、江島《えのしま》や鎌倉の稲瀬川《いなせがわ》、神奈川（横浜市神奈川区）、さらには安房国女良湊《めらのみなと》（千葉県館山市）などに漂着して誅殺される者も多かった（『鶴岡社務記録』）。親房もまた房総半島沖を北上、「常総の内海《うちうみ》」に入ると常陸国東条浦《とうじょううら》（茨城県稲敷市）に着岸した。義良らの安否を確認できないなかで、親房は、義良や顕信とともに結城宗広や「四保《しのほ》・長沼・大内」ら南奥の武士も乗った船が奥州に向かったこと、おそらく宇多（福島県相馬市）か牡鹿《おしか》（宮城県石巻市）の湊《みなと》に着くであろうから、いずれかを尋ねて合流するよう、結城親朝《ゆうきちかとも》に申し入れている（松平結城文書）。「宇多」（の湊）は、現在の相馬市松川浦に比定され、牡鹿の湊とともに、太平洋沿岸を北上する船の停泊地として認識されていたことがわかる。

この親房の常陸着岸は、漂流の結果との評価が一般的であるが、親房の乗った船には操船技術や航路に関する知識をもった水主《かこ》や梶取《かんどり》がおり、海路を念頭に置いて常陸国を目指したとの指摘もある（峰岸純夫「常滑焼・渥美焼の東国伝播の背景」）。応安七年（一三七四）

と推定される「常陸国海夫《かいふ》注文《ちゅうもん》」（下総香取大禰宜家文書）に記される「しまさきの津」を山号とする島崎山宝蔵院《ほうぞういん》（茨城県神栖市）で外洋を航海する船が使用していた碇石《いかりいし》（図14）が確認されたことはすでに記したが、これも傍証のひとつとなろう。

常陸をめぐる北畠親房と高師冬

東条浦に着岸した親房は、神宮寺《じんぐうじ》城から阿波崎《あばさき》城（茨城県稲敷市）に入るも、十月には烟田時幹《かまたときもと》や鹿嶋幹寛《かしまもとひろ》らの攻撃により（烟田文書）、小田治久《おだはるひさ》の本拠小田《おだ》城（茨城県つくば市）に移って活動するようになった。

翌暦応二年（一三三九）四月、尊氏は幼い足利義詮《よしあきら》を補佐するため、高師冬《こうのもろふゆ》を関東執事として鎌倉に派遣した。ところが、鎌倉にはすでに直義が推す上杉憲顕《うえすぎのりあき》がいたため両者は対立、師冬は南朝方の攻撃に専念できなかった。それでも師冬は、十二月には常陸国の駒《こま》城（茨城県下妻市）を攻撃している（山内首藤家文書）。さらに暦応四年五月、瓜連《うりづら》城や志筑《しづき》城（茨城県かすみがうら市）を攻め、十一月には小田城を攻略して小田治久を下し

図14　碇　　石

た。親房は常陸国関城に、子息春日顕国《かすがあきくに》は大宝城《たいほう》（茨城県下妻市）に移って抵抗した（相楽結城文書）。

北畠顕信の奥州下向と相馬親胤の分郡守護

伊勢国に戻った顕信は、延元四年（一三三九）八月、後醍醐が義良（後村上天皇）に譲位するのを見届けると、ふたたび奥州に出発した。翌興国元年六月二十九日付の北畠親房書状（松平結城文書）には、去る十一日、北畠顕信が奥州に向かわれたが、途中なにごともなかったことはめでたいとあるから、すでに目的地に到着していたのだろう。もっとも、そのルートは不明瞭で、どこをどのように向かったのか判然としない。

ただし、結城親朝に宛てた親房の書状（松平結城文書）には、奥羽諸方から下向の要請があったが、常陸国を捨てておくわけにいかないので、「身と同事の人びと」を下向させるが、路次も難儀が予想されること、宇津峰《うつみね》城に送り出すので海陸相違無きよう「黒木城中」に指示されたいとあること、その後の書状（松平結城文書）には、顕信が下向した時、白河庄に逗留しなかったことは無念であることなどが記されていた。こうした親房の書状から、小田城から白河・田村庄宇津峰を経由して浜通りに出て、海路、葛西氏の本拠である牡鹿郡に下着したとの指摘もある（『福島県史1』）。

親房が「黒木城中」への指示を親朝に依頼しているから、湊が確認できる宇多郡であることはいうまでもない。牡鹿郡にも「湊」があったことから、葛西氏の拠る桃生《ものう》郡日和山《ひよりやま》城《じょう》（宮城県石巻市）に入ったとの指摘もある（遠藤巌「建武新政と南北両党の抗争」）。さらに翌七月、渋江《しぶえ》（宮城県石巻市）の葛西一族が松島（宮城県松島町）を攻撃するという情報に接した石塔義房は、相馬親胤の代官に「在郷の相馬一族」を動員させ、その迎撃を命じているのも、顕信の奥州到着に対応した葛西氏の行動と理解できる。

松島は、葛西氏の拠点牡鹿郡から陸奥国府に進攻するうえで前線拠点にもなりえたから、義房も高城保（宮城県松島町）を支配する現地の相馬一族を動員して、その進攻を食い止めようとしたのである。

ところで、顕信の奥州下向のかげで、三月二十日、親房は近臣の一人広橋経泰を「海道」に派遣したが、無勢のために退くことがあった（白河集古苑所蔵文書）。その背景は知り得ないが、同じころ、菊田庄大波多山《おおはたやま》（福島県いわき市）で合戦があり、岡本隆広は軍忠の証判を相馬親胤から得ていた。経泰が無勢のために退いたのは、この大波多山での合戦に敗退したからであろう。翌年二月、あらためて軍忠を石塔義房に報告した際、親胤を「当郡の守護」と記している（秋田藩家蔵文書）。「当郡」とは、大波多山の所在する菊田庄か、あるいは隆広の本拠金成《かなり》（福島県いわき市）の所在する岩崎郡と思われるが、親胤が少なくともそれらの守護に就いていたことを示している。

九月になって、義房の子義元《よしもと》が和賀郡《わが》（岩手県和賀郡・北上市）の鬼柳《おにやなぎ》氏に対し、本領の安堵とさらなる恩賞を条件に参陣を求めているのも、顕信下向と活発化する南朝勢の動向を危惧したからに他ならない（鬼柳文書）。

顕信は、その後も石塔氏が掌握していた多賀国府を奪還するため、広橋経泰や五辻顕尚《いつつじあきひさ》らを奥州各地に派遣して南朝勢力の挽回に努めた。こうして、北奥を掌握して南部・葛西諸氏らとともに南下し、さらに南奥の結城・伊達・田村諸氏が北上、加えて中院具信《なかのいんとものぶ》が出羽南域で側面支援する態勢が取られるまでになっていた（『青森県史　通史編1』）。

三迫合戦と相馬一族

暦応四年（一三四一）正月、石塔義房が佐藤性妙《せいみょう》に多賀国府の西に位置する岩切城《いわきりじょう》（宮城県仙台市）の警固を命じ（佐藤文書）、閏四月、高師冬が石川兼光に「白河城の凶徒」退治を命じているのも（東京大学文学部所蔵文書）、南朝方の攻勢に対する危機感の現れであった。

同じころ、南部氏など北奥勢が岩手・斯波両郡（岩手県）まで進攻し、和賀・滴石《しずくいし》の軍勢と合流した葛西氏も国府を攻撃しようとしていた（白河集古苑所蔵文書）。これに対応するかのように、親房も結城親朝に伊具《いぐ》・柴田辺（宮城県伊具郡・柴田郡）への出陣を要請しているが（松平結城文書）、親房自身が師冬勢の猛攻を受けており、親朝の出陣に一層の期待を寄せたのである（相楽結城文書）。

十月になると、南下する南朝方を迎え撃つため、石塔義房は国府から三迫《さんはざま》（宮城県栗原市）に出陣。翌月には相馬親胤にも出陣命令を下し、「岩城・岩崎・標葉・楢葉・菊田の軍勢」を動員して馳せ下るよう指示した。この戦いは決着せず、翌年三月には伊賀盛光にも参陣を求めた（飯野文書）。ところが、親胤や盛光は容易に出陣せず、義房は所領の没収や尊氏への報告を示して早急の対応を求めている。たび重なる出陣命令は負担が大きかっただけでなく、恩賞の確約や加恩への期待などが交錯したのであろう。

それに対して顕信は、伊具郡の北朝勢を攻撃するため五辻顕尚《いつつじあきひさ》を派遣するとともに、宇多郡の中村・黒木勢を出陣させ、兵粮支援を命じて欲しいと結城親朝に要請している（白河集古苑所蔵文書ほか）。

康永元年（一三四二）九月、三迫の各地に築城した南朝勢を、義房勢は向城《むかいじろ》を構築して攻撃（鬼柳文書）、翌月下旬になって南朝方の城を陥落させた（秋田藩家蔵文書）。南朝方の国府奪還計画は失敗し、北朝勢力が大きく前進した戦いでもあった。

奥州総大将から奥州管領へ

康永二年三月ころ、義房は子息義元に軍事指揮権を任せたらしく、義元のもとに参陣して白河の親朝を攻撃するよう相馬親胤に指示し、七月になると義元も「分郡の勢ならびに一族」を動員して参陣するよう命じた。

これ以降、義元による軍勢催促が頻繁にみられるようになり、義房は所領の安堵や給与など奥羽の国政全般に関与し始めた。石塔父子の権力が肥大化するようになるころ、尊氏は結城親朝や伊達一族らに対し北朝方につくよう御教書を発給したことを義房に伝えている（東北大学日本史研究室保管文書）。これが功を奏したのか、その後、親朝は北朝方につくことを明らかにしたようで、義房が本領の安堵を約している（白河集古苑所蔵文書）。

十一月に入ると、関東でも高師冬が関城や大宝城を攻略、親房も常陸国を離れざるをえず、翌年春には、吉野に戻ったという（岡野友彦『北畠親房』）。それは、常陸を支配して奥州の南朝方を支援するという親房の計画が頓挫したことを意味した。

こうして関東から南奥にかけて北朝方の優勢が確立するなかで、石塔父子の権力が強大化すると、幕府はこれを警戒するようになった。義房・義元父子の行動は、貞和元年（一三四五）五月以降は確認できず、七月以降、畠山国氏《くにうじ》および吉良貞家が南奥の武士に命令するようになる（猿投神社文書）。義房は奥州惣大将を解任され、替わって吉良貞家・畠山国氏が奥州管領《おうしゅうかんれい》として着任したのである。

二人の奥州管領に、職務内容上の違いは確認できず、軍勢催促や警固の要請など、別個に、あるいは連名で対応しているが、現存する発給文書数からは貞家の活動がより積極的・多面的であったとの指摘もある（小川信『足利一門守護発展史の研究』）。たしかに、相馬・岡田・大悲山三家の文書でも、貞家発給の一七通に対し、貞家・国氏連名の文書が一

図15　足利一族略系

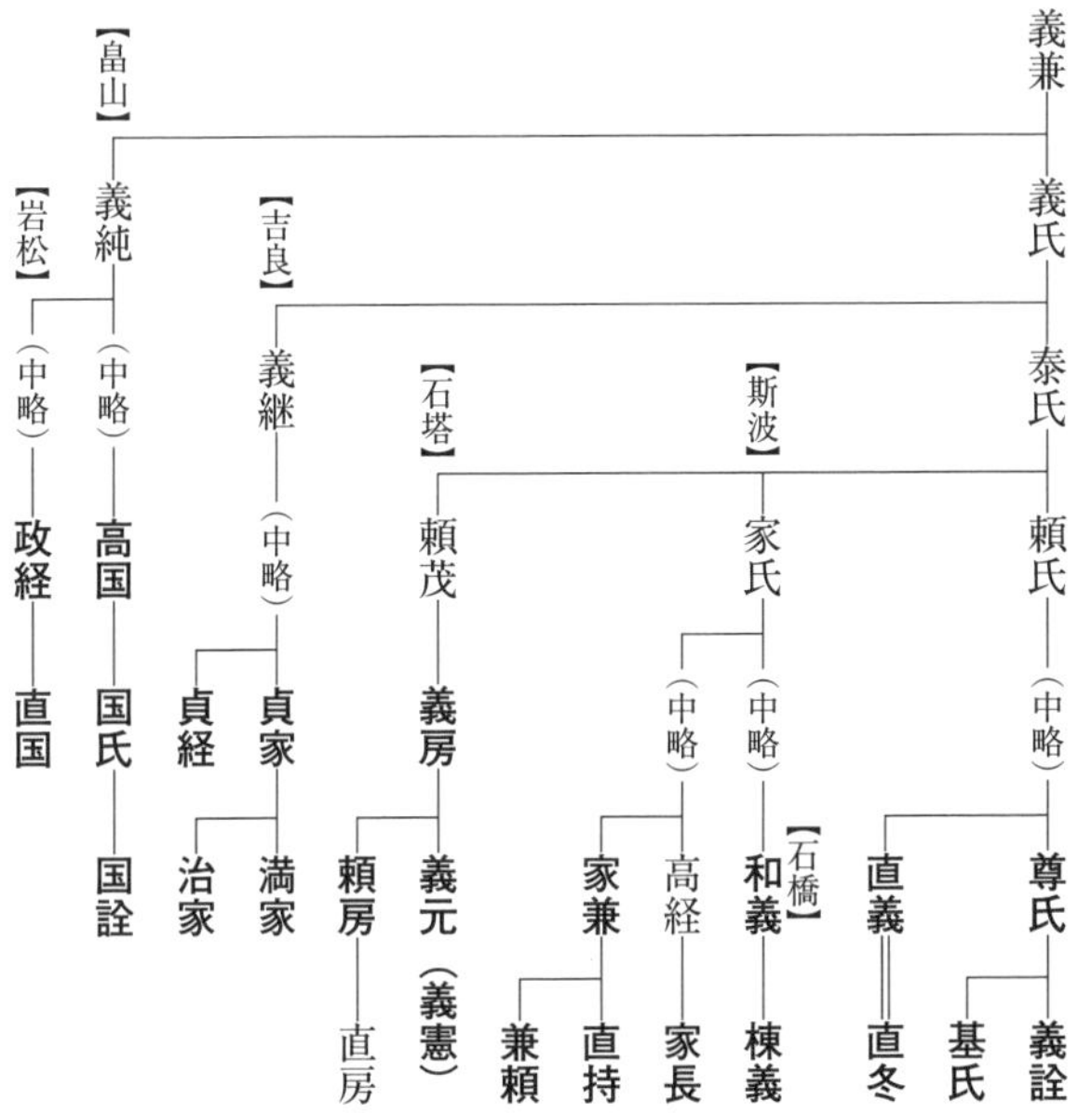

通あるものの、国氏が単独で発給した文書は確認できない。もっとも、奥州管領府の奉行人が吉良貞家にともなって下向した官僚層を中心に編成されていたとの指摘（遠藤巌「南北朝内乱の中で」・小国浩寿『鎌倉府体制と東国』）を踏まえれば、両管領の職務遂行が貞家中心にならざるをえないことは当然であった。

なお、貞家が着任する時、岡田胤家は武蔵国小手《こて》指原《さしはら》（埼玉県所沢市）に参陣し、そこから供奉して下向したという。胤家がどうして貞家の下向を知ったのか、あるいはどのような事情で小手指原に向かったのかわからないが、早くから貞家の命令が下されていたのだろうか。

貞和二年（一三四六）二月、貞家は相馬親胤や伊賀盛光に対し、多賀国府への出頭を命じた（飯野文書）。南奥における南朝方の拠点霊山・宇津峰両城への攻撃が談合の目的であった。一方で、結城親朝を「奥州郡々検断奉行」に就けたが（白河集古苑所蔵文書）、相馬親胤の「郡守護」も継続して認められたと思われ、好島庄内の「村々の地頭・預所」に対して飯野八幡宮への流鏑馬役勤仕《やぶさめやくごんじ》を命令し（飯野文書）、楢葉郡で発生した合戦を貞家に報告するなど（秋田藩家蔵文書）、郡守護としての職務を遂行している。

翌貞和三年七月になると、貞家・国氏の指揮のもと、南奥の南朝勢力に対する攻撃は熾烈を極め、八月中旬までには霊山・宇津峰両城を陥れることに成功した（秋田藩家蔵文書ほか）。翌年九月には、南朝方に与していた相馬胤平《たねひら》も北朝方に投降し、所領の安堵を要請している。

観応の擾乱と南奥・相馬氏

観応の擾乱と関東・岩切城合戦

南奥の宇津峰城が陥落するころ、京都では幕政を主導する直義と、尊氏の執事《しつじ》高師直が次第に対立を深めていった。貞和五年（一三四九）閏六月、直義の要求を受け入れた尊氏が師直の執事職を更迭《こうてつ》したものの、八月には逆に師直が直義の隠退を尊氏に強請《ごうせい》、鎌倉の義詮が上洛して幕政を執り始めた。同時に師直が執事に復帰し、尊氏の次子光王《こうおう》（後の基氏《もとうじ》。以下、基氏と記述）が鎌倉に下向して関東を統轄することになった。しかし、基氏を補佐したのが、直義派の上杉憲顕《うえすぎのりあき》と師直の養子師冬《もろふゆ》という、二人の関東執事であった。京都における直義と師直の対立は、鎌倉では憲顕と師冬の両執事制となって現れた。翌観応元年十月、九州の足利直冬を討伐するために尊氏が師直以下を率いて出陣したところ、直義は京都を脱出して大和国に逃れた。その後、直義は師直誅伐を諸将に呼びかけると、直義派の武将が各地で蜂起、京都に軍を進めた。

関東でも、十一月には上杉能憲《よしのり》が常陸国信太庄《しだ》（茨城県土浦市・稲敷市）で蜂起した。これに対し、翌十二月には高師冬が能憲を討伐するため、基氏を奉じて出陣した。しかし、直義派の石塔義房《いしどうよしふさ》らが基氏を鎌倉に連れ戻したため、師冬は甲斐に逃れたが、翌年正月、上杉憲将《のりまさ》勢の攻撃に敗れ自害した（阿蘇文書）。こうして、関東は直義派によってほぼ制圧されることになった。

尊氏・師直派と直義派との内紛は南奥にも伝えられ、直義派の吉良貞家は師直・師泰追討の軍勢動員を鬼柳義綱《おにやなぎよしつな》に命じ（鬼柳文書）、尊氏もまた結城顕朝《あきとも》（親朝の子）に凶徒追伐の軍勢動員と多賀国府への参陣を命じた（東北大学日本史研究室保管文書）。

畠山国氏や父高国《たかくに》、留守家次《るすいえつぐ》が師直支持を鮮明にするなかで、貞家方との合戦が各地で繰り広げられたが、観応二年（一三五一）二月には貞家勢が高国らの籠もる岩切城（宮城県仙台市）を攻撃すると、高国・国氏父子は自害、畠山勢百余人も討死・自害して決着が付けられた。その結果、貞家が管領職を独占することになった（『仙台市史　通史編2』）。

擾乱の終決と関東南朝勢の敗退

同じころ、尊氏と直義との紛争は、師直らの出家を条件に講和が成立したが、帰京する尊氏に同行した師直・師泰兄弟は、武庫川《むこがわ》付近（兵庫県伊丹市）で上杉勢に斬殺された（『園太暦』）。こうして尊氏・義詮父子と直義による共同執政が始まった。しかし、尊氏派の諸将が各地で直義攻撃の準備を進めると、京都を脱した直義は越前金ケ崎《かねがさき》城（福井県敦賀市）に入った。尊氏と直義の和平は、わずか五ヶ月で破綻《はたん》した。九月になると、直義派の武将が徐々に尊氏に帰順し、直義派は弱体化していった。そのようななか、直義は関東に向かい、十一月には基氏・上杉憲顕に迎えられて鎌倉に入った。

尊氏は直義派との戦いを進めつつ、南朝方との講和交渉を行い、十月には講和が成立した。翌月、後顧の憂いを無くした尊氏が京都を出陣すると、南朝の使者四条隆資《しじょうたかすけ》らが入洛、北朝の崇光《すこう》天皇・東宮直仁《なおひと》親王が廃された。尊氏もまた十一月から翌年閏二月まで、南朝年号「正平」を用いた文書を発給した。いわゆる「正平一統《しょうへいいっとう》」である。

十一月下旬、尊氏は駿河国薩埵峠《さったとうげ》（静岡市清水区）で直義と戦うも、宇都宮氏綱《うじつな》や武蔵国の武士が直義の背後を脅かしたこともあって、逃れた直義は、翌正平七年（一三五二）正月、尊氏に降伏した。父からの処罰を恐れて安房国に遁れた基氏も、鎌倉に呼び戻された。その直後、直義が没した。

これによって「観応《かんのう》の擾乱《じょうらん》」と称される幕府の内紛は終わったかに見えたが、その後も尊氏派と直義派の抗争は続き、それは劣勢となっていた南朝方を活気づかせた。閏二月、新田義貞の遺児義宗《よしむね》・義興《よしおき》らは後醍醐の子宗良《むねよし》を奉じて上野国で挙兵、尊氏を追って鎌倉を占拠した。しかし、義興は武蔵国人見原《ひとみはら》（東京都府中市）や金井原《かないはら》（東京都小金井市）で、義宗も小手指原《こてさしはら》（埼玉県所沢市）で尊氏勢に敗れ、二人とも越後国に逃れた。

延文三年（一三五八）十月、義興が武蔵国矢口渡《やぐちのわたし》（東京都大田区）で基氏方に謀殺されると、これ以降、関東における南朝方の組織だった戦いはなくなった。

南朝の国府占拠と吉良貞家の反攻

幕府の内紛は、奥羽の南朝方にも好機をもたらした。康永元年（一三四二）の三迫合戦で敗れた北畠顕信はしばらく北奥で逼塞《ひっそく》していたが、南奥の宇津峰城を本拠に守永王《もりながおう》（宇津峰宮《うづみねのみや》、後醍醐の孫）を擁した子息中院守親《なかのいんもりちか》と連携し、奥州の諸氏に軍勢動員を命令し、国府の奪還を画策した。すでに正平五年（一三五〇）十二月から翌年十月にかけて、相馬親胤は本領の安堵や海道四郡守護職の安堵、さらには闕所地《けつしょち》の給与等を条件に南朝方への帰属を求められていたが、一方で吉良貞家からも相馬一族に対し所領の安堵を条件に参陣を要請されている（相馬文書ほか）。

相馬一族は、南朝からの求めに応じなかったものの、要請に応じた伊達氏や田村氏の軍勢を率いた守親は、正平六年十月二十二日には柴田郡船迫《ふなばさま》（宮城県柴田町）の倉本川《くらもとがわ》（白石川）、翌月二十二日には宮城郡広瀬川（宮城県仙台市）の戦いで貞家勢を破って国府奪還に成功、出羽国を押さえた顕信も国府に入った。

この船迫の戦いに、親胤も貞家勢に加わって迎え撃った。しかし、多くの一族・郎従が手負い、討死し、親胤自身も疵《きず》を蒙り、翌月の広瀬川の合戦には代官を派遣せざるを得なかった。船迫合戦の直後、岡田胤家は「このたびの軍忠」により所領を安堵され、親胤は吉良貞家から、小山《おやま》出羽判官とともに「陸奥国東海道守護□」について沙汰《さた》するよう命じられた。

広瀬川で敗れた貞家は、菊田庄《きくた》滝尻《たきじり》（福島県いわき市）を経て十二月には岩瀬郡稲村《いなむら》（福島県須賀川市）に到着、再挙をはかることになった（東京大学文学部所蔵文書）。

相馬親胤と東海道守護

ところで、親胤が命じられた「陸奥国東海道守護□」とはどのようなものであって、どのような意味をもたらしたのであろうか。遅くとも暦応四年（一三四一）二月当時、親胤は菊田庄ないし岩崎郡（福島県いわき市）の「当郡守護」と認識されていた。親胤が、いつ「郡守護」に任じられたかは明らかではない。

ところで、小山出羽判官は下野《しもつけ》国の小山一族であるが、すでに同年三月、「建武三年十

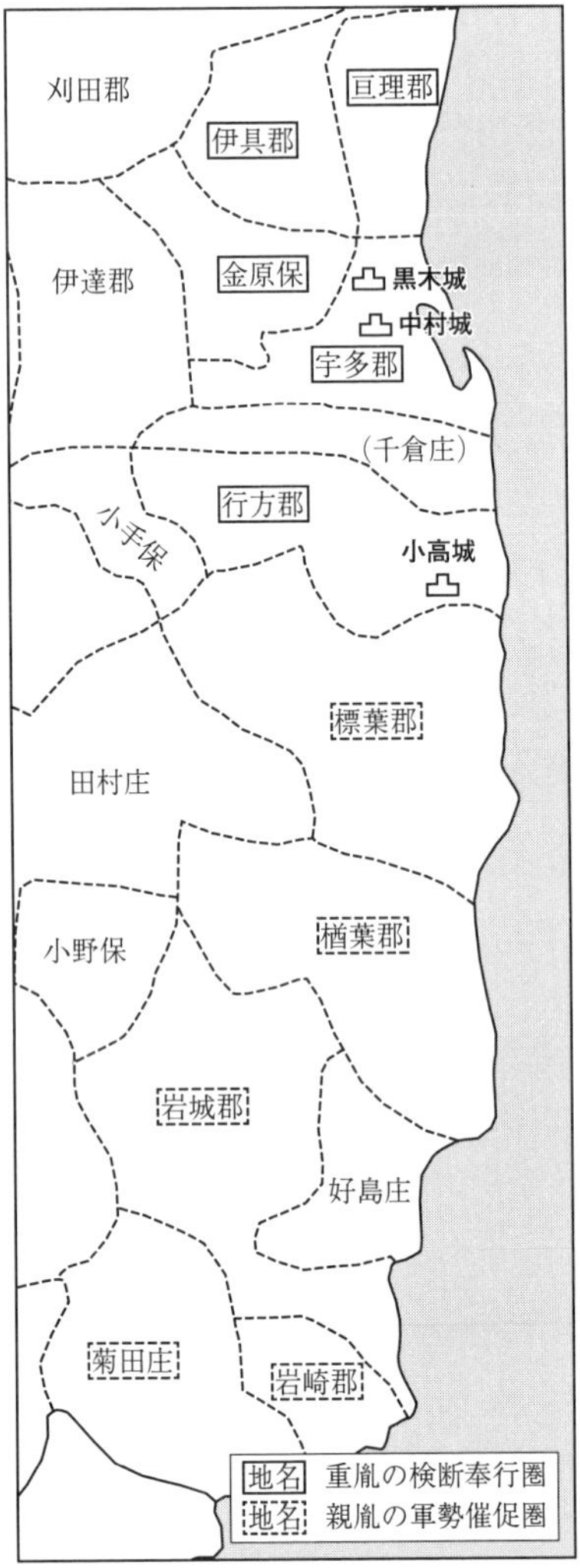

図16　奥州東海道の郡庄保（大石直正ほか『中世奥羽の世界』東京大学出版会、一九七九年より、一部改変）

一月二十三日の御教書」に基づき、もとのごとく「陸奥国東海道検断職」を奉行するよう貞家から指示されていた（上遠野文書）。建武三年の御教書は確認できないが、「陸奥国東海道検断職」は親胤が沙汰することになった「東海道守護□」と職掌的に近いものと思われる。

御教書が発給された建武三年十一月は、親胤の父重胤が鎌倉で自害して六ヶ月後のことである。顕家勢に敗れた斯波家長《しばいえなが》は、鎌倉に参陣していた国人の離散を防ぐためにも、かれらに恩賞を与えなければならず（小早川文書ほか）、尊氏もそれを支援しなければならなかった。小山出羽判官が「陸奥国東海道検断職」に任じられた「建武三年十一月二十三日の御教書」の発給も、十一月二十二日、親胤が相馬郡内の闕所地を「将軍家＝尊氏の計らい」で斯波家長から給与されたのもそうした対応のひとつであって、同じころ「東海道守護□」に就いた可能性がある。

少なくとも、岡本隆広が「当郡守護」と記した親胤の立場は、浜通り北域の四郡ばかりか、南端の岩崎郡を含む「東海道」に拡大されていたことを示している。すでに建武五年（一三三八）七月、親胤は「霊山の搦手、宇多庄黒木城」を攻撃するために出陣した好島庄を支配する伊賀盛光の軍忠を証明する書面に花押を据《す》え、さらに暦応四年（一三四一）十一月、奥州総大将石塔義房から三迫《さんはざま》（宮城県栗原市）に参陣すること、その際、「岩城・岩崎・標葉《しねは》・楢葉・菊田の軍勢」に催促を加え馳せ下るべしと命令を受けている。これに、伊具以下四ヶ郡を加えた地域が「東海道」であったと思われる。

その後、康永二年（一三四三）七月には、石塔義元から「分郡の勢ならびに一族等」を動員して参陣すべしと命令され、十月に謀叛人や殺害人、夜討・強盗・山賊・海賊行為をはたらいている者を究明して名簿を報告するよう指示が下された。さらに十一月、常陸国の関・大宝両城が陥落すると、凶徒が奥州に逃走するとの風聞に対し、分郡の関所を警固すべしと指示された。

こうした親胤の活動は、①所領の打渡権、②軍勢の催促権、③軍忠の認定、④治安を維持するための関所警固などに分けられるが、鎌倉時代の守護職権（大犯《たいぼん》三箇条）をさらに拡大した「東海道守護」職権ともいうべきものになっている。

このような権限は、南北両朝の抗争が激化するなかで、相馬親胤が獲得した新たな公権と理解できる。それは他の相馬一族には認められず、一族や異姓を含む地域に対する強力な権力を手に入れたのであり、親胤はその権力基盤を確実に強化していったと理解できる。

「正平一統」から宇津峰城の陥落

京都で「正平一統」が成立すると、正平七年（一三五二）正月、尊氏は岩崎郡の岡本氏に「吉野和睦」と、鎌倉に下着したことを伝え、忠節を求めた（秋田藩家蔵文書）。しかし、「吉野和睦」にもかかわらず、奥羽では尊氏に服属した吉良貞家と北畠顕信による多賀国府争奪の戦いが繰り広げられていた。

二月下旬、貞家は相馬親胤に名取郡への参陣を求めたが、その根拠は尊氏から「吉野御合体」＝正平一統に反対する輩の退治を命じられたことにあった。さらに三月には、「奥州凶徒（北畠顕信ら）」退治の軍勢催促が尊氏から親胤に命じられた。これに対し、顕信もまた親胤に柴田郡《しばた》への参陣を求めている。奥羽の「正平一統」は、実態としてはまったく機能しなかったのである。

すでに和賀《わが》勢は南下して「府中南部城」を攻撃していたが（鬼柳文書）、名取郡羽黒城《はぐろ》（宮城県仙台市）に着陣した吉良貞経《さだつね》（貞家の弟）勢は国府奪還に成功した（東京大学文学部所蔵文書）。敗れた顕信らは、刈田郡《かった》三沢城《みさわ》（宮城県白石市）から小手保《おでのほ》大波城《おおなみ》（福島市）を経てふたたび宇津峰城に立て籠もった。その後も、相馬一族を含む南奥の国人諸氏は、顕信・貞家の双方から参陣を求められた。

四月以降、安積郡《あさか》戸谷田《へやだ》（福島県郡山市）に着陣した貞家のもとに、負傷した親胤にかわって嫡子胤頼や伊賀光長・国魂行泰《くにたまゆきやす》らの軍勢が集結した（国魂文書ほか）。六月下旬、宇津峰城への攻撃が本格的に始まると、貞家は通路を警固し、宇津峰宮や顕信を捕縛した際には思う通りの恩賞を与える旨、近辺に触れるよう親胤に指示している。七月以降、宇津峰城の周辺で激戦が繰り広げられたが、容易に決着はつかず小康状態が続いた。十二月には、宇津峰城から遠く離れた安達郡塩松《しおのまつ》（福島県二本松市）でも、着陣した石橋和義勢に南朝勢が押し寄せて矢戦《やいくさ》となり、尊氏は親胤に在陣を求めている。両派の戦いは、南奥の各地で展開した。

文和二年（一三五三）正月、国府近辺で顕信与党に対する反撃が貞経のもとで本格的に始まった。まず、一名坂《いちなざか》城（宮城県仙台市）や小曽沼《おそぬま》城を陥落させ、黒川郡吉田城（宮城県大和町）を攻め、中院守親を始め神山・相馬ら南朝勢を没落させた（鬼柳文書）。守親勢に加わっていた「相馬」については、その名も含めてまったくわからないが、いまだ南朝方に属して戦う相馬一族もいたのである。

また、同じころ、伊賀盛光が「奥州東海道検断職」に就き（飯野文書）、その直後には結城顕朝が「奥州白河・石川以下八郡検断職」を安堵された（国分白河文書）。伊賀氏といい結城氏といい、宇津峰城攻撃に欠かせない南奥の勢力であったから、貞家を後方支援するかたちとなった。

ただし、盛光の「奥州東海道検断職」は、相馬親胤の東海道守護と地域的に重複する。これが親胤らにどのような影響を与えたか明らかにはできないが、与えられた公権が必ずしも永続的、あるいは絶対的なものでなく、親胤が一族あるいは地域に対する権力を維持し、行使できるかは所詮《しょせん》親胤の「器量《きりょう》」に懸っていた。

二月、貞家勢は宇津峰城を攻め、さらに四月には相馬胤藤らも「石森峰」を責め上って「一木戸」を打ち破り乱入、五月四日、ついに宇津峰城は陥落した（小荒井文書）。顕信勢は北奥に逃れたものの、この戦いをきっかけに奥羽の南朝勢力は確実に衰退していった。

七月、宇津峰城陥落を確認した尊氏は、執事畠山国清《くにきよ》に鎌倉公方基氏を補佐させるとともに、武蔵国入間川《いるまがわ》（埼玉県狭山市）に在陣させて関東の支配を託した。

相馬親胤と石塔氏・斯波氏

ところが、奥州統治を任された吉良貞家の動向は、宇津峰城の陥落以降は確認できず、まもなく没したと思われる（小川信『足利一門守護発展史の研究』）。貞家に替わってその行動を確認できるのは、翌文和三年（一三五四）五月の石塔義憲《よしのり》（義元から改名）と結城（小峰《こみね》）朝常《ともつね》との連携を求めた奥州管領畠山国氏の遺児王石丸（後の国詮《くにあき》）である（白河集古苑所蔵文書）。

その後、王石丸の行動は確認できないものの、義憲は翌六月には相馬胤頼に高城保《たかきのほ》を安堵するとともに、黒川郡南迫《みなみばさま》（宮城県大郷町）を兵粮料所として預け、岡田胤家にも高城保波多谷《はたや》村（宮城県松島町）を安堵するなど、活発な行動を展開していた。義憲は奥州総大将として下向した義房の次子義元のことで、父が失脚すると帰洛し、直義方として尊氏に抗《あらが》っていたが、改名して奥州にふたたび下向し再挙を計ったのである。

これに対し、吉良貞家の跡を継いだ満家《みついえ》の対応は鈍かった。六月二十日、義憲は陸奥国府を襲撃。敗れて伊達宮内少輔《だてくないしょうゆう》の館に退いた満家は、国府奪還のための行動を起こした。これ以降、義憲の活動は確認できず、満家は七月半ばには国府を奪還したようである。この国府をめぐる争奪戦に、相馬一族が義憲に与《くみ》した痕跡は確認できない。その後、満家は結城朝常に会津蜷川庄《いながわのしょう》（福島県会津坂下町）半分を、伊達政長に伊達郡桑折郷《こおり》（福島県桑折町）を、伊賀盛光には「本領・当知行地」を宛行《あてが》い、あるいは安堵した（白河集古苑所蔵文書・伊達家文書・飯野文書）。

奥州管領斯波家兼

満家と一部重なって行動したのが、斯波家兼《いえかね》である。家兼は奥州惣大将・陸奥守として奥州に影響を与えた斯波家長の叔父であるが、国府をめぐる対立・混乱のなかで幕府が派遣したのである。文和四年（一三五五）六月、足利義詮は南奥の国人金成隆弘《かなりたかひろ》に対し、「陸奥国凶徒」を退治するため、「左京権大夫（斯波家兼）の手に属して」忠節を励むよう命じているが（秋田藩家蔵文書）、家兼の奥州管領就任を前提とした催促であろう。

文和三年十一月、家兼は塩竈社《しおがましゃ》（宮城県塩竈市）に対し祈禱を要請し（鹽竈神社文書）、その直後には石川兼光に宮城郡南目村《みなみのめ》（宮城県仙台市）を預けているから（東京大学所蔵文書）、すでに陸奥国府に着任していたと思われる。翌年四月、留守持家《るすもちいえ》に「御教書の旨」に基づいて旧領を返還すると約束した（留守文書）。

なお、満家の管領職襲職を疑問視する指摘もあるが（江田郁夫「東北の南北朝内乱と奥州管領」）、家兼と同じように公事免除や「仰せに依り」あるいは「公方への恩賞申沙汰」の後に所領を安堵しており、貞家の管領職が満家に継承されたと考えたい。幕府は、家兼を派遣することによって満家の奥州支配を補強しつつ牽制し、幕府の奥州支配の強化をねらったともいわれる（小川信『足利一門守護発展史の研究』）。もっとも、家兼の行動は文和四年（一三五五）六月まで、満家の行動もまた延文二年（一三五七）までしか確認できず、二人の奥州管領体制もわずか二、三年で終わったようである。

相馬一族の世代交代

二人の奥州管領の活動が確認できない延文三年（一三五八）十一月、相馬親胤は嫡子胤頼に多くの所領を譲与した。その際、親胤は所領を由緒《ゆいしょ》によって四分し、次の譲状四通を作成した。

①行方郡／小高・高・目々沢・堤谷・村上浜（南相馬市）、草野内関沢山（福島県飯樋村）
②行方郡／福岡・小池（南相馬市）
③行方郡／吉名・太田・内山総三村・那良夫山・牛越（南相馬市）
④千倉庄／仁木田・安倉（南相馬市）、太倉・北草野（福島県飯樋村）

この分け方は、その所領の由来や支配内容によったもので、①は「重代相伝の本領」であり、師胤から重胤を経て親胤に伝領されてきた村々であった。②〜④は「当知行（現在支配している村々）相違無き」の所領であった。

②は寿福寺《じゆふくじ》領でもあって、寺家への年貢納入が課せられていた。寿福寺については不明

だが、鎌倉の寿福寺がすぐに思い浮かぶ。しかも、その近辺には相馬氏の屋敷や勧請《かんじよう》した相馬天王社、さらには先祖師常の墓とされる「やぐら」があった。とすると、この二ヶ村は争乱期にわざわざ寄進されたとは考えられない。おそらく、鎌倉時代に寄進され、以後、二ヶ村の年貢が鎌倉まで納入されていたのではないだろうか。③は争乱期に得たもので、吉名・太田両村はいわゆる下総相馬氏の旧領、牛越村は南朝方に与した相馬一族の旧領であった。④は千倉庄に属する村々である。北草野は、相馬義胤から岩松氏に嫁いだ娘とよ御前に譲与された所領であったが、他の村々も含めて観応二年（一三五一）十一月、吉良貞家から宛行《あてが》われた「千倉庄内闕所分新田左馬助当知行分は除く」が該当しよう。

譲与対象は陸奥国行方郡内および千倉庄内の所領であり、すべてが胤頼一人に譲与された。なお、下総国相馬郡の所領は斯波家長から与えられたものも含めてまったく載っていない。相馬郡の所領は、南北朝期の争乱のなかで維持できなくなったのであろう。

また、貞治二年（一三六三）八月、岡田胤家は所領を嫡子胤重《たねしげ》に譲与するため、置文一通とともに、由緒が異なる所領ごとに次の譲状三通を作成した。

①下総国南相馬・泉村（上柳戸・金山・船戸）（千葉県柏市）
陸奥国行方郡岡田村・八兎・矢河原・上鶴谷（南相馬市）、飯土江狩倉一所（福島県飯樋村）、高城保波多谷村（宮城県松島町）

②下総国相馬郡薩摩村内の田在家《たざいけ》一軒・増尾村内の田在家一軒（千葉県柏市）
③陸奥国行方郡院内村の田在家（南相馬市）

①は「重代の本領」であり、②はもともと相馬重胤が支配した所領であったが、建武二年（一三三五）、重胤が親胤・光胤兄弟に譲与した際、除かれた田在家であった。どのような経緯から岡田胤家のもとに伝えられたのか明らかにできない。③の院内村は、三分の一が曽祖父胤顕から三男孫七入道に譲与されたが、他界の後に闕所地となり、相馬親胤が申請して支配していた。その後、胤家が返還を求め、それが認められたものと思われる。これらの所領は下総国相馬郡のほか、陸奥国行方郡や高城保など、各地に散在する所領が含まれていたが、すべて嫡子胤重に譲与されている。

なお、親胤は陸奥国長世保関戸《ながせのほせきど》（宮城県大崎市）を、胤家も岩崎郡の一部を得ているが、いずれも譲状には載っていない。胤家は一時「泉」氏を称したが、本領と主張する苗字の地でもある相馬郡泉村の相続に固執しており、それがない親胤は現在の本拠ともいうべき行方郡内の所領を重視し、遠隔地の所領支配は断念したように思われる。

相馬一族と奥州管領斯波氏

延文元年（一三五六）十月、斯波家兼の子直持《ただもち》は留守持家に所領を安堵する施行状を大掾《だいじょう》下総守に下した（留守文書）。前年、父家兼が持家に所領の安堵を管領府の奉行人に指示し、大掾下総守が執行することになっていたものを再確認し、あらためてその実施を命じたのである。

康安元年（一三六一）八月、足利義詮は朝廷に相馬胤頼の讃岐守への補任を申請、翌月には胤頼が讃岐守に任じられた。さらに貞治元年（一三六二）十月ころ、直持から「東海道□□□検断職」を、さらに翌年八月にも「東海道□□□職」を沙汰するよう命じられた。この二つの「職」が同一のものか明らかにできないが、父親胤の「東海道守護□」を実質的に継承したものであろう。

貞治三年（一三六四）七月、直持は「相馬岡田五郎（胤重）」の宮内丞ならびに叙爵《じょしゃく》を推挙したが、翌八月三日、直持の子詮持《あきもち》が「宮内大輔」への任官をふたたび推挙し、同月十一日には、詮持から「羽州発向」にともなう忠節（参陣）への謝意が宮内大輔（胤重）宛てに示されている。参陣への恩賞とも思われるが、わずか八日後という時間的経緯からは、朝廷・幕府の正式な任官であったか疑問が残る。一方、九月になって、胤頼はさらに直持から出羽国下大山庄《しもおおやまのしょう》や大曽禰庄《おおそねのしょう》（いずれも山形市）に所領を与えられた。胤頼もまた「羽州発向」に参陣し、その恩賞ではなかったろうか。

江田郁夫氏は「出羽でおこなわれていた斯波兼頼を中心とする軍事作戦への従軍」に対する軍忠であり、岡田胤重の事例から、詮持自身が出羽に発向して軍事作戦に参加していたと指摘し、さらに、こうした兼頼の動向から羽州管領に就いたとするが（「東北の南北朝内乱と奥州管領」)、詮持が兼頼のもとに従軍したとは断言できず、出羽における兼頼の活動も三例しか確認されないなかで、その断定は難しい。

貞治六年(一三六七)正月、直持は名取郡坪沼《つぼぬま》郷(宮城県仙台市)を胤頼に与えたところ、同年四月には、吉良治家(満家の弟)が胤頼に「宇多□」や高城保の相馬一族が支配する所領を「仰せに依り」安堵した。

前年十二月、治家は岩城郡国魂村地頭職を国魂氏に安堵し(国魂文書)、翌月には石川氏の一族板橋氏に石河《いしかわ》庄内五ヶ村などを「観応三年七月廿八日御寄進状、同年八月三日安堵状」に基づき「仰せに依り」安堵した(国魂文書)。この寄進状は足利尊氏、安堵状は吉良貞家(治家の父)が発給したもの(いずれも川辺八幡神社文書)であったから、あらためて確認したのである。

「仰せに依り」と記して、いかにも幕府・将軍の指示に基づいた所領安堵のようであるが、この時、治家は幕府から追討の対象になっていた。すなわち、石橋棟義《いしばしむねよし》は治家が常陸国の小田時綱《おだときつな》家人とともに常陸国高野郡に打ち入り、さらに名取郡にも侵出したことを幕府に報告した。そこで足利義詮は、結城顕朝に対し「両管領」と談合を加え、棟義とともに合戦するよう御教書を下したのである(東京大学文学部所蔵文書)。治家が岩城郡や石川庄に続いて宇多郡や高城保を安堵したのは、かれが高野郡から岩城郡を経て浜通りに出て北上し、名取郡に進出した可能性が指摘されている（七海雅人「南北朝動乱の中の相馬氏と海道地域」）。

なお、治家が幕府から追討の対象となった背景に、幕府と鎌倉府の対立があり、貞治六年（一三六七）四月、鎌倉公方基氏の急逝を好機と捉えた義詮の鎌倉府に対する軍事的干渉との指摘もある（小川信『足利一門守護発展史の研究』）。さらに「両管領」についても、斯波直持と吉良満家を「奥州両管領」とする指摘（白根靖大「奥州管領と斯波兼頼の立場」）と、奥州管領詮持と羽州管領兼頼の「奥羽両管領」であり、貞経の活動は「あくまで臨時的な措置」との指摘がある（江田郁夫「奥州管領大崎氏と南北朝の動乱」）。江田氏が「あくまで臨時的な措置」と捉えた貞経の活動は、延文二年（一三五七）三月、足利義詮が鎌倉円覚寺領の出羽国寒河江《さがえ》庄（山形県寒河江市）内五ヶ郷について、濫妨人を退け下《した》地を寺家雑掌《じけざつしょう》に沙汰付けすることを貞経に命じたものであった（武州文書）。白根氏が指摘するように、それは観応二年（一三五一）四月、足利直義が同郷に対する押領《おうりょう》停止を奥州管領吉良貞家に命じた行為（前田家所蔵文書古蹟文徴三）と類似のものであり、義詮もまた貞経を奥州管領ないしはその職務を行使する立場の者と見做していたと考えることも可能である。もっとも、貞治六年以降、二人の動静は奥羽では確認できず、「奥州両管領」は解体する。

ところが、足利義詮から治家追討を命じられた石橋棟義は、その後は「当国（奥州）大将」（名取新宮寺所蔵経巻奥書）として、父和義《かずよし》とともに応安・永和年間（一三六八〜七九）を中心に活動が確認できる。それらは各地の武士の軍忠を幕府に報告し、将軍の仰せによって所領を安堵し、軍勢を催促し、あるいは所領を寄進することによって、各地の武士や社寺との関係を築くというものであった。その間、応安三年（一三七〇）には陸奥守に補任（『和賀稗貫両家記録』）されたが、永和四年（一三七八）以降の動向はほとんど確認できない。

以後、十四世紀後半に関する史料は極端に減少し、奥羽の実態を知ることが難しくなっていく。南朝勢力が沈静化するなかで、幕府が派遣した奥州管領や「当国大将」石橋氏ばかりか、同様の権限を実質的に行使する吉良一族や畠山氏らが併存・競合し、奥州の状況はより複雑化していった。永正十一年（一五一四）に成立したとされる「奥州余目記録《おうしゅうあまるめきろく》」（余目家文書）は、「奥州に四探題《たんだい》なり、吉良殿、畠山殿、斯波殿、石塔殿とて四人御座候」と、この複雑な状況を書き表している。

こうした混沌としたなかで、奥羽の武士は分郡を基盤に自らの権力を確立、強化していくのであるが、その過程を相馬氏の事例から追ってみたい。

相馬憲胤の一族支配

鎌倉公方足利基氏が急逝した直後の貞治六年（一三六七）八月、相馬胤頼は嫡子千代王丸（後の憲胤《のりたね》）に所領を譲与した。それらの所領は由緒ごとに分けられ、五通の譲状が作成された。二軒の田在家が胤頼の妻に与えられてはいるが、一期《いちご》の後は憲胤が支配することになっており、すべての所領が憲胤に譲与され、単独相続が継続されたといってよい。

応安五年（一三七二）十二月、奥州管領斯波詮持は高城保赤沼郷（宮城県松島町）を相馬讃岐次郎に安堵し、さらに翌年五月、左衛門尉持継が「高城保内長□□」を「御判の旨」に基づき安堵し、九月十八日には詮持が長田郷とともに「竹城保内畑□□」を讃岐次郎に宛行《あてが》っている。相馬讃岐次郎は、元服後も官途を得ていない憲胤（父胤頼の官途が讃岐守）に比定できるが、高城保内の村々が憲胤に集積されようとしている。

しかし、赤沼郷や「長□□」（長田村）・「畑□□」（波多谷）を憲胤の先祖が支配した痕跡は無く、しかも波多谷村は岡田氏相伝の所領であったし、長田村についても、貞和二年（一三四六）当時、大悲山朝胤が留守氏を提訴するなど係争地の一つであった。「御判」とは将軍足利義満の可能性もあり（新『相馬市史4』）、詮持が義満の裁定を得て憲胤に宛行ったのであろう。また、いずれも「仰せに依り」執行したものであるが、幕府の判断の根拠に憲胤側の要請があった可能性がある。永徳元年（一三八一）五月の岡田胤重から嫡子胤久《たねひさ》への譲状に高城保内の所領は載っていないのは、こうした事情があった。

ところが、九月六日、石橋和義は高城保について、すでに与えたものの「不慮の儀」が発生したため、替地として「東根《ひがしね》内の戸沢郷」を与えると憲胤に伝えてきた。おそらく、詮持の執行に反発した岡田氏側（胤重）が「国大将」石橋氏に訴えたのではなかろうか。この史料は年未詳であるが、永徳元年の胤重から胤久への譲状に記載されなかった波多谷村が、明徳三年（一三九二）あらためて作成された胤久への譲状には記載されているから、この間のものであろう。岡田氏側の訴えが功《こう》を奏《そう》したのである。

また、同年八月、憲胤は石橋和義（棟義の父）に対し、「由緒」ある所領と主張して行方郡小谷木《おやぎ》・女波《おなば》（南相馬市）・福岡・小池など四ヶ村と矢河原村半分の支配を認められた。福岡・小池両村はすでに父胤頼から譲与されていたが、新たに小谷木・女波両村が加わっている。なお、矢河原村は岡田氏相伝の所領であったが、既に永徳元年の胤重譲状には「上矢河原」とあるから、憲胤は「下矢河原」を得たことになる。

相馬憲胤の「郡主」化

さらに永徳四年（一三八四）四月、憲胤は岡田鶴若丸の元服に際し、「胤久」の名を与えた。鎌倉時代以降、有力者（将軍家や北条得宗家）の偏諱《へんき》を賜る事例は多く、あるいは元服に際して烏帽子親《えぼしおや》が通り字を与えて擬制的な親子関係を作り上げ、一族の強化を狙ったことは夙《つと》に指摘されている。しかし、相馬一族の多くは「胤」の字を代々用いており、鶴若丸が改めて憲胤から「胤」の字を賜る必要はなかった。

だが、奥州管領や「国大将」を介して一族の所領を奪い取り、一族に対する立場を強めようとする憲胤の動きを前提に考えるならば、有力な一族の岡田氏に対し、敢えて偏諱を与えることによって自らの優位性を、さらに主従関係にまで昇華させようとする憲胤の意図を感じざるをえない。

応永元年（一三九四）二月、憲胤は院内村（史料上は伊内村）の在家支配について岡田胤久と大滝帯刀左衛門尉《おおたきたてわきさえもんのじょう》が相論に及んだ際、手継ぎの相続に誤りなく、実効支配していることをもって胤久に安堵した。胤久が憲胤に提訴し、相伝の実態を確認するなどの手続きを済ませたうえで、胤久勝訴の判断をしたものであろう。大滝某については史料がなく確認できない。また、明徳五年は七月に改元して応永元年となったのであり、応永元年に二月は存在しない。後考を俟《ま》ちたい。

憲胤のこうした偏諱の賜与といい、相論に対する裁判権といい、後に詳述するが、鎌倉府への公事役を一族に分担・賦課するなど、それは郡内一族に対する領主としての地位＝「郡主」化する一歩と理解できる。こうした「郡主」化した、あるいはしつつある段階の武士を、「国人《こくじん》」と記したい。

鎌倉府体制の終焉と相馬氏

鎌倉府体制と海道五郡一揆

鎌倉府の東国支配

観応三年（一三五二）正月、直義を破って鎌倉に入った尊氏は、以後、一年九ヶ月にわたって直義派を排除し、関東の安定化を計り、鎌倉府による関東支配の基礎を築いた。観応～明徳期、鎌倉府（基氏）は①関東の武士に対する勲功の賞としての所領宛行《あてがい》、②関東諸国への棟別銭《むなべつせん》の徴収、③公田《こうでん》への段銭《たんせん》徴収のための太田文《おおたぶみ》調進、④武士相互間の相論に対する裁許、⑤所領安堵の幕府への推挙などを行い、幕府は鎌倉府管内諸国に対し、ⅰ守護職の補任、ⅱ所領の安堵、ⅲ一国平均役の沙汰、ⅳ寺社興行、ⅴ綸旨《りんじ》の施行などを行使し、幕府と鎌倉府が相互に補完しながら東国支配を貫徹していった（伊藤喜良『中世国家と東国・奥羽』）。

貞治六年（一三六七）は、幕府と鎌倉府による、いわゆる二府《にふ》体制ともいうべき仕組みが変化するきっかけともなった。四月、鎌倉府の基氏が二十八歳の若さで、十二月には幕府の義詮も三十八歳で相ついで病没した。それぞれ嫡子金王丸（九歳）、義満（十歳）という従兄弟同士が跡を継ぐことになったが、応安二年（一三六九）正月、金王丸は元服して義満の偏諱《へんき》を受けて氏満《うじみつ》と名のった。義詮・基氏兄弟による二府体制は、義満・氏満という従兄弟に受けつがれたといえよう。しかし、鎌倉府は幕府に准ずる権力機構を構築して東国を支配する一方、東国の「大守護」として幕府の吏僚《りりょう》的存在という二面性をもっていたから、権力機構か吏僚かのいずれか一方を選択せざるを得なかった（伊藤喜良『中世国家と東国・奥羽』）。

鎌倉公方氏満の自立と将軍義満

幼い氏満を補佐した上杉憲顕に対しては、宇都宮氏や河越氏らの反発もあったが、応安元年（一三六八）には上杉能憲《よしのり》・朝房《ともふさ》率いる討伐軍によって粛清《しゅくせい》、屈服させられた。戦いのさなか、九月には宇都宮城の陥落を確認した憲顕が没し、能憲・朝房が関東管領を継承した。

同六年十二月に「判《はん》始め」を行った氏満は、永和元年（一三七五）六月、「評定始《ひょうじょうはじ》め」を行い（『喜連川判鑑』）、鎌倉公方として動き始めていた。これらの儀式を取り仕切ったのは関東管領上杉能憲だったが、永和四年四月に没すると、弟憲春《のりはる》が管領職を継承したものの、相続をめぐる上杉一族の内紛は、幕府・義満と鎌倉府・氏満にも影響を与えた。

康暦元年（一三七九）、室町幕府の管領細川頼之《ほそかわよりゆき》の専権に反発する斯波義将《しばよしまさ》や土岐頼康《ときよりやす》らは、将軍義満に頼之の解任を求めた。これに対し義満は、反細川派を討伐するため軍勢を派遣、鎌倉府にも出兵を要請した。その直後、上杉憲春が不可解な自殺を遂げた。その原因はわからないが、上杉氏庶流の憲春を重用した氏満に対し、嫡流たる能憲・憲方《のりかた》を尊重する義満とのあいだに生じた軋轢に、京・鎌倉間の無為を責務とする関東管領憲春はその責務故に諫死《かんし》したとの指摘もある（小国浩寿『鎌倉府体制と東国』）。

しかし、京都に伝わった憲春の死は、義満の猜疑心《さいぎしん》を刺激した。氏満は野心無き旨の誓文を送ったが、義満の疑念が晴れることはなかった（植田真平『鎌倉公方と関東管領』）。憲春自害の直後、氏満は義満の要請に応じ上杉憲方を出陣させた。しかし、伊豆国府まで進んだ憲方は、翌四月には義満から鎌倉帰参を命じられ、同時に関東管領に任じられた。幕府内では、細川頼氏が四国に没落し、反頼氏派の斯波義将が管領に就いた。いわゆる「康暦の政変」である。これをきっかけに、義満は氏満の師でもある義堂周信《ぎどうしゅうしん》を京都に招請した。周信・氏満は拒んだものの、憲方ばかりか最後は氏満の説得によって上洛せざるをえなかった。しかし、こうした義満の姿勢は、氏満の敵対心を煽り、親幕府派の関東武士に対する抑圧をもたらしたともいえる（小国浩寿『鎌倉府体制と東国』）。

氏満が行った最初の行動は、翌康暦二年（一三八〇）の小山義政《おやまよしまさ》討伐であろう。発端は、義政と宇都宮基綱《うつのみやもとつな》が武力衝突し、基綱が戦死したことにあった。氏満は、早々に義政を追討し、その所領の多くを没収した。これに対し、蜂起した義政は自害、その子犬若丸は逃亡して事件は終結した。北関東有数の名門であった小山氏を徹底的に滅ぼし、上杉氏や関東の有力武士に対する牽制とした。

一方、氏満から軍勢の動員を命令された国人《こくじん》のなかに、南奥菊多《きくた》郡（福島県いわき市）の上遠野《かとおの》氏が含まれ（上遠野文書）、さらに石川庄を支配する石川氏の一族赤坂氏（石河遠江守）もまた「京都御教書の旨」に基づき参陣を命じられた（秋田藩家蔵文書）。鎌倉府の管轄外ではあったが、義満の御教書を根拠に南奥の国人を動員しようとする氏満の積極策が垣間見られる。

このころ、南奥の国人のなかには、同族間で一揆《いっき》を結ぶ事例が確認できる。永和二年（一三七六）の伊達宗遠《だてむねとお》と小沢伊賀守との一揆契状《けいじょう》には、「公方のことにおいては、一揆中談合有って沙汰致す」べきことが、さらに翌年の伊達政宗《まさむね》と余目持家《あまるめもちいえ》との一揆契状でも「公方のことにおいては、時儀により申し談ずべ」しとそれぞれ記され、「公方」との不安定な関係が一揆を結ぶきっかけであったことがわかる（伊達家文書）。この「公方」が義満か氏満かは即断しかねるが、少なくとも一方が伊達氏であることは、後の応永七年（一四〇〇）に発生した伊達政宗・蘆名満盛《あしなみつもり》の「叛乱」との関係で理解すべきだろう（「叛乱」については後述）。

奥羽両国の鎌倉府移管と相馬憲胤

明徳三年（一三九二）正月、鎌倉公方足利氏満は、南奥の白河結城氏の一族小峰満政《こみねみつまさ》に対し、「陸奥・出羽両国のこと、沙汰致すべきの由、仰せ下さるところなり」と伝え、早速の伺候《しこう》を命じた（結城神社文書）。これは、奥羽両国が室町幕府から鎌倉府に管轄権が移ったことを示すが、それは鎌倉府が関東一〇ヶ国に持っていた諸権限が奥羽二ヶ国に拡大することを意味した。さらに奥羽の国人層は、鶴岡八幡宮の修造費用や「国衙御年貢」が賦課されたほか、鎌倉への出仕も求められた（杉山一弥「伊達政宗の乱の展開と稲村公方・篠川公方」）。

これに対する奥羽国人の対応が、相馬憲胤《のりたね》の事例から確認できる。虫損《ちゅうそん》による文字不明な部分があるものの、明徳五年（一三九四）五月、憲胤は「□□の段銭」に関連して「行方郡《なめかたぐん》の御公事田数」を詳しく報告するよう求められた。そこで憲胤は、「古き仁」に尋ねたところ、以前は五〇町の公事を負担していることが確認された。しかし、南北朝期の争乱によって「永代損望《（亡）》の地」となったため、「愚身三代」では一五町の公事を勤めていると起《き》請文《しょうもん》を書き添えて「御奉行所」に報告したのである。

応永二年（一三九五）十月、憲胤は子息胤弘《たねひろ》に所領を譲与したが、その譲状にはそれまでになかった「公方御公事」は先例に基づいて沙汰すべきことが明記されていた。奥羽二国の管轄権が鎌倉府に移ったことにともない、新たに公方への公事が加わったことを反映したものであろう（杉山一弥「伊達政宗の乱の展開と稲村公方・篠川公方」）。この公事が郡内の一族に分担賦課されたことは、既述したように院内《いんない》村の在家支配をめぐる相論に勝訴した岡田胤久に、「御公事以下」の納入を憲胤が命じたことからも類推され、憲胤を通じて鎌倉府に納入されたのであろう（泉田邦彦「室町時代の相馬氏と海道地域」）。

鎌倉府に抗う南奥の国人

こうした鎌倉府による強圧的な対応に、南奥の国人は反発した。その一つが、応永二～三年に発生した田村庄司の乱である。すでに応永二年九月以前、鎌倉府は南奥の石川一族鎌田氏や伊賀氏を出陣させ、篠川《ささがわ》城（福島県郡山市）を守備させるとともに「安武熊河《あぶくまがわ》」や唐久野原《からくのはら》（福島県郡山市・須賀川市）の戦いで田村氏と戦い、さらに氏満の子満貞《みつさだ》も下向して「田村金屋（福島県郡山市）ならびに当城＝篠川城」などで合戦が展開された。しかし、容易に決着せず、翌年二月には関東の佐竹氏や鹿島《かしま》・烟田《かまた》一族、さらに島津氏・大高氏らを動員した氏満自身が白河庄まで出陣し、ようやく六月中旬には終息した（『鎌倉大日記』）。

この時、奥州管領であった斯波詮持《あきもち》の子満持《みつもち》が石川一族鎌田氏や伊賀氏に当知行地の安堵状や感状《かんじょう》を発給している（東京大学文学部所蔵文書・飯野文書）。前年七月、詮持は石川一族の大寺《おおでら》光義と竹貫《たかぬき》光貞との相論に裁定を下し（『伊達略記』）、翌年にはその子満持が

図17　鎌倉公方家略系図

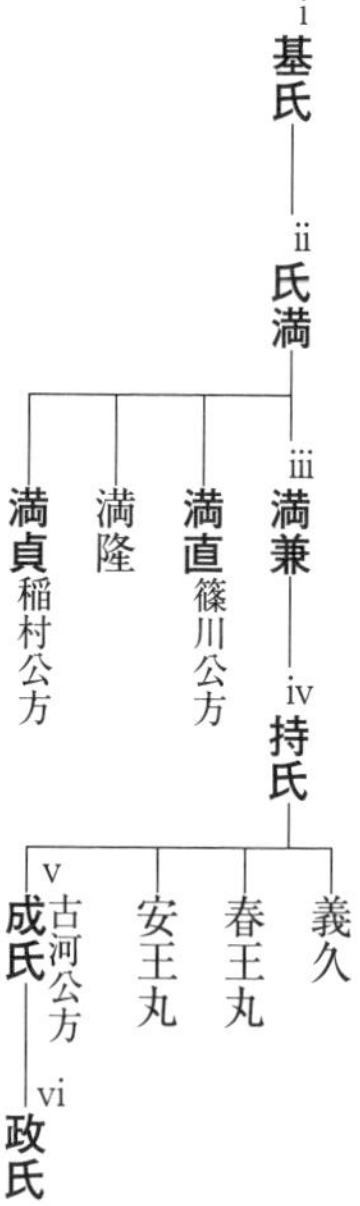

伊賀光盛の官途を推挙（飯野文書）するなど、南奥国人層との関係を維持していた。当時、詮持は鎌倉に在住して「瀬ケ崎殿」と称されていたらしいが（『奥州余目記録』）、「奥州管領」の名は少なからず南奥国人層に影響を与えたようである。これらの事実は、奥羽両国が鎌倉府の管轄下に組み込まれたものの、いまだ鎌倉府による支配は容易ではなかったことを示している。

応永五年（一三九八）十一月の氏満病没にともない、満兼《みつかね》が家督を継承すると、翌年、弟満貞を陸奥国に派遣した。いわゆる稲村《いなむら》公方《くぼう》である。もっとも満貞は、すでに応永二年には篠川城に下向しており、親幕派の国人が多い南奥に対し、田村庄司の乱をきっかけに支配強化を見据えた氏満の布石と理解できる（杉山一弥『室町幕府の東国政策』）。氏満の没後、これを継いだ満兼が改めて満貞を派遣したのが応永六年だった。

その際、南奥の国人は所領を公方領として献上することを求められ、伊達政宗は長井・北条三三郷（山形県長井市・南陽市）を、結城満朝は宇多庄を進上したところ、「郡」単位の所領の進上を命じられたという（『奥州余目記録』）。同時代史料からは確認できず、宇多庄はその後も結城氏に伝領された。なお、結城氏は白河庄を本拠に南奥に大きな影響を与えるようになっており、以後、史料上にも載る「白河」氏と記述する。

伊達・蘆名氏の「叛乱」

しかし、鎌倉府・稲村公方との関係を重視し、白河庄や高野郡・宇多郡などを安堵された白河満朝《みつとも》（國學院大學所蔵文書）や陸奥国内で「料所」を預けられた小峰満政（白河集古苑所蔵文書）、石川庄鎌田村（福島県古殿町）三分二を打ち渡された石川光重（秋田藩家蔵文書）らに対し、武力蜂起して鎌倉府・稲村公方と対立したのが伊達氏や蘆名氏であった（蘆名は芦名・葦名とも記されるが、便宜上「蘆名」で記す）。

応永七年（一四〇〇）三月、満貞は伊達政宗・蘆名満盛らの隠謀が露顕したこと、退治のために忠節をすべきことなどを小峰満政に伝えた（白河集古苑所蔵文書）。事件の経緯については不明な点が多いものの、十月になって常陸国の鳥名木《となき》道秀《どうしゅう》は「奥州凶徒御退治」に常陸大掾《だいじょう》満幹《みつもと》に属して出陣し、伊達政宗降参に至るまで忠節をはたらいたとして軍忠を報告、証判を得ているから（鳥名木文書）、すでに事件は解決したようである。

ただ、『奥州余目記録』には鎌倉の斯波詮持に合流しようとした政宗を白河勢が阻止したこと、これを知った「大崎殿」＝斯波詮持は鎌倉から逃れたものの「仙道大越《せんどうおおごえ》」（福島県田村市）で自害したことなどを載せる。これまた、同時代史料からは確認できないが、鎌倉府・稲村御所に対する不満は、伊達氏や蘆名氏だけでなかったことは確かだろう。

　なお、降参した政宗は、応永九年、ふたたび鎌倉府の支配に抗して挙兵したようである。『鎌倉大日記』には、応永九年、「奥州伊達大膳大夫円教」＝政宗が満貞に対し「不義」をはたらいたため上杉全吉入道が発向、「赤城（赤館《あかだて》カ）」で合戦、その後、九月五日、伊達を討ち負かし降参させたとある（国立公文書館デジタルアーカイブ）。同時代史料でも、同年四月、満貞は小峰満政に「凶徒等退治」のため上杉氏憲が下向するので、庶子らとともに合力すべきことを命じており（白河集古苑所蔵文書）、上杉全吉入道は、当時はまだ出家していないものの、上杉禅秀入道（氏憲）の誤記であろう。『鎌倉大日記』の記述はほぼ信頼できる。

　この応永九年の事件については、鎌倉から上杉氏憲が派遣され、「鎌倉府中枢の直接介入」がみられ、稲村公方の支配が部分的なものであったこと、これ以降、稲村公方はその存在意義が失われたまま稲村に留まっていたとの指摘もある（杉山一弥「伊達政宗の乱の展開と稲村公方・篠川公方」）。

　なお、従来、満貞および満直が同時に派遣され、それぞれを稲村公方、篠川公方と呼称していたが、満直の発給文書は応永十六年（一四〇九）十月に石川掃部助に下された感状がもっとも古いから、その下向もそれに近いころであろう（『石川町史一』）。それは、満兼が没し、子息幸王丸（持氏）が鎌倉公方に就いた直後でもあった。

相馬胤弘と海道五郡一揆

稲村公方満貞の支配に、一揆を結んで対抗するとともに、みずからの利害を調整しようとする国人も現れた。すなわち、応永十一年（一四〇四）七月、安積《あさか》郡（福島県郡山市・二本松市）とその周辺の国人二〇人が一揆を結び、上意（鎌倉府や稲村公方か）に対して忠節を尽くすべきことを明記しつつも、外敵には一致してこれに対応すること、さらに一揆内の紛争を自主的に解決することなどを約して傘《からかさじょう》状に連判《れんぱん》した「一揆契状」が作成された（松藩捜古所収文書）。

また、同十七年二月には、海道《かいどう》（福島県浜通り）五郡の領主、すなわち相馬・諸根《もろね》・好嶋《よしま》・白土《しらと》・岩城《いわき》・標葉《しねは》・楢葉《ならは》ら諸氏は「五郡一揆」を結び、大小のことは互いに「見継がれ見継ぎ」（互いの証人になること）、「公方の事」については「五郡の談合」で対応し、私的な所務相論についても「理非《りひ》」に基づき解決することなどを決め、やはり傘状に連判している。「公方」については、鎌倉府や稲村公方などと理解されてきたが、「私」に対する「公」であり、「公方」もまた特定個人を指すものではないとの指摘もある（伊藤喜良「南奥の国人一揆と『公方事』」）。ただし、奥羽両国が鎌倉府の管轄下に組み込まれ、いろいろな負担（公方御公事）が賦課されるようになった時、「公」を鎌倉府という具体的な機関と考えることもできよう。

ところで、この「五郡一揆」に加わった「相馬」とは、応永二年十月、憲胤から所領を譲与された胤弘と思われる。ただし、胤弘に関する同時代史料は確認できず、本来ならば、花押から判断できるのだが、胤弘の発給文書自体が確認されないため、それも叶わない。したがって、胤弘については後世に編さんされた「奥相茶話記《おうそうさわき》」（寛文七年〈一六六七〉成立、『福島県史料集成五』）のほか、「相馬氏家譜」（享保二十年〈一七三五〉成立）や「奥《おう》相秘鑑《そうひかん》」（元文元年〈一七三六〉成立）、「御家給人根元記《おいえきゅうにんこんげんき》」（寛政十年〈一七九八〉成立、以上は『相馬市史5』）、そして『奥相志《おうそうし》』（明治四年〈一八七一〉成立、『相馬市史4』）などに依拠せざるを得ない状況にある。もちろん、これら後世の編さん史書類を利用する際、厳密な史料批判が求められることはいうまでもない。

なお、天理大学附属図書館が所蔵する「昔御内書符案（乙本）」には、永享元年（一四二九）、二年ころの「海道五郡の人数」として楢葉常陸入道・椎葉播磨入道・岩城弥二郎・岩崎駿河守・相馬民部少輔入道を挙げている（『青森県史　資料編中世3』）。諸史料・諸系図等からは、相馬民部少輔入道に比定できる人名を確認できない。あるいは「民部」が「治部」の誤記とすれば治部少輔憲胤を想定できるが、確証はない。

胤弘の大般若経奉納事業

『奥相志』には、各地に残る板碑《いたび》や棟札《むなふだ》・梵鐘《ぼんしょう》の銘文、仏像の胎内外銘、経典の奥書、絵画資料の裏書等が記録されている。それらは、すでに失われたものも多く、文献史料が極端に少なくなる中世後期については貴重な歴史資料として利用できるものと思われる。なお、『相馬市史4』は漢文体で書かれた原本を読み下して収録しているが、一部に読み間違いや意味不明なところもあった。近年、刊行された新『相馬市史1』別冊には、泉田邦彦氏が原本と校合《きょうごう》した「原文」の一部が収録されている。

泉田氏は、そうした近世史料に描かれた中世関連史料から、胤弘とその後継者高胤の時代について新たな知見を新『相馬市史1』で示された。そのひとつが、胤弘による小高と太田（南相馬市小高区・原町区）の妙見社への大般若経奉納事業であり、その奥書から家臣目々《めめ》沢《さわ》氏についても述べている。それらを参考に、胤弘の活動の一端に触れておきたい。

胤弘の奉納事業は応永五年（一三九八）十一月から永享五年（一四三三）閏七月にかけて行われたが、応永五年当時、相馬胤弘のみならず文間《もんま》浄可《じょうか》や木幡《こはた》越前守・木幡左兵衛尉蔵人が加わり、さらに永享四～五年七月には木幡周防入道道弘《どうこう》が「大旦那」として参加していた。文間氏や木幡氏は、少なくとも南北朝期から相馬氏の家人として確認できるが、とくに文間氏は相馬郡文間郷（茨城県利根町）を苗字の地とし、相馬氏の所領行方郡高村

（南相馬市原町区）に居住して在家を支配した「給主代《きゅうしゅだい》」でもあって、累代の家人でもあった。木幡道弘については後に詳述するが、主だった家人をも動員して行われた奉納事業は、永享九年の長命寺への十六善神画像の寄進によって終わったという。

この間、胤弘によって進められたのが、行方郡の北端千倉《ちくら》庄の調略であった。

胤弘の千倉庄調略

岩松義政の千倉庄下向

胤弘の時代、応永十三年（一四〇六）八月、岩松蔵人頭義政《いわまつくろうどのとうよしまさ》が鎌倉から千倉庄（南相馬市鹿島区）に移って居館を構え、「真野郷七百丁」および「仙道之内三百丁」を支配した。その後、同二十六年七月、義政が病没すると、その子義時が跡を継いだが、正長元年（一四二八）六月、重臣四人の謀略によって溺死、千倉庄は胤弘が支配することになったという（相馬氏家譜・『奥相志』ほか）。

岩松氏と千倉庄の関係は、相馬義胤から同庄を譲与された娘とよ御前が岩松時兼《いわまつときかね》に嫁したことから始まる。その後、弘安元年（一二七八）十月、時兼の嫡子経兼《つねかね》から政経《まさつね》に千倉庄も譲与された（新田岩松家文書）。それ以降、岩松氏が千倉庄を相伝した史料は確認できない。

ただし、新田（岩松）経家《つねいえ》（政経の子）と千倉庄に関する史料に、建武元年（一三三四）、沙弥某《ぼう》が鯨岡乗隆《くじらおかのりたか》に宛てた遵行状《じゅんぎょうじょう》（『会津四家合考』）がある。すなわち、新田兵部大輔経家の代官寂心《じゃくしん》は、「同（新田）本阿弥陀仏《ほんあみだぶつ》」が多賀国府から千倉庄に代官を派遣して城郭を構築し、合戦を企てたと国府に訴えた。そこで国宣《こくぜん》に基づき、検断奉行《けんだんぶぎょう》岩城隆胤《たかたね》は鯨岡乗隆に対し「千倉庄に発向し治罰を加えよ」との施行状を発給、さらに沙弥某が遵守するよう乗隆に命じたのである。

史料が載る『会津四家合考』は、会津藩の向井吉重《むかいよししげ》が寛文二年（一六六二）に編さんした蘆名・伊達・蒲生《がもう》・上杉四家に関する歴史書であり、収録された文書（写）である点に不安は残る。一方で、『尊卑分脈』には経家の極官《ごっかん》（最高の官位）を「兵部権大輔」と記しているから、「権《ごん》」が略されたとも考えられる。さらに、政経が千倉庄を譲与されているから、経家も父政経から譲与された可能性はあり、「本阿弥陀仏」を経家の兄にあたる本《ほん》空《くう》（長楽寺系図）に比定する指摘もある（峰岸純夫『新田岩松氏』）。

また、検断奉行岩城弾正左衛門尉隆胤は、正中元年（一三二四）ころ、岩城郡好島《よしま》山について好島庄西方預所《あずかりどころ》の伊賀光貞が地頭好島泰行《やすゆき》を訴えた時、泰行に鎌倉への参上を催促した幕府の使者岩崎弾正左衛門尉隆衡（飯野文書）と同一人ともいわれる（『いわき市史一』）。あるいは、隆胤は隆衡の誤写かもしれない。このように考えると、経家と千倉庄との関係、隆胤（隆衡）の実在も一概に否定できず、沙弥某の遵行状もその大筋は事実を伝えたものと思われる。

岩松義政下向の背景

現在、岩松義政に関する同時代史料は確認されない。「御家給人根元記」にある「畠山二本松の分流」は明らかな誤りであるが、『奥相志』には「将軍足利家の旁流」として、「足利蔵人義兼《よしかね》の嫡男畠山遠江守義純《よしずみ》の男、岩松蔵人時兼《ときかね》五世の孫なり」と、岩松氏の出自をほぼ正確に記述している。

また、『奥相志』には「鎌倉より来たりて千倉庄千町を領す」とある。千倉庄が岩松氏に伝領されたことは事実だが、弘安元年（一二七八）、経兼から政経に譲与されて以降、政経の子経家が関わっている程度で詳細はわからない。さらに、応永二年（一三九五）、相馬憲胤が胤弘に譲与した所領のなかに「千倉庄内仁義田村・横手村・駒泉村・安倉村、北草野太倉・鷹倉」（南相馬市鹿島区・飯館村）が含まれていたから「横手村に居館」は考えられないし、「相馬氏家譜」にある「観応年中、親胤代、前の如く領邑、然るに又義政の領地と成り」という状況も設定しにくい。

しかしながら、江戸時代末期に集成された『系図纂要《けいずさんよう》』には、経家の子に「兵衛蔵人義正」が確認できる。義正は義政と同音であり、「兵衛蔵人」も「蔵人頭」に脚色された可能性がある。このように理解すると、後世の潤色はあるものの、義政あるいは岩松氏の千倉庄下向は史実と理解できるようである。

ところで、諸記録によれば、義政が鎌倉から下向したのは応永十三年（一四〇六）八月のことであった。この「鎌倉より来りて」という文言は、鎌倉公方との関係を推測させる。鎌倉公方満兼が弟満貞を陸奥に派遣したのは、応永六年であるが、翌年および同九年には伊達政宗が鎌倉府に抗《あらが》い、とくに九年には上杉氏憲が派遣されたことはすでに記した。

これに関連して、『伊達正統世次考《だてせいとうよつぎこう》』応永七年条には、「鎌倉より岩松氏を遣わし伊達を攻めようとした。岩松氏は伊達の西殿を長窪（長倉の誤りか）要害まで出陣して攻めた。しかし、勝てずに還《かえ》った」とある。同書の編者も、ほかの史料から確認できないと記すが、同九年の政宗再蜂起に派遣された上杉氏憲の女婿に岩松満純《みつずみ》がいた。あるいは岩松氏の派遣は、氏憲とともに出陣した可能性もあろう。

憶測の域を出るものではないが、こうした南奥の国人の動向に敏感にならざるを得ない鎌倉公方満兼が、千倉庄に所領を有する岩松一族を派遣し、満貞を支援したことは考えられる（岡田清一「鎌倉府体制下の相双地域」）。しかし、それは千倉庄を含む行方郡への支配を維持・拡大しようとする相馬胤弘にとって大きな障害となった。

鎌倉府の奥羽支配

応永十六年（一四〇九）七月、鎌倉公方足利満兼が没すると、九月にはその子幸王丸《こうおうまる》が十二歳で鎌倉公方を継承し、翌年将軍足利義持の偏諱「持」を受けて持氏《もちうじ》を名のると、伯父満直《みつなお》を南奥に派遣した（板橋隆三氏所蔵文書）。いわゆる篠川《ささがわ》公方《くぼう》である。

翌年、叔父満隆《みつたか》の謀反のうわさが流れ、持氏は関東管領上杉憲定《のりさだ》の鎌倉山内《やまのうち》邸に避難するという事件が起こった（『喜連川判鑑』）。これは程なく虚説であることが判明したが、鎌倉公方・鎌倉府に対する不満がくすぶっていたことを示している。

しかし、鎌倉府は強硬であった。同二十年八月、鎌倉府は奥羽両国の「関東御成敗」化を白河氏に伝え（仙台結城文書）、鎌倉公方による一元的な奥羽支配体制を構築しようとした（江田郁夫『室町幕府東国支配の研究』）。このとき、若き持氏のもとで鎌倉府を主導したのが、上杉憲定から関東管領を委譲された犬懸《いぬがけ》上杉氏憲《うじのり》（出家して禅秀《ぜんしゅう》）であった。

応永二十年十月、伊達松犬丸（後の持宗《もちむね》）は懸田定勝《かけたさだかつ》とともに挙兵。持氏は小峰満政《こみねみつまさ》に対し二階堂信夫常陸介《しのぶひたちのすけ》らに合力して退治すべしと指示した（白河集古苑所蔵文書）。ところが満政は参陣せず、十二月になって大仏城《だいぶつ》（福島市）に退いた伊達松犬丸らを追撃するため、畠山修理《しゅり》大夫（満泰ヵ）に合力するよう改めて満政に命じたのである（結城古文書写）。

わずかな史料からではあるが、この事件に稲村公方満貞ばかりか南奥の国人が関わった形跡はまったく無く、満兼の没後、満貞の動向はまったく確認できない。それに対して、伊達松犬丸退治を指示したのは鎌倉公方持氏であり、直接対応したのも二階堂信夫常陸介や畠山修理大夫の軍勢であった（杉山一弥「伊達政宗の乱の展開と稲村公方・篠川公方」）。鎌倉府の奥羽支配が変わろうとしていた。

上杉禅秀の乱と南奥

関東管領は上杉氏が独占していたが、山内・扇谷《おうぎがやつ》・犬懸・宅間《たくま》の四家に分かれるなかで、山内・犬懸両上杉氏が世襲した。しかし、その任免権は幕府が持っていたため、幕府の意向が反映されることも少なくなく、鎌倉公方が幕府から自立する様相をみせはじめると、しだいに対立するようになり、持氏は犬懸上杉氏憲に替わって前管領山内上杉憲定の子憲基《のりもと》を重用し始めた。

応永二十二年（一四一五）、上杉氏憲（禅秀）は家臣の所領が持氏によって没収されたことを理由に関東管領を辞任すると、替わって憲基が関東管領に就いた。翌年十月、上杉禅秀は持氏の叔父満隆とともに持氏を攻撃したが、駿河国の今川《いまがわ》氏のもとに逃れた持氏は、幕府に援軍を要請した。これを受け入れた将軍義持は、今川範政《のりまさ》・上杉房方《ふさかた》を派遣、翌二十四年正月、鎌倉雪ノ下の合戦に敗北した禅秀・満隆は自害し、事件は落着した。

しかし、禅秀には姻族である千葉介兼胤《かねたね》や岩松満純をはじめ、関東の多くの国人が荷担していた。さらに『鎌倉大草紙《かまくらおおぞうし》』には、「陸奥には篠河《ささがわ》殿へ頼《たの》み申すの間、蘆名盛久《あしなもりひさ》・白川・結城・南部・葛西・海道四郡の者どもみな同心す」とあり、禅秀方は篠川公方満直に要請して蘆名氏や白河氏らとともに海道四郡の国人も加わったことがわかる。この「海道

「四郡」とは、岩城・楢葉・標葉・行方の四郡であろうから、相馬胤弘も禅秀方に荷担したものと思われる。

事件後、持氏は禅秀与党の掃討《そうとう》と称し、幕府から「扶持《ふち》」を得ていた、いわゆる「京都扶持衆」を反鎌倉府の国人として追討した。そのため、幕府はふたたび鎌倉府と対立、応永三十年八月には持氏討伐の命を下したが、持氏の求めにより、翌年二月、幕府と鎌倉府の和睦が成立した（『満済准后日記』）。

十二月、稲村公方満貞が鎌倉に帰還すると、南奥に残った篠川公方満直は幕府との関係を重視し、幕府と接触して関東＝鎌倉府の政務を担当するという「関東政務の御内書《ごないしょ》」をすでに受けていた。このこと自体は、和睦が成立したため実現しなかったが、正長元年（一四二八）十月以降、「京都扶持衆」として幕府の指揮下に組み入れた南奥の「伊達・蘆名・白河、海道五郡の者共」らのまとめ役として（渡政和「『京都様』の『御扶持』について」）鎌倉府を牽制した。

幕府・満直と鎌倉府・満貞が対立するなかで、その対立を利用したのが相馬胤弘である。すでに記したように、正長元年六月、胤弘は岩松氏の重臣を調略し、病没した岩松義政の跡を受け継いだ義時を謀殺し、千倉庄の一円的支配を押し進めたのである。

宇多庄合戦と相馬氏

幕府と鎌倉府、篠川公方と稲川公方の相克

正長元年（一四二八）正月、将軍足利義持《よしもち》が没すると、義教《よしのり》が六代将軍に就任した。ところが鎌倉公方持氏は、将軍就任を祝う使者を送らず、年号が正長から永享《えいきょう》に改元されても用いなかった。関東管領上杉憲実は幕府の重臣らと連携して和睦を図ったものの、両者は不信感をぬぐい去ることはできなかった。

同年九月、幕府の管領畠山満家《みついえ》は、斯波義淳《しばよしあつ》や細川持元《ほそかわもちもと》ら八人の諸大名に諮《はか》った「条目七ヶ条」のなかに「宇多郡のこと」が含まれ、「器用《きよう》に就き、仰せ付けらるべし、その仁《にん》体《てい》を計《はか》らい申すべきこと」、すなわち、器用＝能力ある者に宇多庄を仰せ付ける＝支配を委ねたいので、その名を挙げるようにとのことであった（『満済准后日記』）。

すでに述べたように、宇多郡は建武二年（一三三五）、結城宗広が後醍醐より与えられて以降、代々その子孫が伝領し、直近では応永四年（一三九七）十月、白河満朝《みつとも》が子息氏《うじ》朝《とも》に譲与した所領群に宇多庄が含まれていた。同七年四月、稲村公方満貞が満朝に白河庄や高野郡とともに宇多庄を安堵していたが、白河氏を「京都御扶持衆」に組み込んだ幕府に対する鎌倉府・満貞の反発でもあった。

同年十月、将軍義教は篠川公方満直を始めとして、伊達・蘆名・白河・懸田・塩松石橋に御内書を送るとともに、その直後にも篠川公方、伊達・蘆名・白河・懸田・岩城・岩崎・標葉・相馬諸氏ら南奥の国人に御教書を送った。その内容は、明らかではないが、畠山満家が斯波義敦らに「宇多郡のこと」を含む七ヶ条を諮っていたから、御内書や御教書も宇多郡に関するものであったと思われる。これに対し、十二月には伊達持宗が（『後鑑』）、さらに翌年二月には「伊達・蘆名・白河・海道五郡の者」の請文が満直を介して幕府に送られた（『満済准后日記』）。懸田・塩松石橋から請文は提出されなかった。

「宇多庄」をめぐる争い

幕府・篠川公方と鎌倉府・稲村公方の対立は、白河氏と石川氏の紛争から表面化した。正長元年十二月、白河氏朝が「私の了簡《りようけん》」をもって石川氏の惣領義光《よしみつ》を攻め滅ぼすという事件が発生した。ところが満直は、氏朝の「私の了簡」を咎《とが》めずに義光の遺領を宛行《あてが》った（國學院大學所蔵文書）。これに対し、鎌倉

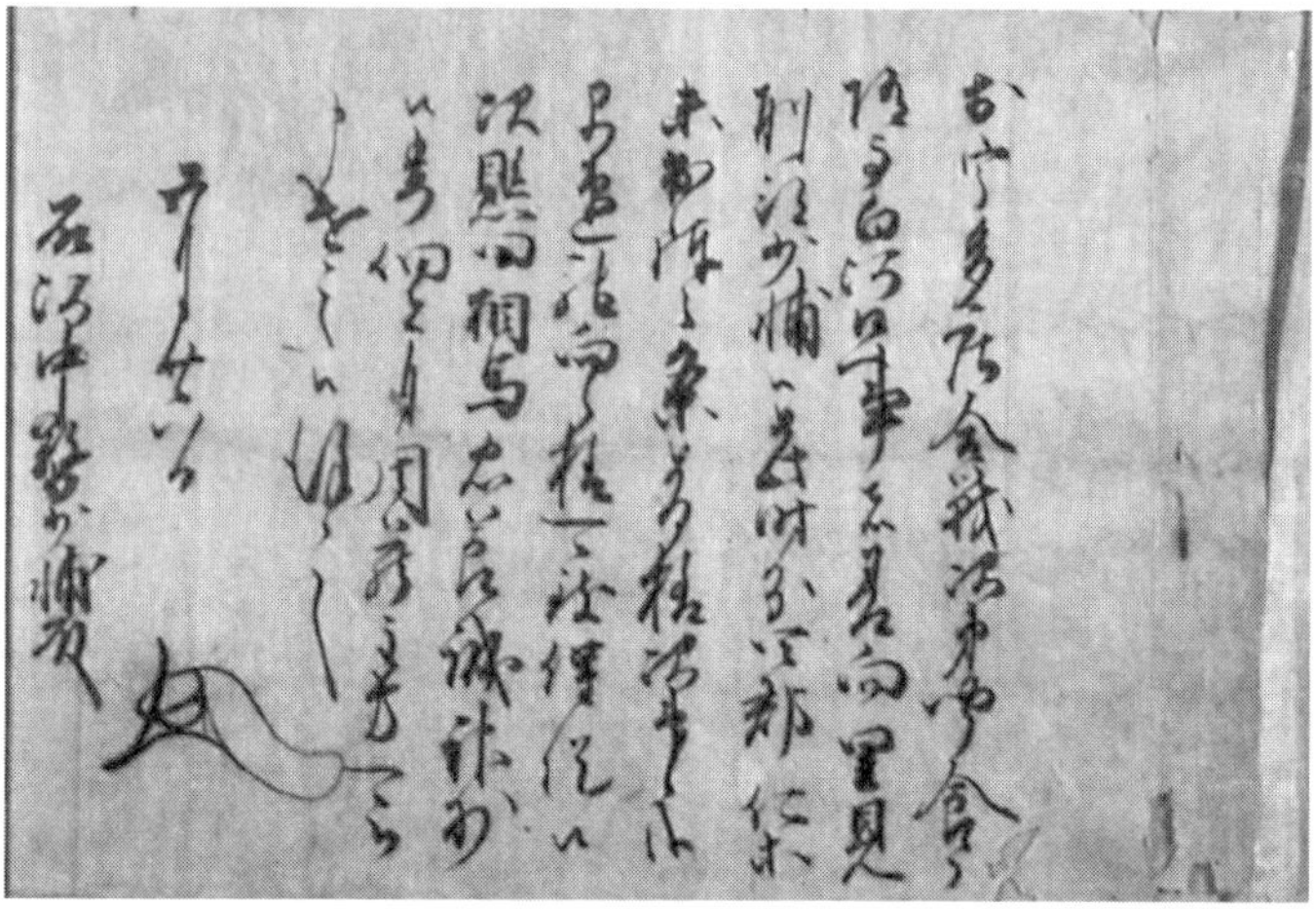

図18　鎌倉公方足利持氏書状（正長2年ヵ5月26日，石川家文書，宮城県図書館所蔵）

公方持氏・稲村公方満貞は石川義光の死を悼《いた》み、義光の子持光に遺領を相続させたのである（石川家文書）。

そのため、白河・石川両氏の抗争は、満直と持氏・満貞との代理戦争の様相を持ち始めていた。翌二年二月、稲村公方満貞は「海道五郡の輩」に対し、石川持光への合力と忠節を求めたが（板橋文書）、「五郡」の国人は幕府・篠川公方や鎌倉府・稲村公方の双方から忠節を求められていた。

その対立は、白河氏が支配し「宇多湊」という海上交通の要衝を含む宇多郡をめぐる武力紛争となって現れた。戦いは、翌永享元年（一四二九）五月に始まり、持氏方の石川持光の親類土佐守ら多くの家臣が討死した。また、持氏は里見家基《さとみいえもと》を白河口に派遣して白河氏の本拠を攻撃しようとする一方、「四郡の仁ら、いまだ出陣せず」の状況を叱責し、早速の参向を催促している（石川家文書・図18）。「四郡の仁」は持氏・満貞に与《くみ》せず、あるいは日和見《ひよりみ》を決めていたのかもしれない。これに対して将軍義教は、小峰満政に篠川公方あるいは白河（氏朝）への合力を求めている（結城古文書写）。

さらに戦いは、奥州南端の依上保《よりかみのほ》（茨城県大子町）にも展開し、里見家基が討死し（白河証古文書）、あるいは懸田氏からの飛脚に応え、那須口に一色直兼《いっしきただかね》が、佐竹方面には上杉定頼《さだより》が派遣されるなど（石川家文書）、宇多郡や白河だけでなく、広い範囲での戦いとなった。この紛争の結末については不明だが、幕府は伊達持宗に調停を命じたため、九月ころには一応の解決をみたようである。

この戦いで、持氏は「懸田・相馬の忠節、誠に神妙」と賞しているが、宇多郡をめぐり白河氏との競合関係から、相馬胤弘は石川方＝持氏方についたのであろうか。幕府から御教書を受け取り、請書《うけしょ》を提出した胤弘が、鎌倉府・満貞と幕府・満直のいずれに付くか去就を決しかねていたことは確かである。一方で千倉庄を一円的に支配した胤弘は、鎌倉府・満貞と幕府・満直との対立、鎌倉公方と関東管領の齟齬《そご》という政情の不安定に状況を見据えて、その北に位置する宇多郡を視野に入れつつあったのかもしれない。

胤弘から重胤へ—四郷半六十六ヶ村の実態

相馬胤弘から子息重胤が所領を相続したのは、永享八年（一四三六）のこととされる。しかし、その相続を示す史料は胤弘の譲状ではなく、同年霜月一日付の「目々沢道弘預状《あずかりじょう》」と称される文書であった。

この文書は破損して読めない箇所が少なくないが、

奥州行方郡は惣領職として（虫損）相伝の地は、四郷半六十六ヶ村三千八百町、山野江河は残らず（虫損）、讃岐守胤弘より知行の旨の任せ、（虫損）孫次（虫損）胤に譲り渡すところなり。

というものであった。

しかし、当時の相馬氏が支配したとされる「四郷半六十六ケ村三千八百町」は、どのようにして導かれた数値なのであろうか。「四郷半」という記述も、永享八年当時であるならば、郡名が表記されるはずである。

江戸時代、相馬中村藩領は、明暦二年（一六五六）の三郡（宇多・行方・標葉）検地によって、宇多・北・中・小高・標葉五ヶ郷に再編された（『奥相志』）。しかも、宇多郡の北半は天正十七年（一五八九）五月、伊達政宗によって占拠され、そのまま仙台藩領に組み込まれていたから、中村藩が支配した宇多郷は宇多郡の南半だけであった。これが「四郷半」の実態であった。加えて「六十六ヶ村」という数値も、「ある程度の広範な地域に対して使用された表記方法」で実数を示したものではないとの指摘もある（長塚孝「中世後期における地域概念の一事例」）。これらの点を含めて考えると、この「目々沢道弘預状」は、江戸時代初期に作成された可能性がでてきた。

しかも、目々沢道弘については、文正二年（一四六七）二月二十五日付の「置文《おきぶみ》」も残されているが、この文書も相馬中村藩が伝来の古文書を整理するなかで作成されたものであったから、二点の文書は検討を要する史料といえる（岡田清一『中世東国の地域社会と歴史資料』）。

所領を譲与された相馬重胤に関する同時代史料も、まったく確認できない。しかも、「御家給人根元記」や「相馬氏家譜」などによれば、永享八年（一四三六）、重胤は家督を譲られたものの少壮から病体であったため、幼少の子高胤へ家督を譲り、木幡胤清《こはたたねきよ》（周防入道道弘《どうこう》）が後見となって国政を執り行ったという。これまた同時代史料からは確認できないものの、既述の十六善神画像の裏書には「永享九年九月」「日那讃岐守（胤弘）・当旦那孫次郎高胤」が奉納したことが記されていた。したがって、永享九年段階で、高胤への家督相続はすでに行われていたから、重胤の時代はきわめて短いものであった。

永享の乱と鎌倉府体制の終焉

宇多庄の紛争後、篠川公方満直と鎌倉公方持氏の対立は一時、小康状態を保っていた。ところが永享七年（一四三五）九月ころ、持氏は佐竹祐義《すけよし》を討伐すべく自身が出陣、石川一族に参陣・忠節を促した（小笠原文書・石川家文書）。

こうした持氏の軍事行動に対しては、関東管領上杉憲実が諫めたものの持氏が聞き入れることはなく、同九年には一触即発の情況にあった。翌十年六月、持氏は嫡子賢王丸の元服にあたり、将軍義教の偏諱《へんき》を受ける慣例を無視し、将軍家の通字「義」を用いて義久《よしひさ》と命名した（『喜連川判鑑』）。もはや、両者の関係は修復しがたい状況に陥《おちい》っていた。

上杉憲実は、幕府との関係を維持することに努めたが、八月、持氏は上野国に退去した憲実追討の命令を下し、みずからも武蔵高安寺《こうあんじ》（東京都府中市）まで出陣した。憲実からの訴えを受けた幕府の対応はすばやかった。九月、将軍義教は持氏追討を「京都扶持衆」および駿河国の守護今川範忠・信濃国の守護小笠原政康らに命じ（「足利将軍御内書并奉書留」）、憲実支援を鮮明にした。九月、今川範忠らは箱根で持氏勢を破って鎌倉に迫った。諫言《かんげん》を受け入れられなかった千葉介胤直《たねなお》も離脱するなかで、十一月には鎌倉の留守居《るすい》を命じられた三浦時高が鎌倉に乱入（『永享記』）、敗れた持氏は鎌倉の永安寺《えいあんじ》に入って謹慎するにいたった。翌年二月、憲実が永安寺を攻めると、持氏は稲村公方満貞とともに敗死し、嫡子義久も鎌倉報国寺で自害。永享の乱は、鎌倉公方持氏・稲村公方満貞の死という結果で終息した。

翌永享十二年（一四四〇）三月、持氏の遺子安王丸《やすおうまる》・春王丸《はるおうまる》を擁して下総国の結城氏朝《ゆうきうじとも》が挙兵したが、幕府は氏朝の本拠結城城（茨城県結城市）を包囲。翌嘉吉元年四月には城も落ち、氏朝以下が敗死した。いわゆる「結城合戦」である。

ところが、この紛争のさなか、南奥では篠川公方満直が攻め殺されるという事件が発生した（石川家文書）。石川氏のみならず南奥の国人層が関与した可能性も指摘されるが（杉山一弥『室町幕府の東国政策』）、詳しいことはわからない。いずれにしても、南奥の政治情勢に大きな影響を与えた鎌倉公方持氏、稲村公方満貞とともに篠川公方満直も敗れ去ったのである。同時に、これ以降、「公方」への対応を目的のひとつに結成された「海道五郡」一揆は史料上確認できなくなる。しかも、奥州探題大崎氏も南奥に関わることなく、「室町幕府―篠川公方」体制は崩壊するなかで、「分郡領主」化した南奥の国人層は競合関係に陥るのである（泉田邦彦「室町時代の相馬氏と海道地域」）。

相馬高胤の時代

高胤と牛越定綱・飯崎氏

永享九年（一四三七）九月ごろに家督を相続していた高胤《たかたね》は、文安二年（一四四五）五月、行方郡牛越《うしごえ》の館主《たてぬし》牛越上総介定綱《さだつな》と戦い、これに与同した飯崎《はんさき》氏とともに亡ぼした。近年、確認された同月二十一日付「相馬高胤判物《はんもつ》」の写し（海東家文書）は、文頭に「牛越・飯崎とりあい候《そうろう》弓箭《ゆみや》のこと」とあり、牛越・飯崎両氏との合戦に関するもので、豊田三郎左衛門に対して恩賞の給付を確約したものである。

この戦いで高胤らは、「生害《しょうがい》」＝自害に追い込まれるような苦戦をしていたが、豊田三郎左衛門・萱浜《かいはま》五郎左衛門・羽根田蔵助らの忠節によって勝利を得たこと、豊田三郎左衛門に「高平村一円」を本領として与えること、そのほか「うえ坊」＝上ノ坊寛徳寺《かんとくじ》や「あしの□」、高平大和《たかひらやまと》に対しても、「まんところ」＝政所の計らいによって恩賞を与えること、子々孫々において違犯があったならば、高胤が罰を受けることなどを断言し、同日付の起請文を添えている。この判物の内容は、ほとんどそのまま江戸時代に編さんされた「相馬氏家譜」や『奥相志』に組み込まれた。

ところが、高胤はこれより一〇日ほど早い十一日、豊田三郎左衛門に高平村内「きたの根」と「あしの口」を与える判物を下していた（海東家文書）。事前に、豊田氏を調略していたといってよい。なお、萱浜五郎左衛門は文間《もんま》氏の一族で胤久と名のり、萱浜村《かいはま》（南相馬市原町区）を支配したという（『衆臣家譜』）。文間氏もまた相馬郡文間村（茨城県利根町）を苗字の地とした給主代《きゅうしゅだい》の家系に連なる、相馬氏重代の家人でもあった。

しかし、行方郡の北に接する千倉庄を掌握した相馬胤弘が、高胤の代になって、その本拠小高に近い飯崎村に関係する飯崎氏や牛越村を本拠とする牛越氏を討滅するなど、郡内には不安定な状況が存在したのである。

豊田氏と飯崎氏・牛越氏

「平姓　青田氏」系図（『衆臣家譜』）によると、豊田三郎左衛門は青田常《つね》忠《ただ》の二男で清弘《きよひろ》（あるいは清常《きよつね》）を名のり、牛越定綱を打ち果たした恩賞として「高平村一円八十八貫九百八十文」を与えられたとする。「高平村一円」は高胤の判物に記されたとおりだが、貫高の根拠はわからない。なお、青田一族には、南北朝期に偏諱「胤」を与えられた「青田祐胤」のような有力な家人も確認できる。

一方、飯崎氏は「相馬義胤分限帳」（『続群書類従』）に「飯崎木幡分流」とあるが、木幡氏もまた南北朝期から相馬氏の家人として確認できる。「藤原姓　木幡氏」系図（『衆臣家譜』）に、木幡氏は相馬家の本領目々沢《めめさわ》村（南相馬市原町区）に住んで「目々沢」を名のったとあるから、目々沢村の給主代であったと思われるが、「木幡分流」の飯崎氏も飯崎村に遣わされた給主代であった可能性がある。

木幡氏は、永享五年（一四三三）、相馬胤弘が行った大般若経の奉納事業に、木幡周防入道道弘（目々沢胤清）が大旦那として参画し、さらに重胤から家督を相続した幼少の高胤を輔弼《ほひつ》するなど、有勢の家人であった。

牛越氏と高平村・牛越村

ところで、豊田氏が与えられた高平村は、もともと有胤系相馬氏の所領であった。有胤の子孫について「平氏　西内《にしうち》氏」系図（『衆臣家譜』）は、有胤の子胤平《たねひら》、孫の胤親《たねちか》は高平村を支配していたが、曽孫重宗《そうそんしげむね》は嘉暦元年（一三二六）、重胤の命によって小高城西館《にしだて》に移って「西」を称し、さらに五代の孫胤《たね》常《つね》は、明応元年（一四九二）標葉氏を亡ぼした後、標葉郡に酒井村（福島県浪江町）を与えられて移り住んだことなどを記している。重宗の西館移住など、時期的に整合性はないが、豊田氏が牛越氏排除の後、高平村を与えられた点との辻褄《つじつま》はおおよそ合う。しかし、牛越氏を排除した結果、豊田氏が与えられた恩賞地が高平村であったのは、なぜだろうか。

牛越氏の苗字の地である牛越村（南相馬市原町区）は、高平村と同じように有胤が支配したが、その子胤平は南朝方に付いたため相馬親胤に与えられた。さらに胤頼《たねより》へ相伝されたが、その後の伝領過程はわからない。牛越氏も目々沢（木幡）氏や飯崎氏と同じように給主代であったとも考えられるが、有胤の子孫（西内氏）がその後も高平村に住んでいたことからすれば、あるいは有胤系相馬氏の一族であった可能性もある。

牛越氏が討伐された後、高平村の支配が有胤系相馬氏から豊田（青田）氏に移り、同時に飯崎（木幡）氏も粛清されたという事実関係からすれば、有胤系相馬氏の排除とともに、有勢になりすぎた木幡一族の勢力を削減しようとした高胤の意図があったと思われる。

家政機関「政所」の実態

相馬氏には「政所《まんどころ》」が存在した。高胤の判物にあるように、上ノ坊寛徳寺や高平大和に恩賞を与える実務を担当したのが「政所」であったが、それは相馬氏の家政機関と位置づけられ、有勢な家人によって運営されていたものと思われる。

文明三年（一四七一）十月、高胤が標葉氏を調略するなかで、標葉一族に発給した証文（海東家文書）は、前周防守定清《さきのすおうのかみさだきよ》・前上野守胤詮《さきのこうづけのかみたねあき》・前宮内少輔政胤《まさたね》・前播磨守胤慶《たねよし》・

前上総守胤玖《たねひさ》に加え、最奥部に「御判」、すなわち高胤も加判したものであったが、かれらが「政所」を構成した相馬家中の主たるメンバーであった可能性は高い。かれらは、享禄五年（一五三二）ころには「宿老《しゅくろう》」と呼ばれるようになる（海東家文書）。

なお、「藤原姓　木幡氏」系図（『衆臣家譜』）から、定清は木幡胤清《たねきよ》（周防入道道弘）の嫡子、政胤の苗字は古小高《こうだか》氏、胤慶の苗字は下浦《しもうら》氏とわかるが、胤詮・政胤は不明。幼少で家督を相続した高胤を輔弼した木幡胤清の嫡子が「政所」に入るのは当然であろう。古小高氏は、海道平氏の一族行方《なめかた》氏の後裔と伝えられ、その実態は不明な点が多いが、おそらく早くに相馬氏の支配に組み込まれた一人であろう。下浦胤慶は、標葉郡下浦村（南相馬市小高区）を支配した標葉氏の一族であるが、早くから相馬氏の調略を受け入れていた。「政所」はこうした有力な家人や高胤の調略を受け入れた領主らによって組織されていたが、ここに相馬一族は確認できない。しかも、文明三年の証文は「宿老」のみで発給したものではなく、高胤自身も加判している。「政所」を超越した、あるいは「政所」を指示する高胤の姿は見えず、相馬氏の権力はいまだ未熟であった。

岡田盛胤の婚姻、指示する高胤

享徳三年（一四五四）八月、岡田盛胤《もりたね》は大悲山《だいひさ》政胤《まさたね》に跡を継ぐ男子が誕生しなかったため、「親類同心」の結果、その娘と婚姻し、代官として奉公するよう仰せを蒙《こうむ》ったので、その「御意《ぎょい》」に随うことになった。「親類同心」の取り決めを「御意」と記すことは考えられず、「仰せを蒙る」という記述からも、それは相馬高胤の意向であろう。

高胤は、一族大悲山氏の男子継承者不在という状況に対し、「親類同心」の取り決めを根拠に、岡田盛胤に大悲山氏を継承させたものと思われる。大悲山氏の系譜は確認されず、また、岡田盛胤も「相馬岡田系図」から確認できないが、一族内部の家督継承に対しても高胤が干渉し始めたのである。

鎌倉時代末期、相馬重胤は娘と大悲山朝胤との婚姻を成立させており、古くから両氏の結び付きが確認できるものの、家督継承についても干渉し、その影響力を加速させたのである。すでに父憲胤の時、岡田胤久と大瀧氏との相論に胤久勝訴の裁決を下すなど、一族への影響力を進めてきたが、高胤の時代、それは婚姻という家内部の問題に干渉して一族へのまさに「支配」を強めようとしたのである。

隆胤の標葉郡侵攻

享徳の乱と相馬高胤

永享の乱（一四三八〜三九）後、足利持氏の遺児万寿王丸《まんじゆおうまる》は、鎌倉瑞泉寺《ずいせんじ》の昌在西堂《しょうざいせいどう》の支援によって信濃守護小笠原氏の一族大井氏のもとに逃れた（市村高男『足利成氏の生涯』）。持氏の自害後、鎌倉公方は空位となったが、幕府もまた将軍義教が嘉吉元年（一四四一）六月、赤松満祐によって殺害され（嘉吉の乱）、将軍空位の状態にあった。

翌二年十一月、義教の子義勝《よしかつ》が新たな将軍に就くも病死。文安三年（一四四六）十二月、義勝の弟三春《みはる》が後花園《ごはなぞの》天皇より義成《よししげ》（後の義政）の名を与えられ、同六年四月、将軍宣下を受けて将軍に就いた。この間、文安四年八月、万寿王丸は鎌倉公方への就任と鎌倉帰還を果たした。翌月、上杉憲忠《のりただ》が関東管領に就くと、おおよそ一〇年ぶりにいわゆる「鎌倉府体制」が復活した。宝徳元年（一四四九）七月、万寿王丸は将軍義成から偏諱「成」を賜り成氏《しげうじ》と名のった。

成氏は、鎌倉府再建を考え、そのための諸施策を進めた。しかし、これに関東管領上杉憲忠の家宰《かさい》長尾《ながお》景仲《かげなか》や扇 谷《おうぎがやつ》上杉持朝《もちとも》の家臣太田《おおた》資清《すけきよ》らは反発した。宝徳二年四月、景仲や資清らと対立して江の島に逃れた成氏は、腰越《こしごえ》や由比ケ浜（神奈川県鎌倉市）で上杉勢を敗退させた（いわゆる「江の島合戦」）。しかし、その後も両者が対立する構図に変化はなかった。

享徳三年（一四五四）十二月、成氏は上杉憲忠を自邸に招いて謀殺したが、翌年正月、憲忠を謀殺された上杉勢は成氏攻撃のため出陣した。成氏も自ら鎌倉を出陣し、分倍河原《ぶばいがわら》（東京都府中市）の戦いで勝利したものの、戦線は北関東に拡がった。

こうした関東の情勢を危惧した幕府は、関東管領の謀殺を暴挙として成氏討滅を決定。四月には駿河守護の今川範忠《のりただ》、越後守護上杉房定《ふささだ》に出陣を命じた。以後、文明十四年（一四八二）正月の都鄙和睦《とひわぼく》（幕府と成氏の和議）まで、成氏は幕府との抗争を続けた。いわゆる「享徳の乱」である（峰岸純夫『中世の東国』）。

寛正元年（一四六〇）四月以降、幕府は関東・南奥の諸国人に成氏追討の出陣を命じた（御内書案）。その時、奥州探題大崎左衛門佐《さえもんのすけ》は「国人を催して」参陣を命じられたが、

「左衛門佐の手に属して」出陣を求められたのは葛西一族だけであった。残された史料からではあるが、大崎氏が確実に命令できたのは葛西一族のみで、その動員規模はきわめて狭い範囲に限られていた（白根靖大「東北の国人たち」）。また、伊達持宗《もちむね》は「一揆等」を動員しての出陣を求められたが、「伊達の手に属して」出陣を求められたのも一族の懸田次郎だけであった。一方、寛正三年七月に上洛した持宗は、将軍義政に銭三万疋を献上している（『蔭涼軒日録』）。比較の対象がないので難しいが、伊達氏の経済力を示しているといって良いだろう。

なお、白河直朝《なおとも》は「軍勢を相催し」て出陣を求められたが、「直朝と談合を加え」るよう命じられたのは、小峰氏・二階堂氏・蘆名盛詮《あしなもりあき》・田村次郎とその一族など、広い範囲に及んだ。しかも幕府は、直朝と蘆名盛詮・田村氏らとのあいだに発生していた「確執《かくしつ》」を和睦させ、国人間の紛争を強引に「解決」し、成氏追討に再編しようとした。

そうしたなかで、相馬治部少輔（高胤）も、たびたび命令したにもかかわらず「今に遅引」しているのはなぜかと叱責《しっせき》されつつ、「田村等の輩《ともがら》」と談合して急ぎ出陣するよう求められ、楢葉《ならは》常陸介（原文では標葉とある）もまた「相馬等の輩」との談合・出陣を求められた。しかし、「田村等の輩」が内紛状態であったし、猪苗代《いなわしろ》氏が蘆名盛詮と談合して出陣を求められても、盛詮自身が白河氏との「確執」を抱えている状況では、その出陣は容易でなかったといえよう。

高胤から隆胤へ　文正元年（一四六六）六月、幕府は白河直朝に対し、那須太郎と合力して軍功を挙げたことを賞したが、伊達持宗や二階堂氏・田村氏・蘆名盛詮に対しては、たびたび命じているものの、いまだに進発していないことは「言語道断」と切って捨て、早急の出陣を求めた。関東に接する白河氏は、那須氏とともに幕府方として参戦したものの、南奥の多くの国人は出陣を躊躇《ためら》い、なかには関東の結城氏のように参陣しないばかりか「凶徒」に同心する国人も現れ始めていた。

相馬一族の動向は、今ひとつわからないものの、文明二年（一四七〇）六月以降、高胤は名のりを隆胤に変え、田村氏を介して白河政朝（直朝の子）と一揆契約を結んだ（東京大学文学部所蔵文書）。これは隆胤が以前から念願していたものであったが、契状《けいじょう》とともに送った隆胤の書状には、相馬方では、何が起こるかわからない時なので、早々に申し入れたとある。

具体的な状況が記述されているわけではないが、牛越氏を追放して行方郡をほぼ掌握した隆胤は、さらに領域の拡大を目指し、南進政策を取り始めた。北に位置する宇多郡に関わる白河氏との関係を悪化させることを嫌い、白河方の「御同心」を受け入れた隆胤は、契状と馬一疋を白河政朝に贈った。

隆胤の標葉郡攻略

行方郡をほぼ統一した隆胤は、標葉郡攻略に向かった。標葉郡は、海道平氏の一族標葉一族によって支配され、郡内各地に一族が分出していたことは、郡内の古刹《こさつ》仲禅寺《ちゅうぜんじ》観音堂に残る木造十一面観音像胎内銘（『原町市史4』）から確認される。

すでに紹介した海東家文書に収録された標葉一族に関する文書は、「写し」であるばかりか、文頭の事書や発給年月、さらに発給者などに限られて本文が省略されたものも少なくないが、それでも充分活用できるものといえる。たとえば、

御神文 太才　　相馬平隆胤御判
文明三年かのとう六月吉日　目々沢周防守定清判
泉田殿　　進之
出羽守殿　　隆胤

という写しは、文明三年（一四七一）六月、泉田殿・出羽守殿（下浦高清）に宛てた相馬隆胤・目々沢定清の「御神文《ごしんもん》」であることがわかる。「神文」とは起請文のことで、違約した場合、関係する神仏の罰を蒙ることを記載した常套《じょうとう》文言《もんごん》なので、省略して「御神文」と記したのであろう。

さらに同日付で、出羽守殿・飛騨殿・山城殿に対し、相馬隆胤・目々沢定清が連署の書

状を発給しているから、泉田氏や下浦氏ばかりか、標葉一族と考えられる飛騨守・山城守にも起請文ないし書状を送ったことになる。それはおそらく、標葉一族と何らかの約定《やくじよう》を結び、それに対する書状、あるいは誓約書と考えられる。起請文前書が省かれているので、なにに対して起請したのかわからないが、少なくとも隆胤は目々沢定清とともに、標葉一族に誓約する必要があったのである。

また、文明四年三月、隆胤から下浦高清に宛てた書状には、隆胤が高清の「このたび御忠節」を理由に、御本所＝本領ならびに「惣領」（標葉氏惣領）の「御知行の内残らず」、さらに熊川《くまがわ》殿・藤橋《ふじはし》殿が支配する在家《ざいけ》それぞれ一軒を与えたとある。高清の忠節とは、あるいは相馬方からの調略に対し、積極的に呼応したことであろうか。

泉田邦彦氏は、これらの史料から、「標葉氏の滅亡は明応元年（一四九二）と伝えられているが、文明年間には相馬氏が標葉氏重臣と個別に同盟関係を結ぶようになっ」ていたことを指摘している（「鎌倉末・南北朝期の標葉室原氏」ほか）。

一方、「奥相茶話記《おうそうさわき》」によれば、隆胤は標葉氏攻略を考え、泉田氏のほか、多くの標葉一族を内通させた。標葉氏の惣領清隆《きよたか》は「泰平寺《たいへいじ》の向い、請戸浜《うけどのはま》の近所」に居館を構えていたが、相馬氏の侵攻に対抗し権現堂《ごんげんどう》（福島県浪江町）に「陣城《じんじろ》」を構築した。長享元年（一四八七）春、隆胤はこれを攻撃したが、陣中で病死したため、同年冬、跡を継いだ盛《もり》胤《たね》が権現堂城を攻略したとある。標葉氏への攻略時期が明応元年か長享元年かはしばらく措《お》くにしても、編さん史料のすべてが隆胤の始めた標葉郡攻略は、盛胤によって成し遂げられたとしている。

「大平殿」とは誰か

海東家文書のなかに、隆胤による標葉氏攻撃に関する重要な史料が残されていた。本文は仮名交じり文であるので、適宜漢字を宛てて掲出してみよう。なお、原文を振り仮名として宛字に付けた。

隆胤公より御判状起請文

敬白す

大平殿、御計略《けいりやく》を以《もつ》て、一命《いちめい》を失いて申し候。その証拠《しようこ》、歴然《れきせん》に候はば、すなわち（マヽ）と三十貫文相違《さふひ》なく渡し申すべく候ところ実《しつ》なり。この旨をもって、御計略《けいりやく》、御芳思たるべく候。以後《いご》の御互《おたか》いのための判形《刑》くだんのごとし。

文明五年癸巳九月吉日　　前周防守々（判）

御計略人　これを進《まいら》す。　　平隆胤御判

この隆胤書状からは、文明五年（一四七三）九月以前、①「大平殿」が「御計略」をもって、「一命を失」ったこと、②「証拠歴然」なので、「御計略人」に対し「三十貫文」を

「相違なく」渡し申すこと、③以後の互いのため、判形＝花押を据えて確認すること、などが読み取れる。

では、一命を失った「大平殿」とはだれだろうか。海東家文書を含め、同時代史料から「大平殿」に関する情報は確認できない。では、編さん史料からはどうだろうか。たとえば、享保十一年（一七二六）にまとめられた「東奥標葉記」（『岩磐史料叢書』）には、標葉一郡を分領した標葉隆義は、「大平寺の向かい、請戸の浜の近所」にある「請戸の御館《みたち》」に移ったとある。泰平寺は大平寺とも記し、『奥相志』にも「七景山照明院《しつけいざんしょうめいいん》大平寺」が「往昔《おうせき》大平山上」に在ったとある。

また、『福島県の中世城館跡』は「請戸の御館」を請戸字館《あざたて》の内に所在する「大平山城」に比定しているが、その西側からは発掘調査によって岩屋《がんおく》構造の寺院跡が確認されている（いわき市教育文化事業団編『大平山城跡・寺院跡　大平山A横穴墓群』）。この遺構が大平寺と即断することは難しいが、「請戸の御館」（大平山城）の向かいに太平寺（泰平寺）が所在したという編さん史料の記述と地理的にも符合する。

これまで、標葉氏は本拠《いしよ》を権現堂城に移したかのように記述されることもあったが、「奥相茶話記」にあるように標葉清隆が権現堂に構えたのはあくまで「陣城」であって、本拠は請戸・太平寺の近くにあったということになろう。とすれば、「大平殿」とは標葉惣領家の先祖以来の本拠であった「請戸御館」が太平寺の近くにあったことに由来するものであろう。さらに泉田邦彦氏の指摘によれば、旧請戸小学校敷地西側の小字《こあざ》「御壇《おだん》ノ西」にかつて残っていた饅頭形の大小の塚と五輪塔群は「御壇」と称されていた。この「御壇」は標葉氏の墓所であった可能性があり、標葉氏の拠点として請戸地区が想定できるという（「中世の請戸」）。

以上の点から、文明五年九月以前に殺害された「大平殿」こそ標葉惣領家の清隆と考えられ、しかも隆胤によって滅ぼされたという事実が新たに確認されたといえよう。

隆胤と宇多郡・聖護院

「高野山《こうやさん》巴陵院《はりょういん》旧記《きゅうき》」には、応仁二年（一四六八）三月、金剛峯寺《こんごうぶじ》の塔頭《たっちゅう》無量光院《むりょうこういん》の檀那となった隆胤は、多くの家臣とともに多額の鳥目《ちょうもく》（金銭）を奉加《ほうが》したことが記されている。この時、家臣のなかに「クロ木妙心二百文」や「クロ木八郎衛門」がいた。この「クロ木」は、宇多郡黒木のことである。また、明応八年（一四九九）九月に関連した箇所には、「歌ノ大つほ殿三百文」や「歌ノクロキ九郎さえもん三十疋」が確認できる。「歌」とは宇多、「大つほ殿」は宇多郡黒木の北に位置する大坪村（相馬市）を支配した領主であろう。

では、隆胤はどのようにして無量光院との関係をもつことができたのだろうか。後代のことではあるが、永禄十三年（一五七〇）九月、「奥州相馬宇田庄」の「相三《そうざ》　守謙斎《しゅけんさい》」

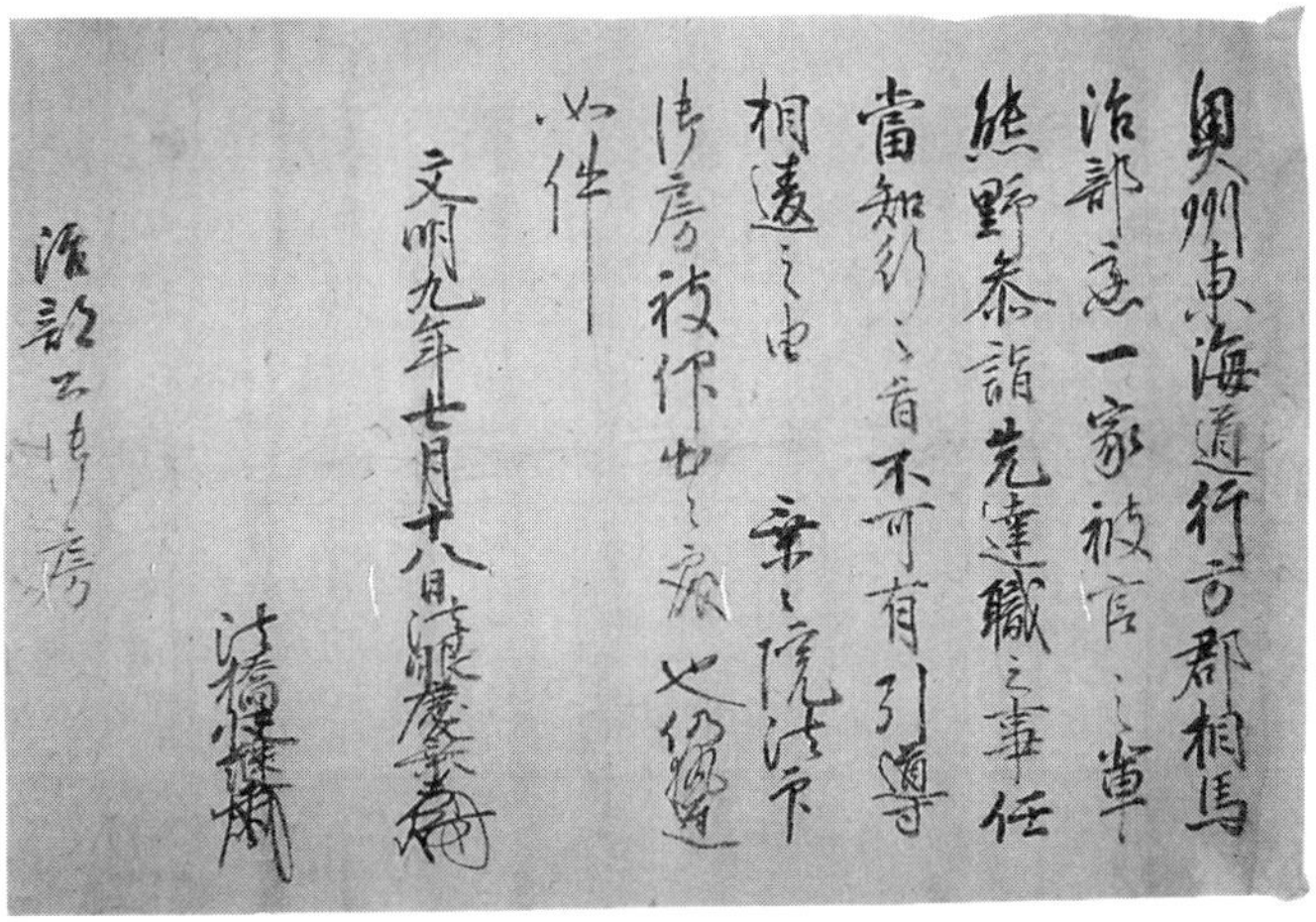

図19　乗々院御教書（文明９年７月18日，上之坊岩崎文書，岩崎真幸氏所蔵）

（隆胤の孫胤乗《たねのり》）は「寛徳寺《かんとくじ》治部卿《じぶのきょう》乗蓮《じょうれん》」を先達《せんだつ》とし、水谷《みずがい》・木幡《こはた》・文間《もんま》氏ら同心《どうしん》衆とともに高野山に参詣した可能性がある（「高野山巴陵院旧記」）。あるいは代理の僧に依頼したかもしれないが、治部卿はいわゆる本山派《ほんざんは》に属した寛徳寺上之坊《うえのぼう》の修験《しゅげん》で、代々「熊野《くまの》参詣《さんけい》先達職《せんだつしき》」に任じられていた。熊野参詣に引率できる権利を有した先達は、熊野三山《さんざん》（本宮・新宮・那智）ばかりか、さらに高野山参詣にも関わり、後には上洛して宿泊使節を提供し、幕府とのあいだを仲介できるような多様な利権を持つ者まで現れた（新城美恵子『本山派修験と熊野先達』）。

文明九年（一四七七）七月、治部卿は聖護院《しょうごいん》（京都市）の院家《いんげ》である乗々院《じょうじょういん》から「奥州東海道行方郡」における相馬治部丞一家および被官の輩に対する先達職を安堵された（上之坊岩崎文書・図19）。当時、聖護院門跡《もんぜき》は熊野三山検校《けんぎょう》に就き、乗々院が熊野三山奉行として諸国の修験を先達職に補任し、上洛することのない熊野先達を掌握していった（宮家準『熊野修験』・近藤祐介「聖護院門跡の成立と展開」）。

相馬治部丞は隆胤に比定できるが、治部卿は隆胤の一族・被官を熊野参詣に引率できる権利を安堵されたことになる。隆胤と治部卿の関係は、牛越氏叛乱の鎮圧直後に、政所を介して「うえ坊」に対応した文安二年（一四四五）まで遡って確認できる。おそらく、隆胤と無量光院のあいだを取り持ったのは、治部卿であったと思われる。しかも、無量光院への奉加に宇多郡の在村領主が確認できることは、宇多郡の一角《いっかく》に隆胤が関与を深めつつあったことを示している。

戦国期の争乱と相馬氏

大膳大夫盛胤の時代

定胤・盛胤と蘆名氏

隆胤《たかたね》は、長享元年（一四八七）あるいは明応元年（一四九二）、標葉《しねは》郡に侵攻した際に没したと「奥相茶話記《おうそうさわき》」や「奥相秘鑑《おうそうひかん》」は伝えるが、明応八年九月当時、隆胤が生存していた可能性があり（「高野山巴陵院旧記」）、隆胤の子盛胤《もりたね》が家督を継承するのも、少なくともその前後ということになる。また、「相馬氏家譜」には、

盛胤初は定胤亡父隆胤の遺跡を継ぎ、会津蘆名《あしな》遠江守盛舜《もりきよ》の女《むすめ》を娶《めと》り、盛舜の一字を受用、定胤《さだたね》を盛胤と改む、（中略）大永元年（一五二一）七月七日に卒す。

とある。すなわち、盛胤は当初は定胤と名のったというが、それを裏付ける史料が、海東家文書に残された「相馬定胤証状写」である。以下に読み下し文を示そう。

右、忠節たるに依り、室原《むろはら》方本内地を始め少しも違《たが》わず、山川迄、標葉においては知行のごとく成さる（べし脱カ）。仍って渡し進め候ところ実なり。仍って後日のため証文くだんの如し。

　　　　　平定胤御判

　　　　　　　藤原定清判

この文書については、泉田邦彦氏が確認された『衆臣家譜』（稿本A）に、

標葉嫡家没落以前、本領安堵の御証文

　応仁二子《ね》三月二十六日　定胤朝臣御判　木幡定清判

とあり（「鎌倉末・南北朝期の標葉室原氏」）、さらに刊本『衆臣家譜』巻六「室原氏系図」に、

室原隆宗　室原伊勢　或いは云う摂津守

　先祖より累代、標葉郡室原村に住む。本宗標葉清隆に属し七人衆の内なり。後に相馬高胤朝臣の麾下に属す。応仁二年戊子三月廿六日、本領安堵の証文有り。定胤朝臣御判ならびに木幡定清判。

とあって、応仁二年（一四六八）に比定している。

しかし、「御家給人根元記」にある「盛胤十八歳之時、明応元年（一四九二）権現堂《ごんげんどう》城

に押寄合戦」を根拠に逆算すると、文明七年（一四七五）生まれになる。あるいは「東奥《とうおう》標葉記《しねはき》」の「盛胤、この時十七、八歳となり、長享元年の冬に至りまた兵を発す」からは、文明元～三年（一四六九～七一）生まれとなり、いずれにしても応仁二年には生まれていない。

さらに、盛舜が家督を相続したのは、兄盛滋《もりしげ》が没した大永元年（一五二一）以降であり、その活動時期も翌年三月以降、天文八年（一五三九）八月までである。大永元年は盛胤の没年でもあるから、本来、家督を相続できる立場になかった盛舜の一字を受用することも、あるいは「盛舜の女を娶」ることも考え難い。もちろん、蘆名氏歴代の通り字「盛」を受用した可能性は否定しがたく、定胤から盛胤に改名したとの記述も否定しがたい。しかし、それは盛舜ではなかったし、盛舜の女を娶ることもなかったのである。

いずれにしても、「相馬定胤証状写」の発給年を応仁二年に設定できないことはいうまでもない。おそらく、発給年の設定も盛胤（定胤）が早い段階から標葉一族に対して関わりを持っていたと主張するため、そして、定胤からの名のりの変更を盛舜に求め、雄族蘆名氏との関係を強調しているのも、盛胤の事績を誇張しようとしたからと考えられる。

なぜ隆胤でなく盛胤なのか

文明五年（一四七三）九月以前、標葉惣領家を亡ぼした隆胤の事績《じせき》は、後世の編さん史料では、明応元年（一四九二）あるいは長享元年（一四八七）の盛胤の軍功譚《ぐんこうたん》に変貌《へんぼう》する。その変貌の背景を考えながら、大《だい》膳《ぜんのだいぶ》大夫盛胤の時代を次に述べていきたい。

盛胤が標葉氏を攻略したという初見史料は、寛永十八年（一六四一）に編さんされたと考えられる「奥州相馬系図」（渡邉正幸氏所蔵文書・岡田清一『中世東国の地域社会と歴史資料』）であり、早い段階で、盛胤の事績として組み込まれていたようである。

ところで、「奥相秘鑑」には、隆胤の子大膳大夫盛胤、盛胤の孫の弾正《だんじょうのだいひつ》大弼盛胤（祖父・孫が同名）、盛胤の孫利胤《としたね》がともに四位に叙せられたことを載せ、「三代ノ四品」は「旧家他ノ論ズベキニアラズ」と、他家と異なる家格の優位性を強調している。しかし、「奥相秘鑑」より早くに編さんされた「奥州相馬系図」には、利胤について「秀吉の時、従五位下に叙す」とあるだけで、二人の盛胤についてはまったくふれていない。

正徳元年（一七一一）三月、江戸幕府から弾正大弼や大膳大夫に任官した「御先祖」について問われた相馬中村藩は、「旧《ふる》キ覚書等」を根拠に四位・弾正大弼に叙任された盛胤、および従五位下に叙された大膳亮利胤の二例を応え、「位記《いき》・口宣《くぜん》等」は寛文十年（一六七〇）の雷火などによって焼失したと報告した（『相馬藩世紀』）。「旧キ覚書等」が具体的

図20　戦国期の相馬氏略系

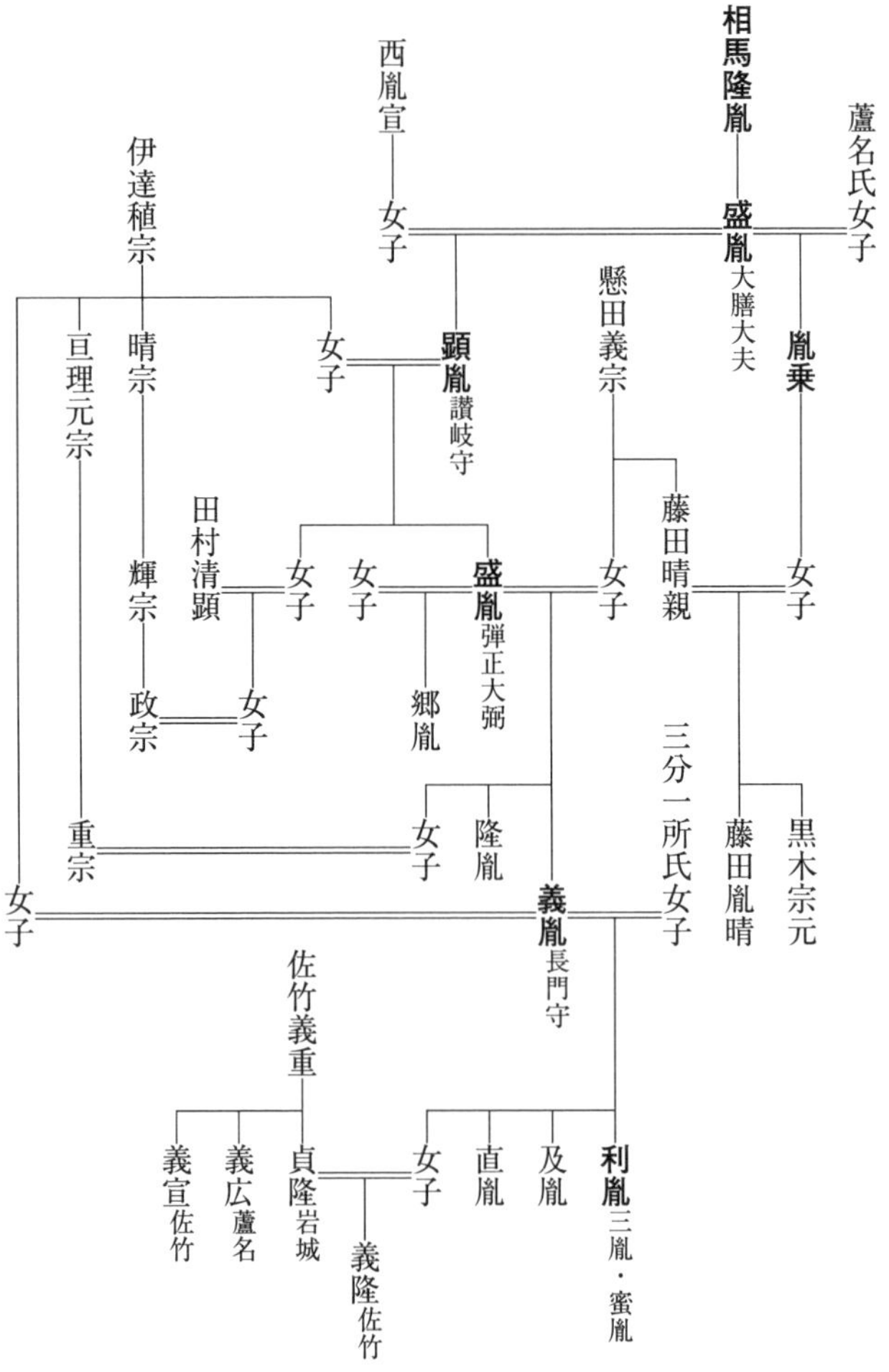

にどのようなものだったのか明らかにできないが、「奥州相馬系図」（寛永十八年）以後、弾正大弼盛胤の四位叙位が付け加わったものの、大膳大夫盛胤の四位叙位の記述はない。

戦国期の奥州における四位家は、天文二十一年（一五五二）の浪岡具永《なみおかともなが》、翌年の二階堂《にかいどう》照行《てるゆき》の二家のみに過ぎない（『歴名《れきみょう》土《ど》代《だい》』）。具永は北畠顕家《きたばたけあきいえ》の末裔と伝えられて浪岡御所とも称され、照行も鎌倉幕府や室町幕府の政所執事を務めた二階堂氏系ともされる（垣内和孝『室町期南奥の政治秩序と抗争』）。特定の家系を除けば、五位に叙せられるのが常態であって、四位叙任は肯定し難い。大膳大夫盛胤の四位叙任は、幕府に報告できない、あくまでも編さん史料上の「事実」であって、相馬中村藩主の家格の優位性を担保する、藩内向けの「事実」として創りあげられたのではないだろうか。

盛胤の標葉郡支配

相馬氏は、新たに得た標葉郡をどのように支配したのであろうか。この点については、泉田邦彦氏の指摘がある。以下、泉田氏の指摘から、その概要をまとめてみたい。

たとえば、標葉氏の有力一族である泉田隆直《たかなお》に偏諱《へんき》「胤」を与えて胤直《たねなお》と改めさせ、相馬一族に准ずる家格を与えて本領泉田村（福島県浪江町）を安堵するとともに、標葉郡の「旗頭《はたがしら》」に就けたという。同じように標葉一族の熊川宗家《くまかわむねいえ》も偏諱「胤」を与えられて胤家《たねいえ》と改め、本領熊川村（福島県大熊町）を安堵された（『衆臣家譜』）。こうして相馬氏は、標葉氏の有力な一族に相応の家格を与え、本領の支配を認めつつ、「旗頭」を介して標葉郡と標葉一族を支配するという体制をとった（「室町時代の相馬氏と海道地域」）。

しかし、「旗頭」を介して標葉郡・標葉一族を支配する事例は泉田氏しか確認できない。泉田氏も指摘するように、相馬氏は有力一族の岡田氏を標葉氏の「陣城」であった権現堂城に、牛来胤清《ごらいたねきよ》を請戸《うけど》村升倉《ますくら》にそれぞれ移し（『衆臣家譜』）、標葉氏の本拠でもあった両地を相馬氏が掌握したことを標葉一族に見せつけたのである。さらに、「山沢城代《やまざわ》」（南相馬市）であった青田常久《あおたつねひさ》を敵対する標葉旧臣に備えるため「新山塁《しんざん》」（福島県双葉町）に、紺野清成を内陸部に通ずる交通の要衝「津嶋《つしま》城代」（福島県浪江町）として移すなど、標葉郡内の要衝に重臣クラスを配置している。そのため、室原氏や牛渡《うしわた》氏らのように相馬氏の支配に抗《あらが》い、岩城氏のもとに遁れた標葉一族もいたという。

盛胤と木幡（目々沢）氏

晩年の盛胤は病気がちであったようで、白河義綱《しらかわよしつな》に依頼して那須《なす》へ湯治《とうじ》に出かけることがあった。盛胤が、白河義綱およびその家臣和知常頼《わちつねより》に宛てた書状二通と、盛胤の家臣が義綱の重臣に宛てた返書八通が残されている。湯治の内容はともかく、こうした返礼をする家臣名から盛胤の周辺を考えることができる。八通の書状は、①前周防守隆清《さきのすおうのかみたかきよ》②修理亮胤清《しゅりのすけたねきよ》③宮内少輔定経《さだつね》④三河守広房《みかわのかみひろふさ》⑤前美作守《さきのみまさかのかみ》定経⑥牛来石見守《いわみのかみ》胤清⑦前石見守胤清⑧前美作守定経の延べ八人が認《したた》めたものであるが、

①隆清は、相馬胤弘・重胤に近侍した目々沢《めめさわ》胤清（道弘）の子隆清に比定でき（『衆臣家譜』）、②胤清は⑥牛来胤清および⑦と同一人と思われ、さらに③定経は⑤⑧と同一人であろうから、目々沢隆清・牛来胤清・定経・広房の四人が盛胤に近侍していたことになる。なお、牛来胤清の官途が修理亮→石見守→前石見守と変化しているから、八通の文書は三時期に分けられるが、小豆畑毅氏は白河義綱の権力が安定した永正十五年（一五一八）以降、盛胤が死去した大永元年（一五二一）以前と推測している（「相馬盛胤の湯治と白川義綱」）。

宇多郡を見据える盛胤

標葉郡への支配を強化するなかで、明応二年（一四九三）十二月、盛胤は目々沢隆清と連署《れんしょ》で、大田かちえもん四郎に行方・標葉両郡の「鍛冶《かじ》の親方」（鍛冶職）を認めた。隆清は、初め定清と名のり、文正二年（一四六七）二月、父目々沢胤清の跡を継承して「執事《しつじ》職（執権職）」に就き、隆胤・盛胤を補佐したという（『衆臣家譜』）。あるいは隆清への改名は、隆胤から偏諱を与えられたものであろう。まさに「宿老」のトップとも理解でき、重代の側近ということになろう。

「鍛冶職」の任命は、盛胤の両郡域への支配を前提としたものであろうが、一方で、そうした補任行為を側近と連署で行わざるをえなかったことは、相馬氏当主の権力がいまだ充分に確立していない状況を示している（垣内和孝「戦国大名相馬氏と宇多荘」）。

そうしたなかで、明応八年七月、盛胤は「宇多庄引道のこと」を安堵する旨を上之坊治《じ》部《ぶ》卿《きょう》に伝えた（上之坊岩崎文書）。すでに文明九年（一四七七）七月、治部卿は行方《なめかた》郡の先達職を乗々院《じょうじょういん》から安堵されていたが、さらに宇多庄における引道（引導）＝先達職を盛胤から認められたのである。

しかし、聖護院《しょうごいん》あるいは乗々院から安堵された先達職が、このたびは盛胤によって行われたからといって、根拠となる史料が余りに少なすぎ、この一例だけで宇多郡が相馬氏の支配に組み込まれたと判断するのは早計だろう。

天文四年（一五三五）作成の「棟役日記《むなやくにっき》」（伊達家文書）に「うた　一、八十貫文」、同七年作成の「段銭帳《たんせんちょう》（史料名は「段銭古張」。「段銭帳」を天正十四年〈一五八六〉に写した際の表書が「段銭古張」）」に「宇田の庄」四五ヶ村がそれぞれ記載されている。この四五ヶ村には「黒木」が載っていないものの、伊達《だて》氏が宇多庄（郡）の広い範囲を支配していたことを示している。相馬氏が宇多郡に関わるようになるのは隆胤の時代であるが、掌握するにはまだ時間が必要であった。

相馬顕胤と伊達天文の乱

顕胤の領域支配

「奥相茶話記」は、顕胤の「御嫁娶《かしゅ》のこと」として、伊達稙宗《たねむね》の娘が小高城《おだかじょう》到着時、父盛胤が逝去したこと、それは顕胤十三歳のときで、永正十七年（一五二〇）のことであったと記す。同年と考えられる九月十八日付の伊達稙宗書状（伊達家文書）は、顕胤への返書であって、顕胤からの使者を「御使者」と記し、宛所を「謹上　相馬次郎殿」と記すなど、きわめて鄭重な書式で書かれている。晩年の盛胤が、数度にわたって湯治に赴いていることからすれば、すでに盛胤の跡目を継承していたのであろう（垣内和孝「戦国大名相馬氏と宇多荘」）。

ところで、「奥相茶話記」には顕胤が「妾腹《しょうふく》」の子であったこと、「大将の機性（気性）」も備わっていたことを記し、「御家給人根元記」には「西右衛門尉胤宣《たねのぶ》女の腹にて妾腹たり」とより具体的にあげ、盛胤と正室蘆名盛舜の娘とのあいだに胤政《たねまさ》・胤乗《たねのり》の二人が出生したことを詳述している。盛舜の娘との婚姻は時間的に誤りであることはすでに述べた。

相馬氏は、盛胤のときまでに行方郡および標葉郡を支配下に組み込み、一部宇多郡にまで影響力を拡げていた。一方で盛胤は、目々沢隆清と連署で補任行為を行うなど、領域支配の権力を確立していたわけではなかった。

顕胤もまた、大永四年（一五二四）正月、「政所」の支配下にあった高平村の在家に対する「料足二十貫文」を、懇望した青田新十郎に手渡すことを決めている（海東家文書）。一方、享禄五年（一五三二）七月、江井《えねい》胤春《たねはる》・木幡《こはた》近清《ちかきよ》・文間《もんま》広経《ひろつね》・水谷《みずがい》胤和《たねかず》・文間《もんま》定《さだ》経《つね》・牛来胤清ら「宿老《しゅくろう》の面々」は連署して、文間定経が満王寺（不詳）に寄進した所領に違乱してはならないことを、青田修理亮に伝えている。寄進や違乱が具体的ではないが、この六人の「宿老」が政所を構成していたのであろう。

なお、この「証状」に目々沢（木幡）氏の名が見えないが、これ以前の享禄二年八月、大檀越《だいだんおつ》顕胤のもと、奉行桑折《こおり》久家《ひさいえ》とともに目々沢盛清《もりきよ》が行方郡内の阿弥陀寺《あみだんじ》（南相馬市鹿島区）の梵鐘《ぼんしょう》鋳造に関わっていた。盛清は、中村胤孝の二男であったが、隆胤・盛胤の「証状」に加判した隆清の子胤清の女婿に迎えられていた（『衆臣家譜』）。さらに、天文三年（一五三四）十二月には、塩竈明神社《しおがまみょうじんしゃ》（南相馬市原町区）造営に際し、大檀越平顕胤とともに「大壇那盛清」が関わっており（『奥相志』）、側近の立場を維持している。あるいは、政所を担当する「宿老」以上の立場、『衆臣家譜』にいうところの「執事」または「執権」として顕胤を補佐していたのであろう。

大永五年（一五二五）十一月、盛胤が行方郡大原（南相馬市原町区）の大原《おおはら》豊前《ぶぜん》の所領を安堵するという事例（星良重氏所蔵文書）もみられるが、「執事」目々沢氏のもと、江井・木幡・文間・水谷・牛来ら「宿老の面々」が盛胤の支配を支え、三者が補完しあう体制によって領域支配が行われていたとみるべきだろう。

しかも、ここに岡田氏や泉氏といった相馬一族は確認できない。かれらもまた独自の支

図21　木幡（目々沢）氏略系図（『衆臣家譜』等に拠る）

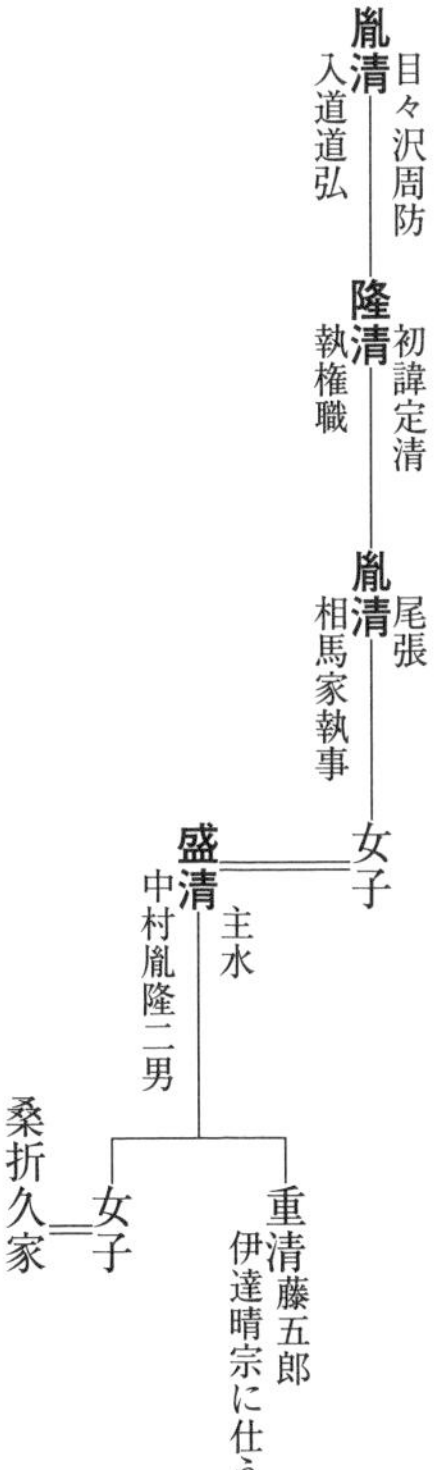

配領域を持っていたのであり、その意味で自立した存在でもあった。

顕胤の岩城領侵攻

「奥相茶話記」（平姓相馬氏御系図）によれば、大永四年（一五二四）、顕胤は岩城領楢葉《ならは》郡に攻め入って岩城重隆と戦い、同郡の富岡《とみおか》（福島県富岡町）・木戸《きど》（福島県楢葉町）を奪い取り、富岡城に相馬胤乗（顕胤の弟）、木戸城に下浦泰清《しもうらやすきよ》を配置したという。「奥相茶話記」は、舅《しゅうと》伊達稙宗から嫡子晴宗《はるむね》と重隆の娘との婚姻の仲立ちを依頼された顕胤が、これを成婚《せいこん》させたものの、重隆がのちに破棄して白河氏と縁組しようとしたため合戦に及んだ。その結果、重隆の娘と晴宗の婚姻が実現したと記している。

しかし、「塔寺八幡宮長帳《とうでらはちまんぐうながちょう》」（『会津坂下町史二』）天文三年（一五三四）条裏書には、稙宗が会津蘆名氏や岩瀬二階堂氏と同心して岩城氏や白河氏を攻撃、白河領新城《しんじょう》（福島県大信村）まで攻め入ったとある。また、延宝四年（一六七六）にまとめられたものではあるが、「伊達・葦名両家関係覚書」（伊達家文書）にも、天文三年、稙宗が出陣して岩城領に攻め入り、そのため、岩城勢は木戸川・金剛川に敗走したとある。現在、大永四年は天文三年の誤りとみられているが、顕胤は、稙宗とともに岩城領楢葉郡に攻め入ったのであろう（小林清治『戦国大名伊達氏の研究』）。

同時代史料が乏しいものの、楢葉郡富岡・木戸までを相馬領に組み込んだのは事実と思われ、富岡城に叔父胤乗を配置したのも、岩城氏に備える重要な境目の城であったからに他ならない。

伊達稙宗の領域支配

永正六年（一五〇九）以前、家督を継承した伊達「稙宗」は、父尚宗《ひさむね》との二頭政治を父の死によって解消すると、同十四年には室町幕府将軍足利義《よし》稙《たね》から偏諱を拝領して稙宗と名のり、「左京大夫《さきょうのだいぶ》」に任じられた（伊藤喜良『伊達一族の中世』）。

さらに大永二年（一五二二）十二月、稙宗は陸奥国《むつのくに》守護に補任された。鎌倉時代以来、陸奥国には守護が置かれなかったから、幕府は前例のない守護職に稙宗を任じたことになる。もっとも、稙宗はこの補任を受諾して将軍家に返礼を行った形跡がないことから、正式にその補任を受けなかったという（小林清治『戦国の南奥州』）。しかし、陸奥国には、奥州探題《おうしゅうたんだい》として大崎氏が中奥《ちゅうおう》（宮城県大崎市周辺）を支配していたものの、その実態は十四世紀末以来の内紛によって弱体化していた。

そうしたなかで稙宗は守護職の権威を利用し、天文四年（一五三五）には「棟役日記」を、さらに同七年には「段銭帳」を作成して領域内への棟役・段銭の賦課体制をつくりあげた。その間、『塵芥集《じんかいしゅう》』を制定し奥州守護としての立場を明確にした（小林宏『伊達家塵芥集の研究』）。

稙宗は、正室蘆名盛高の娘のほか、複数の女性とのあいだにもうけた多くの子女を、顕胤や蘆名・二階堂・田村・懸田氏らに入嫁させ、あるいは大崎氏や葛西・亘理《わたり》・桑折諸氏に男子を入嗣《にゅうし》させるなど、南奥《なんおう》・中奥の有力領主家と婚姻・養子関係を結んでいった。これらはそのほとんどが天文年間、とくに『塵芥集』が制定された天文五年ころから推進されたという（小林清治『戦国大名伊達氏の研究』）。

こうした法支配や課税体制の確立は、家臣への軍役強化にもつながり、稙宗の積極的な軍事行動の基盤となった。すでに永正十七年（一五二〇）には最上氏、翌年には寒河江《さがえ》（山形県寒河江市）を攻撃し、大永八年（一五二八）の葛西氏、天文元年（一五三二）の田村氏への出陣と続いた。すでに述べた天文三年の岩城領への出陣のように相馬顕胤や蘆名氏、二階堂氏と連携しての戦いもあった。しかし、稙宗の強引ともいえる諸策に家臣らの不満が鬱積《うっせき》していたという（小林清治『戦国の南奥州』）。

天文十一年六月（一五四二）、伊達晴宗は、突如、父稙宗を桑折西山城《こおりにしやま》（福島県桑折町）に幽閉した。しばらくして稙宗は、重臣小梁川宗朝《こやながわむねとも》に助け出されたが、以後、天文十七年秋の和睦まで、父子の争いは六年間にわたった（『伊達正統世次考』）。しかもそれは、稙宗と姻戚関係にある顕胤や岩城・蘆名・二階堂・田村・懸田《かけた》氏ら南奥の領主ばかりか、中奥の大崎・葛西氏をも巻き込んだ争乱へと拡大した。

天文の乱と相馬顕胤

この争乱の前半は、稙宗方がやや優位のままに一進一退が続いたが、天文十六年ころには蘆名氏が晴宗方に付き、翌年には晴宗に同心するものが増え、晴宗優位の状況になっていった（伊藤喜良『伊達一族の中世』）。

しかし、顕胤は一貫して稙宗方に付き晴宗方と戦った。晴宗方の白石実綱は、幽閉された稙宗を救出するため、顕家は最上・田村両氏とともに西山城を攻めたこと、さらに顕胤が川俣（福島県川俣町）方面に出陣したものの、「相馬宗《むね》との衆二十余人」が討ち取られたことなどを留守《るす》政景に伝えた（留守家文書）。翌年二月、顕胤は西山城から信夫《しのぶ》郡大森方面に出陣し、信夫庄平沢（福島市）周辺の戦いで勝利を得たことを小高の歓喜寺《かんぎじ》に伝えている（南相馬市博物館所蔵文書）。

これに対し晴宗は、岩城重隆とともに相馬領の境目・楢葉郡に攻め込むよう岡本氏に依頼している（秋田藩家蔵文書）。一方、八月には懸田に着陣した顕胤が懸田俊宗とともに西山城を攻撃したが容易に落とせず、顕胤は懸田に張陣《ちょうじん》し続けた（『新編会津風土記』所収文書）。また、同十三年四月以前には顕胤や懸田俊宗らが伊達郡石母田《いしもだ》城（福島県国見町）を攻撃、さらに同十五年二月には、顕胤が西山城を攻撃、その後、これを落城させると稙宗が西山城に入り、晴宗は刈田《かった》郡白石《しろいし》城（宮城県白石市）に遁《のが》れざるをえなかった。六月には顕胤が宇多《うた》・伊具《いぐ》両郡の軍勢を動員して刈田郡に出陣しようとした（『伊達正統世次考』)。

稙宗優位の状況は、顕胤や懸田俊宗らの奮戦が大きかった。しかし、争乱が長引くなかで、顕胤や田村・蘆名・岩城諸氏は稙宗と晴宗の和議を図り(『伊達正統世次考』)、さらに将軍足利義輝《よしてる》が和睦の御内書《ごないしょ》を稙宗に発給すると(伊達家文書)、九月になって父子は和睦し、ようやく争乱は終結した。晴宗は米沢城(山形県米沢市)に移り、稙宗は伊具郡丸《まる》森《もり》城(宮城県丸森町)に隠居して周辺五ヶ村を支配したという(『伊達正統世次考』)。

顕胤の宇多郡侵出

天文の乱に関する史料のなかに、宇多郡に関するものが少なからず残されている。たとえば、天文十四年(一五四五)二月、伊達晴宗は「宇多衆」の窮状を打開するため、岩城重隆のもとに使者を派遣し、岩城勢が本宮方面に出陣したならば「宇多の庄の者」は意気阻喪《そそう》(消沈)するだろうと述べ、岩城勢の出陣を求めようとしている。

さらに六月に入って、晴宗は岩城重隆に四ヶ条からなる書状を送り、老父稙宗が「(伊具郡)東根の館」(宮城県丸森町カ)を攻撃するため、中村(相馬市)ないし相馬(小高)に在留している可能性を示すとともに、宇多郡や伊具東根が相馬方に奪われ、伊具西根が「艱難《かんなん》」に及ぶことを強調し、相馬に向かって出陣すれば、必ず「一端の利」を得ることができようと、その出陣を再三求めている。

いずれも『伊達正統世次考』に載る晴宗書状の取意文《しゅいぶん》であるが、年未詳五月の伊達晴宗の書状（大郷町教育委員会所蔵文書）によれば、相馬家中で雑意＝謀計が発覚し、宇多郡方面がことごとく取り乱したという。これを『伊達正統世次考』は、「相馬家中で根拠の無いうわさがあり、宇多郡方面が大きく乱れた」と意訳し、留守景宗《かげむね》宛の書状として天文十五年のこととする。翌月には稙宗が、宇多・伊具両郡が帰服したこと、顕胤が近日中に刈田郡方面に侵攻するだろうと上郡《かみこおり》山常陸介《やまひたちのすけ》に伝えている（『伊達正統世次考』）。このように、原文書そのものの引用ではないものの、その意をできるだけ汲んで載せており、おおよそは信頼しうるものと思われる。

さらに翌天文十六年と考えられる十月、稙宗方でもある懸田俊宗《としむね》は、「宇田中村方」が稙宗方に与《くみ》し、相馬殿を引き入れて黒木氏の「宿城《しゅくじょう》」を攻撃、実城《みじょう》（中心郭）許りを残して押し詰めたと、大津土佐らに報告している（伊達家文書）。当初、晴宗方であった宇多衆に対し、稙宗・顕胤方が宇多郡を攻撃し、さらに中村氏が稙宗・相馬方に与して、晴宗方の黒木氏を攻撃した状況が理解できる。

これに対して晴宗も、翌天文十七年二月には宇多方面を攻撃し、中村左兵衛尉を始めとする相馬衆ら百余人を討ち取ったこと、さらに隣接する伊具郡に出馬し、坂本・谷地小屋（ただし坂本は亘理郡、谷地小屋は宇多郡）を占領して帰陣したこと、相馬顕胤が中村に在陣しているが、とくに動きは無かったこと、しかしながら田村・二本松へ後詰《ごづめ》として出陣して欲しいことなどを、本宮宗頼《もとみやむねより》に伝えている（伊達家文書）。

では、相馬方の史料ではどのように描かれているのであろうか。

宇多郡に中村氏や黒木氏が存在したことは、すでに南北朝期の史料から確認できる。とくに中村氏は、宇多郡を支配した白河氏の家人として熊野堂城《くまのどう》（相馬市）を拠点に、相馬勢と戦いを繰り広げた。

中村氏と黒木氏

この中村氏について「奥相志」は、「結城中村」を苗字《みようじ》の地とした白河氏の一族とするが、「結城中村」は茨城県結城市中《なか》に比定でき、村名は天正二十年（一五九二）の結城秀康宛行状《ゆうきひでやすあてがいじよう》が初見とされる（平凡社『茨城県の地名』）。とすれば、名のるのは「中」であって中村ではない。中村は、承平年間（九三一～三八）に編さんされた『和名類聚抄《わみようるいじゆうしよう》』に載る宇多郡「仲村郷」の遺称地《いしようち》とされ、古代の宇多郡家《ぐうけ》に比定される黒木田《くろぎだ》遺跡に隣接している。また、黒木氏の苗字の地が相馬市北部の黒木とすれば、中村も相馬市中村であろうし、ともに宇多郡の在郷領主であったと理解できる。

ところで『相馬藩世紀』（利胤朝臣御年譜《としたねあそんごねんぷ》）慶長十六年（一六一一）十二月二日条には、相馬氏が本拠を行方郡小高城（南相馬市小高区）より宇多郡中村城（相馬市）へ移したことを記し、中村城の歴史を記している。関係するところを要約しておこう。

①白河氏の一族中村六郎広重の子孫が、郡内の今田《いまだ》に居住していたが、その後、中村に城を築いた。そのころ、中村氏に遺恨を抱いていた黒木氏が中村氏を討ったため、中村氏は断絶した。
②黒木氏の子孫黒木弾正《だんじょう》は、その後も黒木に住み、弟の大膳《だいぜん》が中村城に入った。
③この兄弟は、顕胤の麾下《きか》に属したものの、天文十二年（一五四三）四月、敵対して殺害された。
④その後、相馬氏の家臣草野式部が草野（福島県飯舘村）から中村へ移って中村式部と名のり、宇多郡の旗頭となったが、永禄年中（一五五八～七〇）、式部は青田信濃・左衛門父子とともに相馬氏に逆心、式部は討たれ、青田父子は田村に遁れた。
⑤その後、弾正大弼盛胤の二男隆胤が中村城に入った。
『奥相志』は中村城が築かれた時期を大永年間（一五二一～二八）と記すが、中村氏の住んだ「今田」は権現堂城に隣接し、方形館址が確認されている「館腰《たてのこし》」や「川原宿《かわらしゅく》」などの小字名も近い（岡田清一『中世南奥羽の地域諸相』）。また、青田氏についても、「高野山観音印過去帳」（伊達家寄贈文化財・古文書）からは、永禄四年（一五六一）七月当時「奥州ウタ中村青田越後守」の存在が確認できる。

境界の黒木

中村氏や黒木氏に関する戦国期の史料はきわめて少なく、不明な点が多いが、中世の宇多郡はその中央部を東西に流れる宇多川によって、北部を黒木氏が、南部を中村氏が支配し、それぞれのもとに大坪氏のような在村領主が組み込まれていたものと思われる。

中村氏の築いた中村城は、宇多川北部に位置しており、その築城は黒木領を浸食するものであったから、黒木氏が反発するのは当然のことであった。中村城築城の背後に相馬氏の存在を想定することは、史料の「読み過ぎ」となりかねないが、中村・黒木両氏の対立を相馬氏が利用したことは容易に推測できる。

たとえば、②③のできごとは、天文十六年（一五四七）十月、「宇田中村方」が相馬殿を引き入れ、黒木氏の本拠黒木城（宿城・実城）を攻撃したという伊達方の史料と年代こそ違うものの、ほぼ対応しており、その動向を読み取ることはできる。顕胤が、天文の乱中に宇多郡に侵攻し、中村氏とともに黒木氏を攻撃するなど、宇多郡への支配を進めていった状況が、おぼろげながらではあるが理解できるのではないだろうか。

天文二十一年、晴宗は天文の乱中に発給された知行宛行《ちぎょうあてがい》・安堵状を取り戻し、改めて判物《はんもつ》を与えて家中支配の安定を目指した。その時の控えである「晴宗公采地下賜録《はるむねこうさいちかしろく》」（伊達家文書）には、宇多郡の少なくとも九ヶ村が含まれていた。しかし、天文七年の「段銭帳」（伊達家文書）に記された四四ヶ村と比べるときわめて少ない。もともと三冊からなっていた「晴宗公采地下賜録」は、現在は二冊が残るだけなので早計に判断できないが、相馬氏の支配領域が不安定な要因を含みながらも宇多郡に拡大したことは認められよう。

ところで、天文の乱に際して相馬氏は終始稙宗方に付いていたように記されることが多い。しかし、「奥相茶話記」には顕胤の弟胤乗が、天文十一年に流浪して諸国を「武者修行」したが、盛胤の御代に帰参したとある。天文十一年は天文の乱発生時であり、その時、流浪＝出奔《しゅっぽん》した胤乗は、争乱が終息し盛胤が家督を相続後に帰参したのであり、顕胤との不和が背景にあったと思われる。

一方、天文の乱が終わっても伊達家中は安定せず、稙宗と晴宗との「矛盾」は天文二十年および弘治二年（一五五六）にも発生した可能性があり（黒嶋敏「はるかなる伊達晴宗」）、さらに天文二十二年七月には、晴宗に対立した懸田俊宗が滅ぼされた。俊宗の子晴親《はるちか》は相馬氏のもとに逃れ、後に胤乗の娘とのあいだに宗元《むねもと》・宗和《むねかず》・胤晴《たねはる》が誕生したが、天正四年（一五七六）、宗元・宗和兄弟は伊達輝宗のもとに出奔（『性山公治家記録《しょうざんこうじけきろく》』）、伊達方の調略によるものと思われるが、以後、両氏の抗争が激化する遠因ともなった。

すなわち、相馬氏の影響力が宇多郡にまで拡がると、それは伊達領と直接隣り合うことになり、境目としての「黒木」の重要度はますます高まった。永禄六年（一五六三）、盛胤の叔父胤乗（守鎌斎《しゆけんさい》）が「黒木城代」に就いた（奥相茶話記）というのも、その要衝性からであろうし、「高野山巴陵院旧記」に「永禄十三年……奥州相馬宇田庄　相三　守鎌斎」とあるから事実と判断できる。

相馬氏の「戦国大名」化

「戦国大名」の定義は難しい。一国単位の領域支配を前提として論じられることが多いが、それは陸奥国という広大な地域に当てはまるものではない。政宗の時代、伊達氏が広大な支配領域を構築するが、それでも奥羽両国の数ヶ郡でしかなかった。

小林清治氏は、「一、二郡の郡主、あるいは数郡を領する戦国大名」のもとに「国衆」を位置づけ（『奥羽仕置と豊臣政権』）、複数の郡からなる領域の支配を成り立たせる家臣団についても、伊達氏を事例に支配の基幹を構成する武士と、完全な領主権を保持しつつ、伊達勢力の一環をなしている諸氏の存在を指摘する（『戦国大名伊達氏の領国支配』）。この「国衆」が、近年注目されている国衆と同質であるかは断定しにくいが、「領主権を保持しつつ、伊達勢力の一環をなしている諸氏」の存在は「国衆」（黒田基樹『国衆』）に酷似《こくじ》する。

そうしたなかで、垣内和孝氏が「上位権力との政治的関係に依拠することなく自立的に領域の支配を確立し」た存在を「戦国大名」と規定し（『室町期南奥の政治秩序と抗争』）、熊谷隆次氏も「上位権力の干渉を受けず、排他的・一円的で独立した所領と家来の集合体」をもった領主（領域権力）＝いわゆる「国衆」を、その独立性を認めたまま軍事的に服属させた有力領主に「戦国大名」や「戦国期守護」「地域的統一権力」などの学術用語が宛てられていると整理している（「北奥羽の戦国世界」）。

「国衆」と「戦国大名」がほぼ同質であることは、近年の共通理解と思われるが、奥羽両国の「戦国大名」の支配領域が郡単位であることからすれば、「国衆」は一郡あるいはそれ以下の領域権力となり、より具体的には郷・村を領域と考えざるをえない。もっとも、そうした領域権力を「国衆」と呼称することには躊躇《ためら》いもあり、本書では「国衆的」在郷領主の意味で単に「在郷領主」と記述したい。もっとも、数郡を支配する「戦国大名」であっても在郷領主にしても、両者の関係を含めた内部支配に関する史料は伊達氏以外はきわめて少なく、相馬氏については、それを追求することも容易ではない。

近年、泉田邦彦氏は支配領域に対する表記の変化に注目した。すなわち、従来「奥州行方郡」と表記されていた支配領域は、明応八年（一四九九）に「奥州相馬行方郡」、その後、永禄十三年（一五七〇）に「奥州相馬宇多庄」、天正六年（一五七八）に「奥州相馬行方郡」、慶長六年（一六〇一）に「奥州相馬椎葉衆」と「相馬」領を意識したものに変化する。それは従来の郡・庄単位の枠組みを超えて、相馬氏の支配領域が形成され、新たな地域呼称が生まれたと指摘。さらに、「十五世紀後半から十六世紀初頭の内訌《ないこう》を経て」、周辺領主との関係を再編しながら、戦国期特有の権力編成と支配領域を形成していった相馬氏は、新たな領域権力として戦国大名（郡主）と把握できるという（「奥羽と京・鎌倉」）。盛胤の権限行使と地域記述の変化を関連づける視点、その結果としての戦国大名論はきわめて興味深い。

しかし、正長元年（一四二八）の胤弘による岩松氏の排除、さらに文安二年（一四四五）の高胤による行方郡の「統一」と文明五年（一四七三）ころの標葉郡侵攻（泉田氏は明応元年とする）などに対応して「相馬」を記した地域名称が現れるかといえば、必ずしもそうではない。

そうしたなかで、天文の乱を通じて宇多郡に大きく関わり、一部は楢葉郡にまで進出した顕盛の時代こそ、「戦国大名」の名にふさわしい。領域内の在郷領主を「執事」あるいは「宿老」として把握し、「政所」の構成員として家政を分担させ、一方ではそれぞれの領域を「旗頭」などとして支配させるも、それでいて自立的な在郷領主は、境目にあっては伊達方に与することも厭わぬ存在であった。「奥州相馬宇多庄」が現れるのは永禄十三年（一五七〇）であるが、その実態はすでに形成されていたといえよう。

弾正大弼盛胤と伊達輝宗

顕胤から盛胤へ

盛胤は祖父と同名である。そのため、祖父大膳大夫と区別して弾正大弼盛胤、ときに「後《のち》の盛胤」と称されることもある。盛胤は、享禄二年（一五二九）、顕胤と伊達稙宗の娘とのあいだに出生、天文十八年（一五四九）、二十一歳で家督を相続したが、その前年、懸田義宗《よしむね》（俊宗の子）の娘（あるいは俊宗の娘）とのあいだに嫡子義胤《よしたね》が出生している。その後、盛胤は宇多郡（福島県相馬市・新地町）・伊具郡（宮城県角田市・丸森町）等をめぐって伊達輝宗・政宗父子と、楢葉郡（福島県双葉郡）をめぐって岩城氏と対立することになる。

天文十八年正月および翌月、稙宗の扶助を受けていた連歌師猪苗代千佐《いなわしろせんさ》は、「館」および黒木館信州亭で歌会を催した（伊達家文書）。「館」にて行われた初会に発句を詠じたのは盛胤であったから、天文の乱終結と同時に家督を相続したという編さん史料を裏付けるものであり、「館」＝相馬氏の本拠小高城で開催されたのであろう。また、二月の歌会には、稙宗が隠居した丸森城に近い「黒木館」が選ばれた。

顕胤はその年二月（相馬氏家譜）あるいは九月に没しており（御家給人根元記）、家督の交替が天文の乱の結末と連動して実現したとの指摘もある（垣内和孝「戦国大名相馬氏と宇多荘」）。しかし、盛胤は天文の乱に際し、稙宗に与《くみ》した父顕胤のもとで行動したと思われるが、具体的な動向は確認できない。

盛胤期の内紛

「奥相茶話記」によれば、盛胤は家督を継承してまもない天文二十年（一五五一）十二月、重臣目々沢盛清を殺害した。目々沢（木幡）氏は、少なくとも南北朝期以来の家人であって、隆胤を輔弼《ほひつ》して以来、執事職あるいは執権職に就き、「政所」を指揮して代々の相馬当主を補佐した一族であった。盛清もまた大膳大夫盛胤から偏諱「盛」を与えられて盛清と名のるほどの側近でもあった（『衆臣家譜』）。ところが、これに反発した老臣青田顕治《あおたあきはる》は嫡子胤治《たねはる》とともに謀略を企て、盛清を讒言《ざんげん》した。盛胤は、自ら軍勢を引き連れ、栃窪《とちくぼ》（南相馬市）に逃れた盛清を討伐したため、木幡氏本流は滅び、わずかに逃れた幼息は伊達方に逃れ、その後、奥山と改名して仙台藩の要職を帯びることになる。

一方、青田氏も南北朝期以来の相馬氏家人であって、当時は黒木城を本拠としていたようである。盛清を滅ぼした青田顕治は、権勢を振るい、盛清の女婿でもあった桑折久家を陥れようと、その本拠田中館（南相馬市）を没収して佐藤好信に与えようとした。久家は、享禄二年（一五二九）、顕胤が千倉庄阿弥陀寺の梵鐘を鋳造した時、目々沢盛清とともに担当したことが鐘銘（『原町市史４』）から確認できる。

永禄六年（一五六三）、田中館に集結した桑折方が盛胤に訴えると、青田方には中村城を本拠とする中村（草野）式部も合流するなど、相馬家中は二分されて混乱状態に陥ったようであるが、同年秋に青田顕治は没落、中村式部も討たれて事件は落着したという。

もっとも、これらは「奥相茶話記」や『衆臣家譜』に拠るものであって、同時代史料からは確認できない。しかし、目々沢、青田という重臣の対立は、相馬領域を二分して争う状況を招き、結果的に目々沢や青田という古来からの重臣（の本家）は排除され、あるいは勢力を削減された。それは、伊達稙宗以来の重臣中野宗時《なかのむねとき》・牧野宗仲《まきのむねなか》父子が輝宗に追放され、輝宗の権力が確立するという事件（黒嶋敏「はるかなる伊達晴宗」）を想起させる。

目々沢氏・青田氏という重代の家人の権力争いは、結果的に両者ともに追放・滅亡という状態を招いた。それは、不充分ながらも盛胤による領域支配を確立させ、以後の伊達晴宗・輝宗父子との戦いを遂行できる体制ができあがるものと考えられる。

弾正大弼盛胤の確認

晴宗が、乱後の領内処理を進めているころ、顕胤の跡を継承した盛胤は、官途補任を幕府に求め、弾正大弼に就いた。これまで同時代史料では確認できなかったが、近年、濱本裕史氏が紹介した『御状引付』に「相馬弾正大弼」が発見された（「国立公文書館所蔵『御状引付』および同紙背『二番日々記』について」）。『御状引付』には、室町幕府政所《まんどころ》執事《しつじ》伊勢《いせ》貞孝《さだたか》が発給した文書一通とその宛所となった奥羽の大名一五人の名が記載されていた。その前半に載る氏家《うじいえ》三河守宛伊勢貞孝書状は天文十四年の発給であるが、後半に載る相馬弾正大弼以下の宛所はそれ以後のものであり、多くが天文～永禄期に比定できる（岡田清一「戦国期・南奥諸氏の官途補任について」）。

当該期、各地の諸大名が官途や将軍の偏諱を欲した時、幕府（朝廷）とのあいだを仲介したのが聖護院《しょうごいん》や醍醐寺《だいごじ》であり、さらに坂東屋《ばんとうや》富松《とみまつ》氏であった。富松氏については、小林宏氏の研究（『伊達家塵芥集の研究』）を嚆矢《こうし》とし、その後、金融業に関わるとともに聖護院のもとで先達職《せんだつしき》を得ると、諸大名の社寺参詣に際して宿泊施設を提供し、幕府とのあいだを仲介するような関係を構築したことが明らかにされている（新城美恵子『本山派修験と熊野先達』）。

また、小林清治氏は永禄から元亀にかけて、富松氏が伊勢氏や政所代《まんどころだい》蜷川《にながわ》氏の使者として頻繁に奥州に下向、幕府と奥州諸氏を仲介していたとする。なかでも、相馬領に隣接する亘理元宗《もとむね》が伊勢貞孝と蜷川親俊《ちかとし》に送った三月七日付の書状（蜷川家文書）には、「去る夏に上洛した際、いろいろと御懇切にしていただき、心地良かった」と記しており、前年の元宗自身の上洛を推測させる。仙台藩士の系譜集『伊達世臣家譜《だてせしんかふ》』には、天文二十一年正月、元宗が熊野社に詣でた後、京都に「逓留《ていりゅう》」したことを載せている。小林清治氏は、元宗の書状が「天文二十二年の文書」とするならば、と断ったうえで、富松氏が奥州と京都を往来していたことを指摘する（『戦国大名伊達氏の研究』）。

相馬氏と高野山・熊野三山

盛胤は、天文二十二年四月、紀州・熊野へ参詣した時、さらに上洛し、堂上《とうしょう》家（上級貴族）の取り成しで参内《さんだい》、位記《いき》を頂戴して相馬弾正大弼盛胤と改めたという（「奥相秘鑑」）。盛胤の参内や位記の件、さらに熊野・高野山への参詣は確認できないが、相馬氏と熊野三山を支配する聖護院との関わりを示唆する同時代史料は残されている。

たとえば、天文二十年十二月、聖護院門跡道増《もんぜきどうぞう》は相馬領に逗留、修験上之坊《うえのぼう》に「相馬一家」ならびにその「被官」に対する年行事職《ねんぎょうじしき》を安堵する旨を伝え、在地修験の掌握に関わっている（上之坊岩崎文書）。

上之坊を含む在地修験は、奥羽諸領主の領域支配に協力することによって活動の保証を受けるが、その時、聖護院からの補任・安堵という形式をとったこと、すなわち、聖護院と奥羽諸領主が連携し、在地修験と補完関係にあったことが指摘されている（黒嶋敏『中世の権力と列島』）。この指摘を踏まえれば、永禄八年（一五六五）十一月、盛胤が上之坊寛《かん》徳寺《とくじ》に対し、家運増進の祈禱を依頼し、その見返りとして、以前から賦課してきた伝馬役《てんまやく》を免除しているのも（岩崎家文書）、盛胤による行方郡の支配強化と読み取ることもできる。それは、時期的に見て、相馬領域における目々沢・青田の対立にみられる内紛への対応であった可能性もある。

相馬一族あるいは家臣が高野山無量光院と関わりを持っていたことは確認されるから（「高野山巴陵院旧記」）、盛胤あるいはその使者がおそらくは富松氏を介して熊野・高野山に参詣し、さらに入洛して弾正大弼の官途を得たことは推測できる。

伊具郡への侵攻・楢葉郡の失陥

「奥相秘鑑」によれば、永禄年間（一五五八～七〇）、伊達領であった伊具郡小斎・金山・丸森（宮城県丸森町）を手に入れた盛胤は、小斎城に佐藤為信、金山に藤橋紀伊、丸森に門馬大和を配置したという。その背景について関連史料からは確認できないが、同八年（一五六五）六月、丸森城に隠居していた稙宗が死去した。稙宗は、隠居領として五ヶ村を支配したというが（『伊達正統世次考』）、丸森城のある丸森村が含まれていたことは間違いない。

そのころ、伊達家中は晴宗と輝宗との不和によって不安定な状態が続いた。翌年、父子は和睦するも内紛状態は続き、これに重臣中野宗時・牧野宗仲父子ばかりか晴宗の弟実元《さねもと》も加わり、事態の収拾は困難を極めたという（黒嶋敏「はるかなる伊達晴宗」）。

そうしたなかで、永禄十一年四月、盛胤は伊達郡小嶋《おじま》（福島県川俣町）に進攻し、伊達方と戦った（『性山公治家記録』）。おそらく、相馬方が伊具郡三ヶ村を手に入れたのも、伊達方の内紛を利用したものなのであろう。

元亀元年（一五七〇）四月、謀反を企てて置賜《おいたま》郡小松城（山形県川西町）に籠もった中野宗時・牧野宗仲父子は、輝宗の派遣した軍勢に敗れ、刈田《かった》郡湯原《ゆのはら》・関《せき》（宮城県七ヶ宿町）を経て・宮《みや》（宮城県蔵王町）に退去した。しかし、ここで亘理元宗・重宗父子に迎撃され、さらに相馬に逃れた（『性山公治家記録』）。この事件をきっかけに、輝宗は家督としての当《とう》主《しゅ》権を確立したという（黒嶋敏「はるかなる伊達晴宗」）。一方、この年には相馬氏が楢葉郡の富岡・木戸を岩城常隆の攻撃で失ったという（「奥相秘鑑」）。結果的に、相馬方が伊具方面を重視したため、楢葉方面がなおざりにされたということであろう。

翌年、盛胤は信夫郡浅川（福島市）に侵攻したが、亘理元宗によって迎撃された（『性山公治家記録』）。いずれも同時代史料から確認できないが、伊達方の内紛等に乗じた兵略・侵攻であったことはいうまでもないが、楢葉方面では失敗したのである。

永禄〜天正初年の伊達氏との抗争

永禄末〜天正二年ころ、伊達晴宗（道祐《どうゆう》）は、岩城氏の家臣猪狩《いかり》中務少輔に宛てた書状で、相馬との和睦について岩城親隆が媒介《ばいかい》に及んだことに謝意を示し、道祐もまた速やかな落着を願っていることを伝えた（『新編会津風土記』所収文書）。しかし、和睦が成立した痕跡は確認できず、同じころ、輝宗は「新地」（福島県新地町）に出馬、陣城普請《じんじろふしん》を命じ「垣二重」を構築した（『性山公治家記録』）。

天正二〜三年ころの十月、輝宗は伊具郡丸森を経て金山（宮城県丸森町）に侵攻、盛胤の子義胤が対陣したが、輝宗がまもなく退いたため、義胤も帰陣した。その際、和睦を求める義胤に対し、亘理元宗は金山・小斎を相馬方が支配するという好条件を提示したにもかかわらず、輝宗が出馬するようでは信用できないと義胤は拒否している（東京大学史料編纂所所蔵文書）。

天正四年四月、義胤は亘理氏の本拠小堤《こづつみ》城（宮城県亘理町）を攻撃、さらに坂本城（宮城県山元町）に攻め入り、亘理勢と戦った（田村月斎家文書）。翌五月、盛胤は伊達・信夫郡方面に出陣して伊達方と交戦した（『性山公治家記録』）。盛胤・義胤父子による、二方面への計画的な侵攻が展開された。

さらに七月、盛胤は義胤と連署した書状を伊達郡刈松田《かりまた》（福島市の東部）の青木助六に

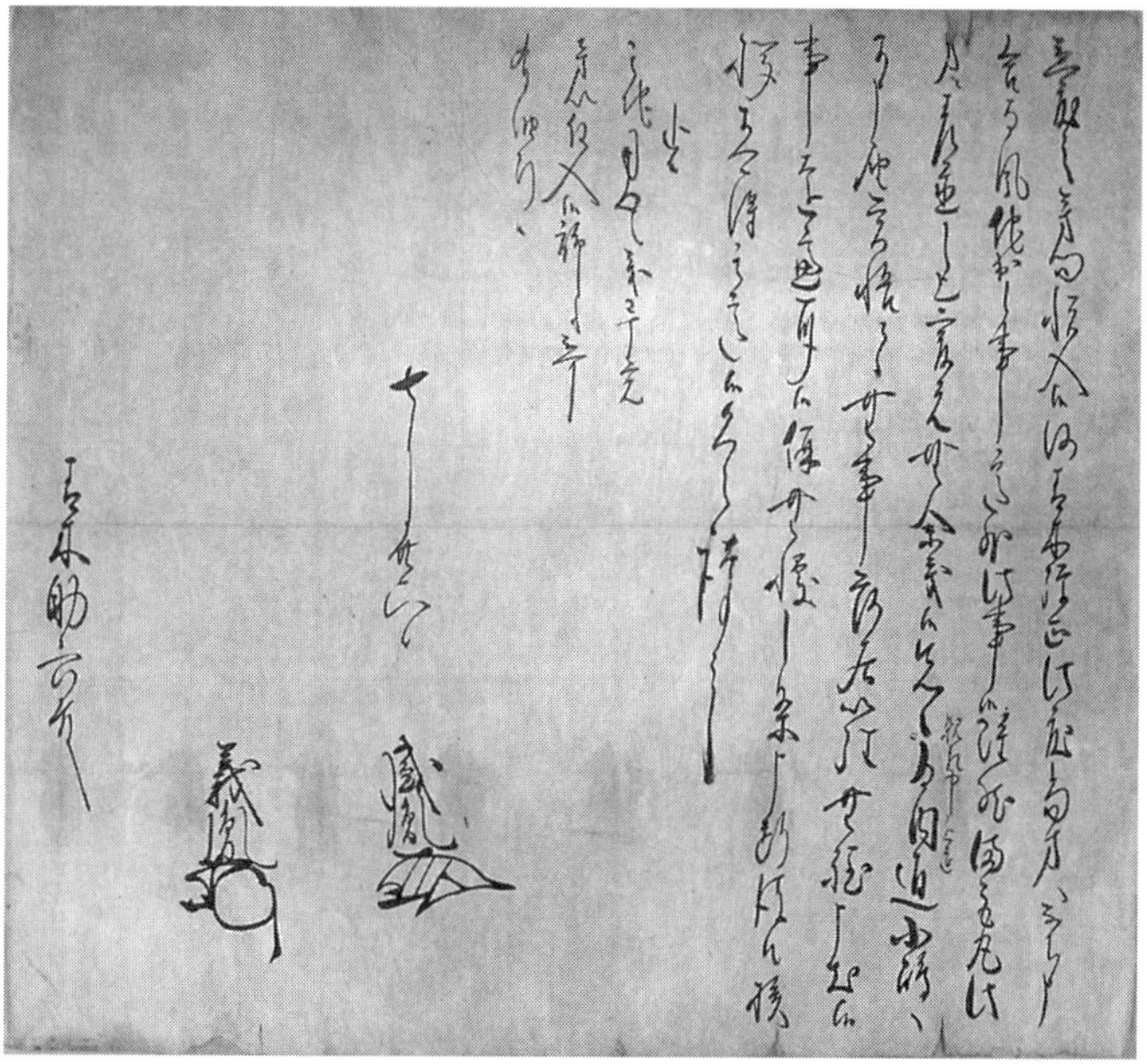

図22　相馬盛胤・義胤連署書状（天童家文書，多賀城市教育委員会所蔵）

送り、伊達方に内応した青木弾正を糾弾して追随しないよう念押しし（天童家文書）、そのうえで伊達郡川股（福島県川俣町）に出陣した。

輝宗もまた八月には、相馬方への攻勢に二〇備・七三七騎という大軍を編成した（亘理家文書）。さらに、宇多郡黒木（相馬市）の城主藤田晴親の子宗元・宗和兄弟を調略に成功すると、以後も「長々の御在陣」におよんだ（遠藤家文書）。こうした戦況のなかで輝宗もまた青木弾正忠《だんじょうのちゅう》に対し、盛胤の川股侵攻を撃退したこと、父道祐・伊達実元を伊達郡に派遣し、自身は今日にも小斎《こさい》（宮城県丸森町）に出陣することなどを伝えている。伊達郡刈松田周辺の掌握が、相馬・伊達双方にとって戦略的にも重要であった。

この状況に、田村清顕《きよあき》は蘆名止々斎《ししさい》（盛氏《もりうじ》）や北条氏照《うじてる》らと連携して、相馬・伊達の和睦を画策した（遠藤家文書・登米伊達家文書ほか）。だが、これを拒否した輝宗は、翌天正五年五月、宇多郡黒木に攻め入って麦毛を刈り取り、さらに杉目《すぎのめ》（福島県新地町）を攻略、翌日には伊具郡金山《かなやま》・丸森《まるもり》両城（福島県丸森町）を攻撃した（『性山公治家記録』）。その後、清顕がふたたび仲介に乗り出すと、晴宗の罹病もあってか、十二月までには和睦が成立したことは輝宗宛ての岩城隆宗書状から確認できる（伊達家文書）。

盛胤・義胤の「二屋形」体制

天正二（一五七四）～三年以降、盛胤・義胤父子の活発な軍事行動が確認される。すでに述べたように、同四年七月には父子連署の書状を青木氏に発給した（図22）。盛胤から義胤への「家督」の移譲は天正六年といわれるなかで（相馬藩世紀）、それ以前からの活発な行動は、いわゆる二頭政治の現れとみてよい。義胤は、天文十七年（一五四八）、盛胤の嫡子として出生しているから、すでに二十歳代後半に達しており、盛胤を補佐するには十分な年齢であった。

盛胤と相馬西殿

ところで、年未詳ながら「孟秋中《もうしゅう》」、葛西晴信は「その表、近日太平無事」を祝い、今後も疎意無きことを求める書状を「相馬西殿」に送っている（菅野正道氏所蔵文書）。では、その宛所「相馬西殿」はだれを指しているのだろうか。それを理解する一つが「太平無《ぶ》事《じ》」である。この「太平」はややもすると「泰平」の意に取られかねない。しかし、当該期のいくつかの書状に現れる「無事」文言をみると、「会・岩・田御無事」（遠藤家文書）や「大崎御無事」（伊達家文書）など、いずれも「固有名詞・地名＋無事」という用い方であって、「太平無事」も「太平」地域が無事＝平和になったと解釈すべきであろう。そのように考えると、「その表」に位置する「太平」は義胤の活動範囲内にある地名ということになり、天正四年五月、義胤が亘理郡を攻撃したことから、宮城県亘理郡山元町大《おお》平《だいら》に比定でき、「相馬西殿」とは義胤を指すものと思われる。「大」を「太」と書くことはよくみられる。

なお、六月七日付で佐竹義重が「相馬殿」宛に出した書状（『思文閣古書資料目録』二五四）は、輝宗が数度にわたって出陣したことを記している。『性山公治家記録』は、天正四～五年の五月ころ、輝宗が伊達郡や伊具郡金山・丸森、宇多郡黒木・杉目周辺に出陣し、相馬方と戦ったことを載せている。これらから、佐竹義重の書状は天正四ないし五年の発給と考えられ、同時期の「相馬西殿」とは別人であることがわかる。宛所の「相馬殿」は盛胤であろう（岡田清一「相馬氏の受給文書と『相馬西殿』」）。

もっとも、盛胤・義胤連署の書状は、立場の上位にある人物が書状の奥に署名する作法に反し、奥に義胤が署名していることは、すでに義胤が「家督」を譲られていたとの指摘がある（垣内和孝「戦国大名相馬氏と宇多荘」）。一般論としては理解できるが、必ずしもそうではない事例もある。たとえば、八月十四日付の伊達輝宗・政宗連署書状（秋田藩家蔵文書）は、田村清顕に宛てたものであるが、奥に政宗が、日下《にっか》（日付の下）に輝宗が署判している。『仙台市史』はこの文書を天正十二年（一五八四）に比定しているが、政宗の家督相続は同年十月のことであるから、相続以前に父輝宗とともに田村清顕への外交を展開したと理解できる。なお、これ以前から政宗が独立した外交主体となって行動していたことは、すでに小林清治氏が指摘している（『伊達政宗の研究』）。

また、関東の事例ではあるが、天文六年（一五三七）七月、北条氏綱《うじつな》・氏康《うじやす》父子は連署の判物を発給して鶴岡八幡宮に佐々目《ささめ》郷（埼玉県さいたま市・戸田市）を安堵した（鶴岡八幡宮文書）。その際、父氏綱は日下に、子の氏康は奥にそれぞれ署判を加えている。氏康の家督相続は天文十年前後とみられ、この文書については「氏康が、氏綱生前からその後継者として認定されていたことを示すもの」と指摘されている（『小田原市史　通史編』）。

もちろん、「家督」を相続した後も、父子連署の書状は散見する。たとえば、永禄九年（一五六六）六月、白河晴綱《はるつな》・隆綱《たかつな》父子は八槻別当《やつきべっとう》（福島県棚倉町）に証状（八槻文書）を送っているが、隆綱の家督相続を永禄三年三月とする『白河市史一　通史編1』に従えば、「家督」相続後も父子による二頭体制が継続されていたことを示す。したがって、父子連署の書状等だけで「家督」相続の前後を判断することはできないが、以下に述べるように「～西殿」宛の書状とともに併せて考える必要があろう。

なお、新『相馬市史1』別冊は、「太平無事」との文言から、相馬氏と伊達氏が友好的な関係にあった天正十二～十五年の書状と解し、「相馬西殿」を義胤の父盛胤に比定している。「太平無事」の理解はすでに述べた。

蘆名西殿と伊達西殿

当該期、「～西殿」と呼称された事例としては、蘆名盛隆《あしなもりたか》や伊達政宗が確認される。たとえば、義胤が「蘆名西殿」に宛てた書状（東京大学史料編纂所所蔵・古文書）には、亘理元宗《もとむね》が相馬と伊達の和睦を介したことを載せている。元宗は、天正四年（一五七六）八月までに剃髪し元安斎《げんあんさい》と名のるから、この書状はそれ以前のものである。当時、蘆名氏は盛氏《もりうじ》の子盛興《もりおき》が伊達晴宗の四女と結婚し家督を継承したが、天正二年六月に没した。そのため、盛氏は盛興の妻（伊達氏）を養女とし、養子に迎えていた二階堂盛義《もりよし》の子盛隆と再婚させた。しかし、実権は盛氏が掌握しており、盛隆が葦名氏の家督を実質的に相続したのは、義父盛氏が没した天正八年六月以降であろう。したがって、天正四年当時、「蘆名西殿」と称されるのは、盛氏の後継者である盛隆しかいないことになる。

また、年未詳ではあるが、田村清顕および家臣の勝光寺《しょうこうじ》正寿《しょうじゅ》が同日付で「伊達次郎殿」および「伊達西殿」に宛てたほぼ同内容の書状（伊達家文書）がある。その内容は、佐竹・会津（蘆名）・当（田村）の惣無事《そうぶじ》を進めるため、派遣された伊達碩齋《せきさい》（宗澄）が異見・催促に及んだので「無事落着」したことへの礼状である。その発給年は、天正九年に比定されている。とすると、政宗はいまだ家督を相続していない。それゆえ、清顕は女婿である政宗を「次郎殿」と記し、家臣の勝光寺正寿は「伊達西殿」と敬称を用いたのである。

紙幅の関係から二例のみを示したが、「~西殿」とは、家督相続以前の、近い将来家督を相続するであろう後継者の敬称ということになる。すなわち、家督相続以前ではあるが、義胤は父盛胤とともに連署の書状を発給して外交に関与するとともに、独自に伊達方との戦いに出陣し、外部からは「相馬西殿」と称されていたことになる。盛胤・義胤父子による二頭体制が取られていたのである。

「二屋形」制

この二頭体制は、「北条幻庵覚書《げんあんおぼえがき》」（『続々群書類従』）に記される「おだはら二御屋《おや》かた」という文言と、天正十八年（一五九〇）の豊臣秀吉による小田原攻めに関連して作成された「小田原陣仕寄陣取図《おだわらじんしよりじんとりず》」（『静岡県史　資料編8中世四』・東京都江戸東京博物館ほか編『戦国時代展』）に載る「本城」「新城」という記述から「二屋《ふたや》形《かた》」体制と称することができよう（岡田清一『中世南奥羽の地域諸相』）。

戦国期の二頭体制は、東国のみならず西国の戦国大名・領主にも見られる形態であるが（菅野正道「伊達氏、戦国大名へ」・八木直樹『戦国大名大友氏の権力構造』）、連署書状や居城との関係は触れていない。

一方、市村高男氏は「当主」と「先代当主（または継嗣《けいし》）」が異なる城館を居城とする事例として下総結城氏の場合を例示し（「当主の居城と前当主（または継嗣）の居城」）、さらに佐々木健策氏は、北条氏について、「小田原城仕寄陣取図」に記載される「本城氏政」「本城氏直」という二つの「本城」（別の仕寄陣取図では「新城」とある）の事例から、二元的な政治体制・権限分担状況を考察している（「複数の主郭を持つ城」）。

このような二頭政治が出現する背景については、久保健一郎氏が「当主権力」は「緩《ゆる》やかにあるいは段階的に進めることによって、安定化する効果を期待され、生み出されたもの」であり、「当主と隠居、当主と次期当主の連署判物などは、それを端的に示して」いると指摘する（『中近世』移行期の公儀と武家権力』）。すなわち、いわゆる「家督」の相続が必ずしも権力の全面的な移行を意味しなかったことは、相続後、多発する父子の対立という事例からも理解できよう。

「当主権力」の移行が緩やか、あるいは段階的に進めなければ安定化されない背景について、筆者はいまだ明確な答えを準備できていないが、少なくともその移行＝相続を担保できる絶対的な統一権力の不在が想定できる。当主権力の移行、いわゆる「家督」の相続がたとえば「幕府」などの全国的権力機構によって公認されることによって、「段階的移譲」は終焉《しゅうえん》を迎えるのではないかと考えている。

では、父子連署状の発給や次期当主が「相馬西殿」と呼称された相馬氏に、「当主」と「先代当主」が異なる城館を本拠とするような状況は確認できるのだろうか。

盛胤の隠居とその後

盛胤の隠居（義胤の「家督」相続）については、『相馬藩世紀』（利胤朝臣御年譜）慶長六年（一六〇一）条に「天正六年に御隠居、（中略）初めは北郷《きたごう》田中（南相馬市鹿島区）、後に中村城西館《にしだて》（相馬市）に御住居《すまい》」とある。これに関連して「相馬氏家譜」には、隠居後の盛胤が小高城から北郷田中塁に移り住み、三男郷胤《さとたね》を後見し、さらに中村の城代隆胤《たかたね》（盛胤二男）に副えられ、中村城西曲輪《にしのくるわ》に住んだとより詳しく載せる。

田中館居住についての確証はないものの、天正十六年（一五八八）六月十九日、相馬衆が金山城を攻撃したものの敗れ、盛胤が馬を乗り捨てて退却したことが「伊達天正日記」にみえる。これと同日付の政宗書状（丸森町金山図書館所蔵文書）には「中村」から調義に及んだ相馬勢と一戦を遂げて数多討ち取ったとあり、盛胤が率いる「相馬衆」が中村から出馬したことを載せる。田中塁から中村城へ移った時期は明らかにできないが、伊達氏との抗争が激化したことが背景にあるから、後述するように天正九年前後と考えられよう。

しかも、「隠居」して後も自ら出陣し、さらに家中に対する影響力も大きかった。たとえば、輝宗から畠山義継《はたけやまよしつぐ》に宛てた書状の取意文（『性山公治家記録』）には、相馬氏との和睦に関連して田村清顕が、中村城のある宇多郡まで赴いたことを載せている。「奥相秘鑑」も、清顕らが仲介する和睦を盛胤が「領掌」せず、そのため清顕は、「中村に来臨、暫《しばら》く長徳寺に逗留」したと記す。それは、中村城西曲輪に「隠居」していた盛胤を納得させるための逗留であったことはいうまでもない（岡田清一『中世南奥羽の地域諸相』）。

いずれにしても、「家督」を相続した義胤が小高城を本拠としたのに対し、「隠居」して田中塁から中村城西曲輪に移って隆胤を後見する盛胤の行動は、単なる隠居ではない。結果的に、すべての領主権力が義胤に移譲されたのではなく、盛胤もその一部を保持して伊達氏と対峙したのである。なお、中村城西曲輪に移ったことをもって、盛胤を「西殿」と称することは、「～西殿」の諸事例からありえず、そもそも「西曲輪」「西館」という曲輪名も近世の編さん史料からであって、「盛胤は今の妙見《みようけん》曲輪に御隠居」（「奥相茶話記」）と記す編さん史料もあって、同時代にどのように呼ばれていたかは明らかではない。

義胤の和戦

天正九〜十二年の戦い

相馬と伊達の和睦は、長くは続かなかった。天正八年（一五八〇）六月、蘆名盛氏《もりうじ》が死去すると、翌九年四月、伊達輝宗は蘆名盛隆に書状を送り、相馬境に出馬したが、早くに勝利を得ることができようと伝えている（『性山公治家記録』）。

輝宗出馬の背景には、伊達方の調略があった。すなわち、相馬氏が支配する伊具郡小斎《こさい》（宮城県丸森町）の城主佐藤為信《ためのぶ》は、加勢の桑折《こおり》左馬助・金沢備中を殺害して伊達方に荷担することを亘理元宗に連絡してきた。『性山治家記録』はこれらを天正十年四月のこととするが、同九年の誤りであることはすでに菅野郁雄氏が明らかにしている（「『十月五日付山内殿宛佐竹義重書状』考」）。また、「伊達より、相馬口へ御出張の様」（遠藤家文書）とあるばかりか、四月二十六日付義胤書状（『新編会津風土記』所収文書）に、輝宗が本宮や「当北境」へ出陣したとある「当北境」が相馬領北辺と理解すれば、伊具郡小斎方面であったことは確実であり、佐藤為信の離反が直接の発端であったと思われる。

さらに輝宗・政宗父子は、伊具郡角田《かくだ》城から金津《かなつ》（宮城県角田市）に出馬（遠藤家文書）、八月には小斎の近く矢ノ目まで侵攻したが、相馬方も金山《かなやま》（以上は宮城県丸森町）との境目「明護山《みょうごやま》」に陣城《じんじろ》を構えて対峙した（『性山公治家記録』）。小斎方面をめぐる攻防は容易に決着せず、しかもこの戦いはかなり激しかったようで、田手宗時《たでむねとき》や原田大蔵《はらだおおくら》といった伊達方の重臣が戦死するなかで、義胤も石川口（福島県石川町）への出馬を蘆名盛隆に求めている（『新編会津風土記』所収文書）。

相馬と伊達との紛争が長引くなか、天正十一年八月以前には和議を求める動きも出始めた。それを媒介したのは、岩城常隆《つねたか》や田村清顕らであった。常隆は、輝宗の実兄岩城親隆《ちかたか》の子で政宗の従兄弟、清顕の妻は義胤の伯母であり、政宗は清顕の女婿でもある。

しかし、相馬方に金山の返還を求めたため、翌年になっても条件面での折り合いがつかぬ状態が続いた。「奥相秘鑑」によれば、盛胤が了解しなかったという。これ以前、小斎の伊勢為信が伊達方に離反していたから、相馬方の最前線となる金山は容易に手放せなかったのである。

こうした膠着《こうちゃく》状況を打開するため、田村清顕が宇多郡へ赴いたが、輝宗も妥協しなかった（『貞山公《ていざんこう》治家記録』）。そのため、岩城常隆や佐竹義重《さたけよししげ》も使者を派遣して媒介を進めた結果、天正十二年五月下旬になってようやく和睦が成立した（小林清治『戦国大名伊達氏の研究』）。田村清顕が中村の長徳寺《ちょうとくじ》に赴き、盛胤を説得した結果でもあった。

義胤、花押を変える

このころ、義胤は花押の形を変えたが、その形状は佐竹義重のものに類似している（岡田清一『中世南奥羽の地域諸相』）。講和をきっかけに相馬氏と佐竹氏の関係が深まってきたことが類推できる。なお、寛永六年（一六二九）五月、義胤は嫡子利胤が病死して孫虎之助が家督を継承する時、「義胤」名を譲ったが、その際、「義」字は佐竹義重から「受用」したものであったとして、佐竹義宣《よしのぶ》に許可を求めている（『相馬藩世紀』）。

図23　義胤（上）と義重の花押

ただし、天文十六年（一五四七）に出生した義重の名は、永禄二年（一五五九）から確認される（渡辺英夫『戦国大名佐竹義重の生涯』）。義胤は天文十七年の生まれなので、わずか一歳しか違わない。義胤の初見史料は、寛徳寺が別当を務める熊野社に田一町を寄進した永禄十三年（一五七〇）四月であり、この永禄二～十三年に「義」字を受用できるような関係が両者にあったかは不明である。あるいは義胤の娘が岩城貞隆と結婚し、その子義隆が佐竹義宣の養子となり、さらにその孫敍胤《のぶたね》が相馬中村藩主に迎えられた。こうした両氏の深い婚姻・相続関係から遡及された「事実」の可能性もある。検討すべき課題であろう。

「中人」義胤の媒介

義胤との和睦が成就すると間もなく、十月には輝宗が隠居した。もっとも、天正十一年（一五八三）五、六月ころ、岩城常隆が政宗に誓書を提出し、翌年八月には輝宗・政宗連署の書状を田村清顕宛に送っているから、遅くとも天正十年春以降、輝宗・政宗による二頭政治が行われたことは疑いない（小林清治『伊達政宗の研究』）。翌十二年十一月、義胤は浜田景隆《はまだかげたか》に政宗の家督相続を祝い、「弓十張」を送るなど（『貞山公治家記録』）、しばらくの平和が約束された。

天正十三年十月、輝宗が二本松城主畠山義継に拉致《らち》されて殺害されると、政宗は二本松への攻撃を激化させた。これ以前、米沢の伊達氏のもとに祗候《しこう》するも蘆名方に転じた塩松（福島県二本松市）の大内定綱《さだつな》に対しては、伊達郡刈松田《かりまた》（福島市）の青木修理を調略したうえで、大内領の小手森《おでもり》城（福島県二本松市）を攻撃した。定綱は、本拠小浜《おばま》城（福島県二本松市）を棄てて畠山義継を頼り、さらに会津に逃れた。

そうしたなかでの輝宗殺害は、政宗に二本松城攻撃を激化させ、蘆名・佐竹との緊張関係を招き、十一月にはいわゆる人取橋《ひととりばし》辺（福島県本宮市）での戦いが起こった。なお、この戦いに相馬方も佐竹方に与《くみ》して政宗と対峙《たいじ》したとの指摘もあるが、前年の義胤・政宗の和睦から考えて、あるいは、元禄期に編集された「戸部氏覚書《とべしおぼえがき》」を根拠とする推論には従えない（高橋俊介「天正十四年の南奥羽における『惣和』と相馬氏」）。

翌十四年二月、政宗が二本松城を攻撃しているさなか、義胤は二本松開城の調停を進めた。まず、佐竹義重に使者を送って「惣和の儀」を求め、同意を得ている（瀬谷文書・東京大学白川文書）。そのうえで義胤は、伊達実元や亘理元宗らを介し、政宗に二本松開城と二本松方の無事退去などを求め、応諾を引き出した（遠藤家文書）。

こうした義胤の立場は「中人《ちゅうにん》」（調停人）と称され、とくに南奥では中人制に基づく紛争解決が一般化していた。そうした解決方法が「奥州ノ作法」と呼ばれ、南奥独自に展開したという山田将之氏の指摘（「中人制における戦国ノ作法」）には、「奥州ノ作法」が和睦後の使者の派遣と贈答儀礼を指しているに過ぎないという阿部浩一氏の批判（「戦国期南奥の政治秩序」）もある。しかし、いつも中人制が機能するとは限らないが、佐竹氏や下総結城氏、さらに出羽最上氏や越後上杉氏を巻き込んだ南奥とそれを取り巻く周辺地域で中人制の果たした役割は大きかった（山田将之「戦国期南奥羽の中人制」）。

一方、中人制によって成立した和睦もいつ破綻するかもしれず、その直後の九月、政宗が中島宗求《むねもと》に金山を、黒木宗元に丸森を与え（伊達家文書）、相馬領との境目警固を重視したことは破綻を想定した行動でもあった。そして、それは間もなく現実のものとなった。翌十月、田村清顕が没した。清顕に男子無く、女子は政宗に嫁いでいた。政宗と清顕女子とのあいだに男子が出生したならば、政宗が育てて「田村の家嗣」とすべきことを清顕が命じていたという。それまでは、清顕の後室（義胤叔母）および田村月斎《げっさい》・同梅雪斎《ばいせっさい》・同清康、そして橋本顕徳《あきのり》が相談して家務を担当することになった（『貞山公治家記録』）。

清顕の死と義胤・政宗の対立

一方で、清顕の没後、田村家中が清顕後室・田村梅雪斎・同清康らの親相馬派と清顕母（伊達稙宗娘）・田村月斎・橋本顕徳らの親伊達派に二分され、家中を不安定にした。

天正十六年（一五八八）二月、大崎領に侵攻した伊達勢は、大崎勢および黒川月舟斎《げっしゅうさい》らの反攻を受けて敗れ、泉田重光《いずみだしげみつ》らは志田《しだ》郡新沼《にいぬま》城（宮城県大崎市）に籠城せざるをえなくなった。その後、重光・長江月鑑斎《ながえげつかんさい》を人質とすることで、伊達勢は出城できたが、政宗にとっては大きな痛手となった。

この敗戦に、伊達領を囲繞《いにょう》する諸将は動いた。義胤率いる「相馬衆」は、安達郡百目木《どうめき》・小手森《おでもり》（福島県二本松市）の石川弾正を調略するとともに、田村の重臣大越顕光《おおごえあきみつ》と連携して百目木まで軍を進め（桑折文書）、閏五月十二日、三春城（福島県三春町）への強行入城を決行した。しかし、月斎ばかりか梅雪斎も加わって義胤の強攻入城を押し返した

（坂本武雄氏所蔵文書）。親相馬派と目された梅雪斎が反撃したという事実は、田村家中が単なる二派対立でなかったことが指摘されている（垣内和孝『伊達政宗と南奥の戦国時代』）。

義胤が強行入城に失敗して船引に逃れると、伊達勢は小手森・百目木などを攻め落とし、さらに船引を攻撃しようとした。しかし、すでに義胤は「鉄炮・諸道具」を捨てて退去し、田村顕康勢によって「相馬泉衆」もまた馬上七騎を討ち取られ、さらに「具足八十五領、鉄炮三十丁余、そのほか諸道具」を分捕られ、「泉殿」はわずかな勢とともに逃れざるを得なかったという（『伊達天正日記』）。散々の敗戦であった。

図24　田村氏・相馬氏・伊達氏関係系図

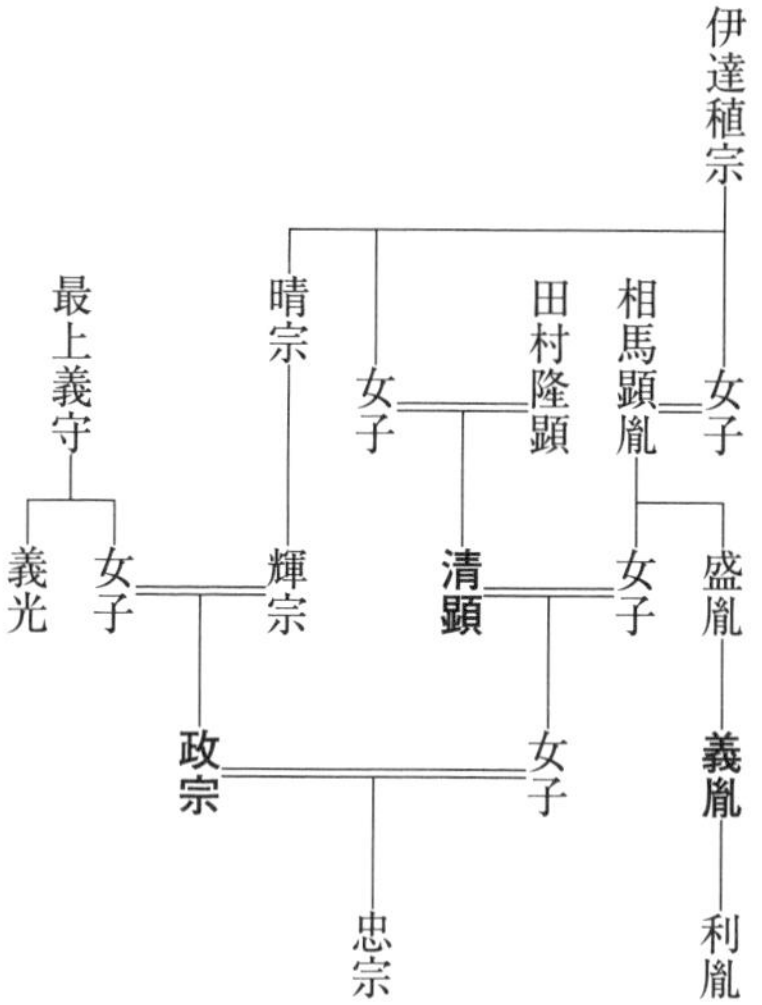

伊達勢は、さらに宇多郡に侵攻、あるいは大越《おおごえ》城（福島県田村市）を攻撃した（千田耕資氏所蔵文書ほか）。一方、六月には佐竹義重・蘆名義広が安積《あさか》方面に出陣、郡山城（福島県郡山市）をめぐって伊達方と対峙した。

これに対応するかのように、義胤は船引《ふなひき》

方面の移《うつし》（福島県田村市）を攻撃、盛胤も「相馬衆」を率いて中島宗求が拠る金山城を攻撃した。しかし、金山城方の反撃に主なる武士が一五人ほど討たれ、盛胤自身も乗っていた馬を捨てて敗走するというありさまであった（『伊達天正日記』）。

七月には、岩城常隆・石川昭光《あきみつ》が媒介して和睦が進められると、清顕後室の退去した三春城に政宗が入り、以後、清顕の甥孫七郎（後の宗顕《むねあき》）を名代として置き、その支配下に組み込むことに成功した（石川家文書）。これに対して義胤は、岩城常隆との関係強化を考え、伊達氏に対抗しようとした（大和田家文書ほか）。

翌天正十七年四月、相馬方は岩城方と田村境目に侵攻（庄司省吾氏所蔵文書）、これに対して伊達方の桜田《さくらだ》勢は飯樋《いいとい》・草野（福島県飯舘村）を攻撃し（伊達家文書ほか）、相馬方の関心を向けさせた。さらに政宗は、会津侵攻を画策して安子島《あこがしま》・高玉《たかだま》（福島県郡山市）を攻撃すると、五月十八日には大森城（福島市）を経て金山城に入った。翌日、境目の城ともいうべき駒ヶ嶺《こまがみね》城を、さらに二十一日には蓑首《みのくび》城（いずれも福島県新地町）を攻め落とした（伊達家文書）ことは大きかった。両城は、相馬方がとくに念を入れて普請したようで、政宗も五、六年以前の状況とは比べようもないと、重臣白石宗実《しろいしむねざね》に書き送っている（登米伊達家文書）。

政宗は、黒木宗元を丸森城から駒ヶ嶺城に移し、亘理重宗に宇多郡北部の八ヶ村を与えるとともに、その家臣坂本三河《さかもとみかわ》を蓑首城に配置し、周辺の小領主に知行を与えて城への定番・奉公させる体制を整えた（「政宗君記録引証記」）。加えて、丸森城に高野親兼《たかのちかかね》を移して、相馬方との新しい境目の警固を厳重にした。以後、政宗は会津攻略の準備を進めて蘆名方の重臣調略に成功した。翌六月五日の摺上原《すりあげはら》（福島県猪苗代町・磐梯町）の戦いで蘆名勢を破ると、十日には義広が白河に出奔、会津の蘆名氏は滅び去ったのである。

相馬の和戦

相馬方は、駒ヶ嶺城を奪還すべく、七月には「相馬衆」が出陣したものの亘理勢に討ち取られ、「鼻二十二」が政宗のもとに届けられたが、その後も伊達方との小競り合いが続いた（『伊達天正日記』）。政宗の支配圏が拡大するなか、義胤は本拠行方郡《なめかたぐん》を警固すべく、父盛胤とともに草野方面に兵力を向けざるを得なかった。十一月には、政宗から金山城の中島宗求《むねもと》に、中村方面への調略の指示が出されており、蘆名亡きあと、相馬氏とそして須賀川二階堂氏への対応を見据えていた。

一方、十七年の暮れごろと思われるが、相馬方から中島宗求のもとに「無事」を望む「内書」が届けられた。内々の和平工作である。翌十八年正月には政宗もこれを見て、相馬方の遠藤采女《うねめ》に返書を送り、真意を確認するよう宗求に指示している（伊達家文書）。また、相馬如雪《じょせつ》からの書翰を披見した政宗は、その内容に対する疑念を伊達成実《しげざね》に伝え（「政宗君記録引証記」）、新舘山城守胤治《にいだてやましろのかみたねはる》（新山）からの返書に関して、迂闊《うかつ》に進めるべきではないと、鬼庭綱元《おににわつなもと》に伝えている（亘理家文書）。

さらに、政宗が中島宗求に宛てた書状（伊達家文書）からは、相馬の考えを聞き届ける意思を政宗がもっていたこと、相馬隆胤（義胤の弟）が中村に常在する「右馬助」を、中途まで派遣し、「一和の模様」を浜田景隆に伝えようとしていることなどが確認できる。相馬隆胤や相馬如雪、さらには新舘胤治まで、複数のルートから伊達方との接触を図ったことがわかる。

一方で、相馬方が和睦推進で意志統一されていたわけではなかった。伊達方との和平交渉が進展しないなか、三月末には相馬勢が駒ヶ嶺城を奪還するため出陣、大町頼明《おおまちよりあき》父子がこれを迎撃し（波多野幸彦所蔵写真）、さらに五月十四日にも、相馬隆胤率いる相馬勢がふたたび伊達勢と戦うも、隆胤や重臣黒木上総を始めとする数百人が討ち取られるという惨敗を喫している（吉田文書）。

二十九日になって義胤は、田村清通に送った書状（蓬田守家文書）に「諸用があって小高城に在城していたが、このような凶事は無念の至り」と記しているが、その文言からは義胤の対応の限界を知ることができる。同時に、所用があったので小高城にいたと主張する義胤の姿勢は、隆胤らの行動と一線を画す立場も示している。

この時期の合戦は、明らかに豊臣秀吉の「惣無事《そうぶじ》」違犯であった。秀吉の惣無事は、すでに富田知信《とみたとものぶ》から伝えられていた。その時期は、天正十四年あるいは同十五年と考えられているが（竹井英文『織豊政権と東国社会』）、さらに天正十七年十一月には、石田三成《いしだみつなり》が義胤に対し、秀吉の小田原攻めと仲春上旬には「箱根発向の御廻文《かいぶん》」が送られるであろうが、遅れることを案じて早めに伝えたこと、そのうえで小田原参陣を求めていた。

秀吉の体制が確立することを知ったうえで、あるいは奥羽への影響が深刻化するなかでの伊達との和平交渉、その破談による隆胤らの出陣であったとすれば、義胤の対応は伊達との和平を、秀吉体制のなかで成就しようとしたとも考えられる。

義胤の宇都宮出仕

すでに九日、政宗は小田原に向かって会津を出発していた。その留守中の攻撃は、秀吉の「惣無事」策に違犯するものであった。これが、後に政宗の相馬攻撃を正当化させる根拠となった。

伊達方との和戦両様の構えを見せていた相馬方にとって、小田原・秀吉のもとへの出仕は容易ではなかった。相馬方の編さん史料には、義胤が小田原に参陣したと記されているものが多いが、弟隆胤らが討死するような打撃を受けていた、あるいは家中の意志不統一が露顕する状況のなかで、義胤が小田原まで赴く余裕などなかったといってよい（小林清治『戦国大名伊達氏の研究』）。

宇都宮に出仕した義胤は、即時、秀吉から禁制を下されると、翌月には義胤夫人（相馬

図25　義胤の花押

足弱《あしよわ》）を人質として上洛させた（浅野家文書）。それを追うように義胤も上洛、十月には相馬長門守義胤に検地目録帳が下げ渡されたが、長門守に補任されたのは、この時であろう。十二月七日、「奥州内本知分四万八千七百石」の知行宛行状が下された。

政宗の留守中、秀吉の「惣無事」命令に背いて伊達領を攻め、そのため、秀吉が政宗に相馬領攻撃を許可したにもかかわらず、義胤が本領を安堵されたのは、石田三成ばかりか相馬方が大きくはたらきかけたと、小林清治氏は指摘する（『奥羽仕置と豊臣政権』）。天正九年に誕生した義胤の嫡子虎王《とらおう》が、いつ元服したか明らかではないが、三成の偏諱「三」を用いて三胤《みつたね》と名のったこと（『相馬藩世紀』）は、両者の関係の深さを示している。そして、これをきっかけに義胤の花押は大きく変化する。

その特徴は、「義」字の草書体を左側にして右半部に円窓を描くかのようであり、それまでの自己主張しようとする形態から大きく変わっている。しかも、この花押の形態は、関ケ原《せきがはら》の戦いに関連して所領を没収されても変更されなかった可能性があり、豊臣秀吉という巨大権力者の存在が、義胤に与えた影響のいかに大きかったかを示している（岡田清一『中世南奥羽の地域諸相』）。

豊臣大名として、義胤は一歩を踏み出したのである。

相馬領検地目録帳

ところで、義胤に渡された検地目録帳には、相馬領の郷村における田畠を上中下荒に四等級づけ、その面積と田畠別の石高、その合計を載せ、最後に領内の四等級ごとの地積・石高、そして総計「田畠屋敷共ニ都合六千七百廿七町四段廿九歩、右之分米惣都合四万八千七百卅四石五斗九升四合」を記載する。一反は三〇〇歩で、上田は段別一石、中田は九斗であるが、なぜか下田と荒田は七斗五升と石《こく》盛《もり》し、「うるしの木」も対象となっている。

この検地目録帳は本格的に検討されておらず、わずかに小林清治氏が「不整一な記載のあり方」は机上で作成されたものではなく、石田三成の指揮のもと、各郷村で「検地」が行われ、最初から「石直しの斗代によって検地が行われた」可能性を残しつつ、「貫高斗代によって行われ」、それを目録帳で石高に換算したと指摘する（『奥羽仕置の構造』）。すなわち、検地奉行による丈量検地ということになる。

この検地目録帳をまとめたものが、表3である。表3から、郷村数は延べ一〇五、それらは五二に区分されるが（この区分を筆《ひつ》と仮称して記述する）、一筆が一ヶ郷からなるのは41の高平郷から北に集中していることがわかる。その南は、数ヶ村で一筆になっている場合、あるいは一村が二筆に分かれている場合、さらに「熊川分・熊紀伊守分・文間式部分」のように人名で一筆が構成されている場合など、他の検地帳とは異なる記載となって

表3　相馬領検地目録帳（相馬家文書）

	村（区域）名・比定地		石高
1	おっと沢 宮作村 ほそや入組	大熊町夫沢 双葉町宮廹 双葉町細谷	三四六
2	畠沢村	―	五四
3	熊川分	大熊町熊川	一一五
4	寺内入組 中田入組	― 双葉町中田	二八六
5	大平村 うけと村	― 浪江町請戸	三〇五
6	郡山入組	双葉町郡山	四一三
7	もろ竹入組 中野入組 中浜村	双葉町両竹 双葉町中野 双葉町・浪江町中浜	六三二
8	権現堂 藤橋村 さか田村 大坪村 かり宿村	浪江町権現堂 浪江町藤橋 浪江町酒田 浪江町大坪 浪江町苅宿	六〇八
9	熊川分 熊紀伊守分 文間式部分	大熊町熊川 大熊町熊 ―	三八一
10	おっと沢村 たこ橋村 畠沢村 まゐ田村 しん山入組 仲善寺 さかゐ村 やつ田村	大熊町夫沢 ― ― 双葉町前田 双葉町新山 双葉町寺沢？ 浪江町酒井 浪江町谷津田	三一六
11	むろはら村	浪江町室原	二八〇
12	たつの村	浪江町立野	三〇六
13	たしり村分	浪江町田尻	一五六
14	にい田村 もとしやう村分	浪江町川添 浪江町本条	一〇五
15	ひわたし村 たわつ村	浪江町樋渡 浪江町田和津	二三三
16	いて村 おい丸村 たか蔵村分	浪江町伊手 浪江町小丸 浪江町高倉	二八九
17	権現堂分	浪江町権現堂	二五〇
18	大ほり村 おミ村 清水村 寺内村	浪江町大堀 浪江町邑美前 浪江町小野田・清水 浪江町小野寺・寺内	三一八

	おの田村	浪江町小野田	
19	うし渡村分	浪江町牛渡	一三七
20	高瀬村 和泉田村 荒井村	浪江町高瀬 浪江町北幾世橋 浪江町北幾世橋・中荒井	一〇九〇
21	しふ川村分	双葉町渋川	二一六
22	寺内村 小池村 小山田村	南相馬市鹿島区寺内 南相馬市鹿島区小池 南相馬市鹿島区小山田	一六七
23	江たり村 小島田村 大内村分	南相馬市鹿島区江垂 南相馬市鹿島区小島田 南相馬市鹿島区大内	七四六
24	田中谷分畑方	南相馬市鹿島区鹿島	四七六六
25	新山村 長塚村 羽鳥村分	双葉町新山 双葉町長塚 双葉町上羽鳥	八三一
26	野上村 山田村入組	大熊町野上 双葉町山田	二九三
27	目作村 山田村入組	双葉町目迫 双葉町山田	二〇三
28	かうのくさ	双葉町鴻草	四四二
29	くま川分	大熊町熊川	四六一
30	吉名 岡田分	南相馬市小高区吉名 南相馬市小高区岡田	八五六
31	つゝみかや おきの作 とや 小さは村 いわの作	南相馬市原町区堤谷 南相馬市原町区荻迫 南相馬市原町区戸屋迫 南相馬市原町区小沢 南相馬市小高区岩迫	六〇七
32	はとはら村 すゝき野村 今葉村	南相馬市小高区北鳩原 ― ―	一三五六
33	葉先村 高梅田	南相馬市小高区飯崎 南相馬市小高区東紅梅田	六六二
34	小高村分	南相馬市小高区	八七四
35	下浦村 みゝかや村	南相馬市小高区家下浦 南相馬市小高区耳谷	一二六五
36	小八木 金屋 川房村	南相馬市小高区小屋木 南相馬市小高区金谷 南相馬市小高区川房	一一五八
37	福岡 村上分	南相馬市小高区福岡 南相馬市小高区村上	七一四
38	大久村 水かや村 おなハ村 ゑひ沢村 つのふうち村	南相馬市小高区泉沢 南相馬市小高区水谷 南相馬市小高区女場 南相馬市小高区蛯沢 南相馬市小高区角部内	七七〇

39	大井村分	南相馬市小高区大井	四六八
40	大田村在々	南相馬市原町区上太田	五三三九
41	高平郷	南相馬市原町区高平	一一九四
42	牛越郷	南相馬市原町区牛越	一三一五
43	新田郷	南相馬市原町区南新田	一〇四五
44	大原郷	南相馬市原町区大原	六〇三
45	ふか野郷	南相馬市原町区深野	四四一
46	高野倉郷	南相馬市原町区高倉	一五五
47	馬場之郷	南相馬市原町区馬場	一四三
48	伊泉郷	南相馬市原町区泉	六二〇
49	かやはま郷	南相馬市原町区萱浜	四〇四
50	下さわの郷	南相馬市原町区信田沢	七〇五
51	中村郷	相馬市中村	一〇七二五
52	黒木郷	相馬氏黒木	二四四二
計	田畠屋敷六七二七町四段二九歩		四八七三四

＊石高は「斗」以下は略した。

いる。

「検地目録帳」の検討

一筆一郷の場合、その内部を知ることができない。しかし、中村郷や黒木郷の場合、その内部に多くの村が含まれていることは、稙宗時代の「段銭帳」や「晴宗公采地下賜録」からも確認できる。標葉郡に含まれる地域が村名で記されるのとは対照的である。この違いは、どのように理解すべきであろうか。

この村名で記載されるのは、標葉郡域および現在地名でいえば南相馬市小高区や同市鹿島区、さらに同市原町区の一部に限られる。すなわち、標葉郡は標葉一族の旧領であり、鹿島区は岩松氏の旧領であって、いわば新領地ということになる。さらに小高区は相馬氏の本拠であることを考えると、新領地や本拠地であるが故に、相馬氏が村単位で掌握できた地域であったのではないだろうか。

それに対して、中村郷は「隠居」した相馬盛胤が次子隆胤とともに中村城を拠点としていたし、石高も一万石以上であり、義胤の本拠小高村分はわずか八七四石にすぎない。義胤の領地が小高村だけではないとしても、さらに中村郷が伊達氏に対する最前線であることなどを考えてもその違いは少なくない。あるいは、小林清治氏が岩城氏の事例から、被官の所領を検地するとともに、指出《さしだし》を超えた出米は岩城貞隆の蔵入《くらいり》にしたことも指摘している（『奥羽仕置と豊臣政権』）。盛胤の中村郷の突出した石高をみると、蔵入地を強化した結果とも読み取れる。また、伊泉《いずみ》郷もまた泉氏が支配し、その麾下に属する家人とともに「泉衆」と把握され、いわゆる「国衆」的存在であったが、その規模は六二〇〇石である。

いずれにしても、複数の村からなるそれぞれの一筆は、一族あるいは有力家人が支配する領域を示しているとも理解できる。もちろん、9のように熊川・熊・文間三氏が特定領域を支配し、3・9・29のように熊川氏が支配した領域を意味するから、あるいは複数の「筆」を支配することもあった。

いずれにしてもこの「検地目録帳」は、郷内の村々が充分把握されているとはいえず、また、9のように具体的な支配領域が不記載など、不充分なものであったといえる。このように理解できるならば、石田三成方の検地担当者が丈量した結果の検地とは考えられず、それぞれの領域を支配する側が提出した、すなわち指出と理解することも可能であろう、

なお、相馬領では諸城破却の実例を確認できず、「相馬家の給人は、大身・小身のすべてが在郷の知行所に住宅を構え、五百石・七百石より上の給人は村々の館に住んでいた」（御家給人根元記）という状況であったという。いずれにしても、相馬氏の家臣に対する支配強化は容易でなかったことを意味しており、何らかの対応を迫られたことは確かであろう。各領域を誰が支配したかなど今後の課題も多いが、「相馬領検地目録帳」は、相馬氏・義胤の領域支配の不充分さを伝えている史料でもあったといえる。

近世大名への胎動

義胤と秀吉

義胤と奥羽再仕置

天正十八年（一五九〇）九月、豊臣秀吉の奥羽仕置《おううしおき》に対する反発はすさまじく、旧葛西・大崎領を宛行われた木村吉清・清久父子の専横に、葛西・大崎旧臣は一揆を結んで胆沢郡柏山《かしやま》（岩手県金ケ崎町）で、さらに玉造郡磐手沢《いわてさわ》（宮城県大崎市）で蜂起した（『貞山公治家記録』）。佐沼城《さぬま》（宮城県登米市）に籠城した木村父子は、十二月になって救出されたが、秀吉から派遣された蒲生氏郷《がもううじさと》の政宗に対する疑心の影響かは断定できないものの、政宗は会津近辺五郡を没収され、新たに葛西・大崎旧領が宛行われた。

しかし、一揆勢はなおも健在であって、翌年二月には南部一族の九戸《くのへ》政実《まさざね》も蜂起した。六月、秀吉は再仕置を目的として、政宗や蒲生氏郷・佐竹義宣《よしのぶ》・上杉景勝《うえすぎかげかつ》・徳川家康・豊臣秀次らを二本松通り《にほんまつどお》（福島県中通り）、相馬《そうま》通り（福島県浜通り）、最上《もがみ》通り（山形県）から派遣することを決定した（前田育徳会尊経閣文庫所蔵文書）。

前年十二月、「本知分」を安堵・宛行われた義胤《よしたね》は、その後、帰国したらしく、佐竹義宣・岩城常隆《いわしろつねたか》・宇都宮国綱《うつのみやくにつな》らとともに出陣することになった。その際、相馬通りに派遣された軍勢は浜通り沿いの城々に軍勢を入れ置くことが決められていたから、相馬領内の城々にも豊臣方の軍勢が駐止《ちゅうし》したことであろう（竹井英文「近世の幕開けと相馬氏」）。

義胤の出陣と村岡六郎左衛門

この一揆討伐に、義胤の行動は確認できないが、元和八年（一六二二）、この戦いの功績をまとめた政宗の家臣村岡六郎左衛門の「高名《こうみょう》の覚」（『大日本史料』一二の五〇）は参考になる。すなわち、天正十九年（一五九一）十月の「おいぬ川原」（宮城県登米市狼河原）や「ぬかつかと申す城」（宮城県石巻市糠塚）に馳せ入って首級をあげた村岡は、「くび帳」を作成して秀吉のもとに届けた時、その場に立ち会い、見届けた証人として「相馬殿の御下に生駒左兵衛・石ノ森靭《ゆき》負《え》・泉田主水《いずみたもんど》」がいたこと、さらに「このたびも亀崎に御供なされた」と記している。

ただし、生駒氏・石ノ森氏が相馬氏の被官であったことは確認できず、とくに生駒氏は元和四年、肥後《ひご》熊本藩で発生した「牛方馬方騒動」で敗訴し、相馬中村藩に預けられた生駒主水が、寛永十五年（一六三八）に許され、その子尚祐が中村藩に仕官している（三宅正浩「近世中村藩の成立と展開」）。さらに、村岡の覚書後半の「亀崎に御供」とは、元和八年、最上義俊の改易にともない、伊達政宗・佐竹義宣・上杉景勝・相馬大膳亮《だいぜんのすけ》義胤が最上領の諸城接収を行った際、義胤は庄内亀箇崎城《かめがさき》（山形県酒田市）を請け取っており（『相馬藩世紀』・『貞山公治家記録』）、この事件を指している。したがって、その覚書には葛西・大崎一揆と最上諸城接収とが入り交じっており、生駒氏・石ノ森氏は後者に関するものと思われる。しかし、合戦の勲功賞にも関わる証人として相馬方の家中が見届けたことは、村岡にとって重要なことであった。「相馬殿の御下」の家臣が証人になったことを村岡は忘れることはなかったであろう。少なくとも、相馬勢が「おいぬ川原」や「ぬかつかと申す城」の戦いに加わっていたと思われる。

義胤の名護屋出陣

豊臣秀吉の計画した朝鮮出兵の知らせが、南奥の諸大名にもたらされたのは、天正十九年（一五九一）十月ころであろうか。翌文禄元年、南奥・関東の諸大名が陸続と肥前名護屋《なごや》（佐賀県唐津市）に向けて出発した。「奥相秘鑑《おうそうひかん》」には、

所労のために出陣が遅れた義胤は、三月始めには快復したので小高を出発、四月に京着、四月上旬に京都を出立し、同二十二日に名護屋に到着したこと、

などと記される。二十二日名護屋到着は、閑巷院《かんこういん》（標葉《しねは》郡の僧カ）に宛てた義胤の書状か

らも確認できる。しかも、佐竹義宣もまた同日に到着したこと、さらに義胤が同行したことが義宣の家臣小田野《おだの》備前守《びぜんのかみ》に宛てた平塚滝俊《たきとし》の書状（東京大学史料編纂所所蔵謄写本）や大和田重清《おおわだしげきよ》の日記（東京大学史料編纂所架蔵謄写本）からも確認できる。

　義胤については、「秀吉公名護屋御陳《（陣）》之図ニ相添候覚書」（佐賀県教育委員会『文禄・慶長の役城跡図集』）に「相馬長門守　長田辻」とあるが、騎馬数は載っておらず、どの程度の軍勢を動員したか明らかではない。佐竹義宣でさえ五〇〇騎であったから、それ以下であろう。また、陣所「長田辻」は、名護屋城が築かれた波戸《はど》岬《みさき》半島の西北部に位置し、その半島の反対側に佐竹義宣の陣屋跡が残されている。「長田辻」の陣所には、石塁等が確認されるが、相馬氏の陣所という比定は規模的に再検討すべきとの指摘もある（宮武正登「文禄慶長の役（壬辰・丁酉倭乱）における大名陣跡の諸形態（1）」）。

　渡海することもなかった義胤が、いつ名護屋を離れ、大坂に帰ったかは不明であるが、翌年八月、秀吉の帰洛に併せて佐竹義宣も名護屋を出立しているから、それに合わせたものと思われる。

　ところで、前掲平塚滝俊の書状には、名護屋に至る道中での出来事や見聞した地域の状況が詳細に記録されているが、それはまた義胤の見聞したものでもあった。なかでも、各地の城郭や城下の状況・特徴は、義胤に大きな影響を与えたことが想像できる。たとえば、毛利輝元が普請する広島城を見た平塚は、城中の普請などは聚楽第《じゅらくだい》にも劣らず、石垣や天主の立派なことに驚き、門司《もじ》城や小倉《こくら》城など、いわゆる織豊期の城郭に代表される高石垣や壮麗な天守など見聞を広めている。

さらに名護屋城とその城下についても、聚楽第にも勝る「石をみなわりてつきあけ」た高石垣と天守を見、京都・大坂・堺の商人が集い、米穀ばかりか馬の銜《くつわ》などが「山のことくに」備わり、望むものは何でも入手できる状況を見聞した。しかも、その背景に「舟をうかむる」ことを前提に築かれた城、それは船を利用した物資の搬送という実態を見抜く視点が示されている。このような視点は、一人平塚だけではなく、同行した多くの武将にも共有されたものと思われ、義胤に与えた影響が少なくなかったことを思わせる（岡田清一『中世南奥羽の地域諸相』）。

文禄二年の検地

文禄二年（一五九三）九月、「御領分三郡惣検地」が実施されたが、竹井英文氏は、軍勢・物資が大量に必要となった朝鮮出兵に連動したものと指摘する（「近世の幕開けと相馬氏」）。首肯すべきであろう。

「長門守義胤公御代、文禄二年巳九月十六日支配帳写」（相馬義胤分限帳・『原町市史4』）によると、原胤政のもと、飯崎胤安・早川房清・熊重清・木幡秀清・佐藤信貞・水谷満胤ら一〇人の検地代官が丈量検地を行ったらしい。相馬領は、小高《おだか》郷（南相馬市小高区）・中《なか》郷（南相馬市原町区）・北郷《きた》（南相馬市鹿島区）・標葉郷《しねは》（福島県浪江町・双葉町・大熊町）・宇田《うた》南方・宇田北方（以上は相馬市）に六分され、家臣ばかりか僧侶・寺院のほか、「肝《きも》煎《いり》」とかあるいは地名を小書して名前のみ記載される場合もあり、同一人が複数記載される場合があるなど、記載は詳細である。

知行高《ちぎょうだか》は貫高《かんだか》で表記されており、惣高《そうだか》は六〇四二貫八四三文で、石高《こくだか》に換算すると六万四二八石となり、天正十八年の検地目録帳の四万八七〇〇石と比べて二五％弱の増加である。たとえば、隠田《おんでん》も摘発されて検地対象となったとも思われ、検地代官一〇人による徹底した丈量検地が実施されたものと思われる。

なお、一〇〇貫以上の武士は中村に「隠居」した盛胤《もりたね》の四七一貫文を筆頭に、泉氏二八五貫文、泉田氏二七五貫文、岡田氏二六五貫文、義胤の弟郷胤《さとたね》一三五貫文、黒木一三一貫文、大井氏一〇七貫文の七名に過ぎず、義胤の直轄領は八〇〇貫文に過ぎなかったと竹井氏は指摘する。義胤の所領の少なさは、天正十八年の知行目録と大きく変化していない。いずれにしても、家臣との関係は、必ずしも義胤が絶対的立場を有していたわけでなかったことを示唆しており、何らかの対応を迫られたことは確かであろう。

義胤の本拠移転

相馬氏が本拠を移したことは、夙《つと》に知られるが、従来は仙台に本拠を移した伊達氏への対抗との記述が多かった。しかし、義胤が考えた移転の最初は、名護屋から帰国後、間もなくの慶長元年（一五九六）のことであることを考えると、名護屋往来の見聞が大きく影響したと考えることもできよう。すなわち、海上交通を含む流通上の要衝を確保する点にあったが、それぞれの支配領域を持ち続ける在郷領主への対応も含まれていた（岡田清一『中世南奥羽の地域諸相』）。

慶長元年、義胤はまず村上城《むらかみ》（南相馬市）への本拠移転を考えた（『奥相志』）。『奥相志』には「古塁高く、蒼海《そうかい》に臨み、湖沼《こしょう》西に回り、北に川流ありて、もっとも要害の地」と記すように、太平洋に面した独立丘で、海と湖沼、川に囲繞《いにょう》された要害の地であった。江戸時代ではあるが、村上城の北端には相馬中村藩の年貢米保管庫が置かれ、あいだを流れる小高川河口には「運糧船」を出帆させる浜（湊）が存在した。もっとも、火災が発生したため、これを不吉と考え、断念したという。

なお、「相馬義胤分限帳」は、村上城移転計画は慶長五年、水谷《みずがい》権兵衛の計策であったとも記している。しかし、分限帳の記載は権兵衛の軍功をかなり誇張して記している点にも留意しなければならないし、水谷氏のいう慶長五年は関ヶ原の戦いがあったときでもあり、移転計画はその時にもなされたと考えることもできよう。本書では、少なくとも慶長元年に移転の計画があったと考えておきたい。

翌二年、牛越城《うしごえ》（南相馬市原町区）への本城移転が行われた。同城は、近くを流れる水《みず》無《なし》川を経て新田《にいだ》川に通じ、その河口域は古代の行方郡衙《なめかたぐんが》の所在地であるが、中世の貿易陶磁器が出土する地域でもあった。そこは、泉氏の本拠「泉山館《いずみやまたて》」から眼下に見下ろせる地区であったから、泉山館は新田川の河口域を支配する「海城《うみじろ》」（滝川恒昭「戦国期江戸湾岸における『海城』の存在形態」）と理解できる。なお、江戸時代には、行方郡の年貢米を貯蔵する「御蔵《おくら》」が所在し、河口の「大磯の湊」から搬出されていたが、その海運の拠点としての要衝性は十六世紀にも機能していたろう。

ところが、牛越城を普請する際、相馬方の奉行人と泉胤政《たねまさ》の奉行人が口論となり、胤政の「私曲《しきょく》」に対し義胤が出陣するまでになった。そのため胤政は館屋に火を放ち、会津に逃れて上杉景勝に奉公することになったという（『相馬藩世紀』）。胤政の追放後、替わって一族の岡田宣胤《のぶたね》が行方郡岡田館から移り、同地区の「泉平館《いずみひらたて》」を本拠にした。

義胤は、新田川河口域を岡田氏を介して影響下に置くとともに、泉氏という有力な在郷領主を排除し、さらに岡田氏を鎌倉時代以来の所領岡田村から切り離したのである。なお、慶長七年、帰参した胤政が泉田館主《いずみだたてぬし》（福島県浪江町）として復帰すると、それまでの館主泉田胤隆《たねたか》（標葉氏の一族）は近辺の両竹館《もろたけやかた》（福島県双葉町）に移った（「奥相秘鑑」）。

こうした事例は、有力な在郷領主をそれまでの本拠地から切り離し、在地との関係を断ちきるという義胤の施策と理解できる。鎌倉期以来、有力一族が割拠するなか、名護屋出陣で得た知見を活かした義胤は、本拠移転を断行するなかで、交通の要衝を確保するとともに、相馬氏の領主権を強化しようとしたのである（岡田清一『中世南奥羽の地域諸相』）。

義胤と関ヶ原の戦い

慶長三年（一五九八）七月、三胤《みつたね》（後の利胤《としたね》）が上洛した。すでに前年五月、義胤も入洛しており、六月に危篤《きとく》状態に陥っていた豊臣秀吉への見舞いの可能性も指摘されている（竹井英文「近世の幕開けと相馬氏」）。八月、秀吉が没すると、当初は五大老が合議し、五奉行が実務を担当するという体制で幼い秀頼《ひでより》を補佐したが、ほどなくして政権運営をめぐって主導権争いが激化した。徳川家康が権力を掌握するなかで、反家康派はこれと対立したが、翌四年閏三月、前田利家《まえだとしいえ》が没すると、家康の権勢はいよいよ確固たるものとなった。これに石田三成《いしだみつなり》は反発したが、秀吉子飼いの大名間の対立によって隠退を余義無くされた。八月、義胤が大坂から小高城に下向し、三胤は大坂に残ったのも、今後の対策と情報収集であったかもしれない。同じころ、上杉景勝も会津に帰国し、新しい領域の交通網の整備や城郭整備を進めたが、これらを家康は謀叛の準備と解した。

慶長五年四月、家康が求めた上洛命令を景勝が拒否すると、翌月には上杉討伐を決定、諸大名に会津出陣を促し、自身も六月には大坂を出発し、江戸を経由して下野国《しもつけのくに》小山《おやま》（栃木県小山市）に向かった。この間、石田三成が挙兵し、上杉景勝と連携して家康に対峙した。

奥羽では、六月下旬には上杉景勝と伊達政宗《だてまさむね》との戦いが始まっていた。「相馬境河俣」（福島県川俣町）や七月の草野境《くさのざかい》（福島県飯舘村）、さらに八月には「白石境小須郷《こすごう》」（宮城県白石市越河）での戦い等によって、政宗は上杉方の支城白石城を攻略したが、川俣《かわまた》や小手《おで》（福島市）は上杉勢によって奪回された（阿部哲人「関ヶ原の合戦と奥羽の諸大名」）。

この間、上杉方は相馬氏と連携すべく、少なくとも七月以降、直江兼続《なおえかねつぐ》から複数の使者が相馬方に派遣された（大津文書）。これに対する義胤の反応は、よくわからない。しかし、伊達家文書に含まれる九月十一日付の羽柴筑前守宛一通斎明覚《いっつうさいみょうがく》の書状には、内府《ないふ》様（家康）・中納言《ちゅうなごん》殿（秀忠）が納馬したこと、長門守が郡山から入馬したことなどが認《したた》められてあった。家康・秀忠の納馬とは、八月五日の小山から江戸への家康の帰還、秀忠の宇都宮配置と理解できるから、関ヶ原合戦直前の状況を記したものであろう。ここに記された相馬義胤に比定できる長門守《ながとのかみ》が郡山から入馬＝帰陣したと理解できる。

八月初頭、直江兼続は浅香《あさか》城（福島県郡山市）にいたとの阿部哲人氏の指摘（「関ヶ原の合戦と奥羽の諸大名」）に基づけば、義胤は兼続からの使者・書状に対応して郡山《こおりやま》まで出陣していたことになる。一通斎明覚を『大日本古文書』の編者は相馬盛胤とする。「相馬氏家譜」は、隠居後の盛胤は一通斎明節と号したとするが、明覚の書状には義胤を単に

「長門守」と記すなど、一通斎明覚を盛胤と解して内容上の不自然さは認められない。『大日本古文書』にしたがっておきたい。

政宗にとっても、隣接する相馬氏の動向は気になった。八月下旬には、相馬方が上杉方につき離反するのが確実と判断し、「白石口・相馬口」の防備を強化する一方、九月下旬、相馬方に派遣した熱海内膳《あつうみうちぜん》が帰り、相馬方面は「一段と静か」との情報を得ると、最上方面への軍備増強を指示している。

郡山まで出陣した義胤も、帰陣してからは「一段と静か」にしており、政宗も相馬方については「佐竹次第」との観測を佐竹方の使者から得ている。その後、相馬勢は佐竹氏や岩城氏と同じように動かなかったのである。そうしているあいだに、九月十五日、関ヶ原の戦いはわずか半日ですでに終わっていた。それは、家康が天下人として権力を確立する半日ともなった。

義胤・利胤と家康・秀忠

三郡改易と安堵

関ヶ原の戦い後、おそらく十月のことと思われるが、相馬義胤は上洛の命令を受けた。それに対し相馬方は佐竹次第と返事し、上洛したならば生命の危険も生ずるため、在所で時間を過ごせば、そのうち落着し、「境目普請」などを命じられた時の準備をしておきたいという楽観的観測に対し、最上義光《もがみよしあき》は上方からの上洛命令などなかなかあるものではないと案じている（伊達家文書）。そうしたなかで、佐竹方は、兼ねてきめておいた義胤の娘と佐竹義宣の弟岩城貞隆《さだたか》との婚姻を早くに進めたいと考えていたらしく（慈光明院所蔵文書）、年内には終えたようである（『相馬藩世紀』）。

翌慶長六年（一六〇一）三月、行方郡田中城の郷胤（義胤の弟）が、さらに五月には三胤の正室が相継いで亡くなった。蘆名盛隆《あしなもりたか》の娘で、蘆名氏が亡ぶと義広《よしひろ》とともに佐竹氏のもとに逃れ、義広に与えられた常陸国江戸崎《えどさき》領（茨城県稲敷市）を支配したため、江戸崎御前と称された女性であったが、わずか十七歳という夭逝《ようせい》であった。不幸は続いた。十月、義胤の父弾正大弼《だんじょうだいひつ》盛胤が逝去した。「隠居」後、田中城に入り三男郷胤を後見したが、伊達氏との関係が悪化するなかで中村城「西曲輪」に入って二男隆胤《たかたね》を後見、隆胤の没後も中村城を守った。関ヶ原の戦い前後も情報を入手していたことはすでにふれた。

そうしたなかで、翌慶長七年五月、家康は佐竹義宣の出羽《でわ》移封を伝え、蘆名盛重《もりしげ》（義広）・岩城貞隆・相馬義胤らの所領没収という処分を下した。相馬方の史料では、義宣からは秋田で一万石を与えるので同行するよう指示があったとも伝えるが、この時点では出羽移封とだけの指示で、場所も領地高も示されていなかったというから（渡辺英夫『戦国大名佐竹義重の生涯』）、秋田で一万石という具体的な内容を提示できなかったことはいうまでもない。

七月になって義宣は、家臣須田美濃守《すだみののかみ》・向左近《むかいさこん》らへの書状で、平四郎（義広）・忠二郎（貞隆）・相馬殿には替地も与えられない迷惑なことと断じ、義広・貞隆には江戸に詰めて秀忠に「侘び言仕り候へ」と伝えたことを記している（須田文書）。義宣自身は早々に伏見《ふしみ》屋敷を引き払い、江戸に立ち寄るも、常陸国《ひたちのくに》の本拠に帰ることも許されず、出羽に向かったという。

義胤に本領没収が伝えられた直後、牛越城は常陸下館《しもだて》城主（茨城県筑西市）水谷勝俊《みずのやかつとし》・下野国大田原《おおたわら》城主（栃木県大田原市）大田原晴清《はるきよ》によって接収された。義胤は、三春《みはる》領を支配する蒲生郷成《かもうさとなり》とは入魂《じっこん》であったので、三春領内の大倉（福島県田村市）に移った。「侍五十余人・小人二十六人」が付き従ったが、多くの「一家衆」大身・小身の侍は「相馬」領内に留まって「民間」となり、あるいは他国に退散して家名を失ったという（『相馬藩世紀』）。泉胤政が帰参したのは、まさにこの時である。

一方で義胤の嫡子三胤は、蜜胤と改名して江戸に向かい、旗本藤野宗右衛門・小笠原丹斎・嶋田利政を通じて家康の重臣本多正信《ほんだまさのぶ》に訴状を提出した。どのような働きかけがあったかはわからないが、同年十月、家康・秀忠に差し出された訴状の内容を言上したところ、その内容は私曲無く明白にして神妙奇特と判断され、もとのように三郡を安堵すべき旨が義胤・蜜胤の二人に申し渡されたのである。その後、上府した義胤は蜜胤とともに家康・秀忠に拝謁し謝意を述べると、義胤夫人を人質として江戸に残して帰国し、牛越城を受け取ったという。同時に、在所を離れていた「譜代《ふだい》の者共」を召し返したが、五〇〇石から三〇〇石の家臣は一律に一〇〇石に減知したともいう（『相馬藩世紀』）。

しかし、牛越城を接収した水谷氏や太田原氏は徳川家の家臣であり、牛越城と相馬領の接収は秀忠の半ば私的に実施されたものであって、豊臣政権による公的なものではなかったとの指摘もある（三宅正浩「近世中村藩の成立と展開」）。これに関連して、藤井譲治氏は、関ヶ原の戦い後、多くの大名に対する国割（加増・転封）が行われたにもかかわらず、領知朱印状の発給は、井伊《いい》直政《なおまさ》や本多忠勝《ただかつ》・榊原康政《さかきばらやすまさ》らのもとで、しかも大名側の意向を忖度して決められたこと、さらに慶長十八年（一六一三）の相馬利胤に対する幕府の指示を事例に、この時期の大名への領地宛行権は、西国大名については大御所家康が、東国大名には将軍秀忠が管掌していたことを指摘している（『徳川将軍家領知宛行制の研究』）。相馬氏の改易・安堵が、秀忠中心に行われたと理解できるだろう。

幻の相馬小高藩

三郡が安堵された翌月、秀忠の側近土井利勝《どいとしかつ》は、蜜胤に土屋忠直《つちやただなお》の異《い》父妹《ふまい》との縁組と秀忠に仕えることを命じたという（『相馬藩世紀』）。翌十二月には婚礼が行われると、土井利勝の偏諱《へんき》「利」をいただき、利胤と改名した。

翌慶長八年（一六〇三）二月、家康は征夷大将軍に任じられた。いわゆる「徳川幕府」の成立である。ところで、相馬中村藩の年譜はこの利胤から始まる。そのためもあってか、相馬中村藩の初代を利胤とすることが多い。それ自体は間違いではないが、この時、相馬氏の本拠は小高にあった。したがって、慶長十六年十二月、中村に本拠を移すまでは相馬小高藩の時代であったというべきだろう。

また、三郡安堵によって家督も義胤から利胤に譲与されたと説く類書もある。しかし、慶長十三年五月朔日、多くの大名とともに義胤・利胤父子が帷子《かたびら》三枚を、さらに十二月二十六日には「小袖《こそで》二つ」を、それぞれが献上している（『徳川実紀』・『当代記』）。なお、相馬家文書のなかに、五月三日と四日付の相馬大膳（利胤）・長門守（義胤）宛の秀忠書状二通が残るが、「端午の祝儀として帷子三到来」とあるのは、この時の献上に対する返書であろう。さらに義胤は年未詳ながら「初鶴」も献上していることもわかる。

いずれにしても、将軍に帷子や小袖を父子そろって献上するのは、違例といえば違例であるが、三郡を安堵されたとはいえ、相馬氏は徳川氏から「領知宛行《りようちあてがい》（安堵）状」を発給されていなかった。その立場は不安定であり、改易・転封の危機は残っていたといってよい。そのようななかで、義胤は嫡子利胤へすべての「家督」（権限）を移譲せず、父子による二頭政治、すなわち「二屋形」制を取っていたのではなかろうか。『相馬藩世紀』（利胤朝臣御年譜）は、慶長七年より公儀への御勤めは利胤が担当していたと記すが、慶長十三年の義胤・利胤父子による将軍家への帷子・小袖献上以降のこととして理解できよう（岡田清一『中世南奥羽の地域諸相』）。

小高から中村へ

徳川氏に仕える相馬氏は、慶長八年（一六〇三）「江戸外桜田御屋鋪」を拝領した。一方で、多くの公儀普請《ふしん》に動員されもした。翌年には、江戸城の城廻り諸所の普請役として石高五万石分の人夫五〇〇人を、同十一年も「江

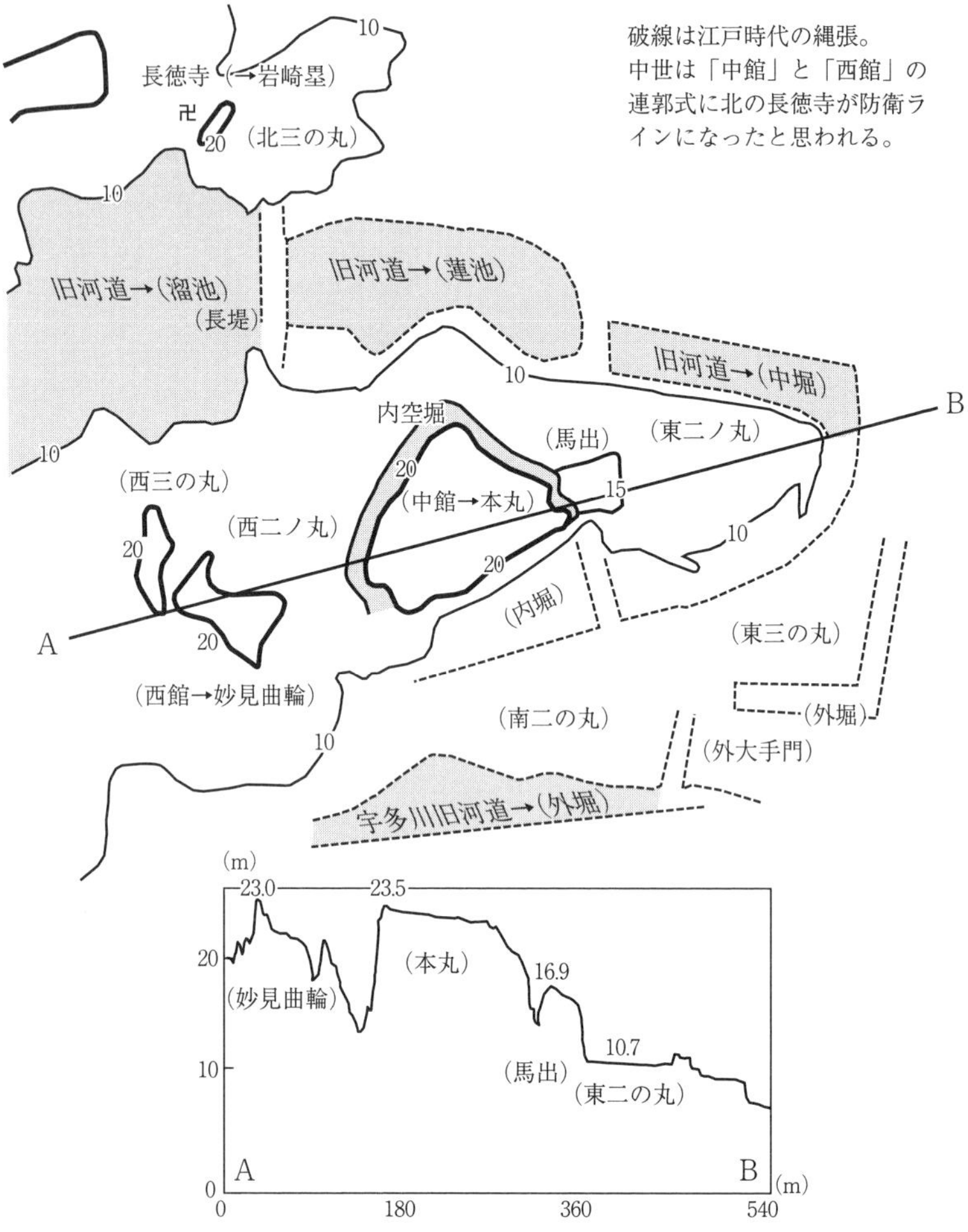

図26　中世の中村城想定図

戸御普請千石夫《せんごくふ》」として五〇〇人を命じられ、さらに翌十二年には、江戸城の石垣普請に動員され、六〇〇人を負担した。

同十四年、奥羽諸藩を中心に動員されたのが、下総国《しもうさのくに》の海上普請、すなわち銚子《ちょうし》（千葉県銚子市）築港である。『相馬藩世紀』には「海上御普請《かいじょう》」「うなかミハ関東釣子口ノ辺り」ともあることから、内陸部の下総国海上郡《うなかみ》（千葉県海上町）と誤解されることもあったが、米沢藩《よねざわ》の『上杉年譜』（『大日本史料』一二の六）には「常州海上船入《ふないり》ノ普請」とあり、海上普請＝銚子築港と考えられる（渡辺英夫『近世利根川水運史の研究』ほか）。

幕府はすでに慶長九年二月、秀忠は「東海道・越後海道」に一里塚を築くよう命じて陸上交通網の整備を進めており、それに接続する海上交通の整備も急がれたのである。こうした幕府の交通網の整備事業に相馬氏も加わっていたのであり、名護屋出陣と中途における織豊系城郭・城下町の見聞を土台にし、義胤に交通網の重要性を認識させていたことは容易に考えられる。

その延長上に中村城への本拠移転が行われた。戦国期に築かれた中村城は、阿武隈《あぶくま》高地から東に延びる尾根状台地の突端に位置し、主郭と副郭からなる城郭であった。主郭の西に位置する副郭は、現在の妙見《みようけん》曲輪に該当し、近世の編さん史料には西館や西曲輪と記された独立丘で、二男隆胤を後見するため「隠居」した相馬盛胤が入った曲輪でもあった。

さらに西には、南北朝期の熊野堂《くまのどう》城が位置し、その東にある「河原宿《かわらしゅく》」という地名からは城下集落の存在が推測でき、それに沿う南北の道路は少なくとも中世以来の古道と考えられる。また、東は宇多《うだ》（湊）の所在地と考えられる松川浦と称される入江である。したがって、南北の陸路と東の宇多湊は宇多川によって結ばれるという要衝でもあった。

「御家給人根元記」によれば、「御家の給人、大身・小身、皆すべて在郷の知行所に住宅、五百石・七百石より上の給人は村々の小館に在館なり」という状況であった相馬領は、十二月二日、中村城に移転することによって、「在郷所在の給人、大身より始め、その外小身も相応に中村御麓へ屋敷を下され、段々に引き移」るという状況をもたらした。

一般に、戦国大名は豊臣政権に臣従して分国内の惣検地を行い、兵農分離《へいのうぶんり》を推進することで、家臣の在地性と独立性を弱め、大名権力を強めた。さらにその後の転封が、大名・家臣双方が保持してきた相伝の所領とのきずなを断ち切り、戦国大名を近世大名に変貌させるきっかけになったともいわれる（山口啓二「藩体制の成立」）。

しかし、相馬領内にあっては、天正十八年（一五九〇）の「相馬領検地目録帳」からも兵農分離を推し進めた形跡を検証することは難しい。そのようななかで、相馬氏の権力を強化するために家臣の在地性を弱める手段は、領国内での移動でしかなかった。

しかも、その後の相馬氏自体の所領没収と安堵という混乱のなかで、有力家臣の領国内転封ともいうべき状況を作り出し、相馬氏権力の強化が図られたのである。そうした権力強化の一環としても中村城移転が考えられる。

このような理解が許されるならば、村上城に始まり、牛越城、そして中村城への本拠移転は、経済的優位性を考えるとともに、天正検地によっても家臣の在地性を弱められなかった相馬氏権力が、その後の所領没収と安堵という状況をも利用し、大名権力の強化を指向した過程上に位置づけられるのである。

慶長奥州地震と津波被害

ところで、中村城への移転直前の十月二十八日、いわゆる慶長奥州地震が発生、それにともなう津波被害は相馬領でも溺死者七〇〇人という犠牲者が生まれ、「民夷多ク死ス」という和人ばかりかアイヌの人びとをも被災させた松前藩領（「松前家譜」）から奥州各地の太平洋岸、さらに下総国銚子口でも津波が観測されたという。

この各地の被災状況を記録したのが、メキシコの副王ルイス・デ・ベラスコが日本に派遣したセバスチャン・ビスカイノである（村上直次郎訳注『ドン・ロドリゴ日本見聞録・ビスカイノ金銀島探検報告書』）。ビスカイノ自身も気仙《けせん》郡越喜来《おきらい》村（岩手県大船渡市）で被災し、陸路を南下し、中村・小高を経由して江戸に向かった。

中村で「領主・大膳殿」の出迎えを受けたビスカイノは、城が破損して城内に迎えられないことを陳謝されているが、そのようななか、相馬義胤・利胤は、十二月二日には中村城に移転している。被害の状況については諸説あるものの、義胤の経済的優位性あるいは大名権力の強化という不可避な政策を遂行するため、移転を強行したとも考えられ、中村城の整備がまた不充分であった可能性は残る。

新しく誕生した相馬中村藩に、相馬領の復興という次なる課題が残されたのである。

相馬氏と平将門――エピローグ

相馬野馬追が、平将門が野馬を敵と見做して行った軍事調練に由来するとの伝承の根底に、相馬氏が将門の子孫であるという系譜認識があった。そのような自己認識が、中世段階にあったとの指摘もあったが、

「目々沢道弘置文」の不思議

その根拠とする文正二年（一四六七）二月二十五日付「目々沢周防入道沙弥道弘置文」は、きわめて不思議な文書である。その冒頭を原文のままに見てみよう。

右、代々御重書之事、
日本将軍自将門平親王以来、千葉之御先祖、
一番　惣領千葉殿
二番　次男相馬殿

（中略）

文正二年丁亥二月廿五日　　目々沢周防入道沙弥道弘（花押）

文意は読み取りにくいが、おおよそ「将門平親王以来、日本《ひのもと》将軍（を継承し）、かつ千葉の先祖でもある」とでも理解できようか。この文言は、『源平闘諍録』の「日の本の将軍と号する千葉介常胤の次男、相馬次郎師常」を連想させ、千葉氏の先祖でもある日本将軍」将門の血脈を主張しようとする系譜認識を読み取ることができる。

しかし、この文書の冒頭「右、代々御重書之事」をどのように理解すべきであろうか。「代々の御重書」とは相馬氏の歴代に関わる「重書」＝重要な文書と理解できるが、その「右」＝文書冒頭になければならない「代々」が無いことに留意すべきであろう。

相馬家の文書は、太平洋戦争末期、空襲によって焼失したとされ、現在は東京大学史料編纂所に架蔵される影写本《えいしゃぼん》が利用される。この影写本は、その奥書に「明治二十二年六月、子爵《ししゃく》相馬誠胤《ともたね》の蔵本を写す」とあり、同年四月、福島県下を巡回した帝国大学文科大学教授でもある星野恒《ほしのひさし》が相馬誠胤氏所蔵の文書を蒐集したことが復命書からわかる。それらは、

一　証文　　　　　　　　　　三巻

右、代々御重書之事状以下十二通　　一巻

重胤かしそく次郎譲渡状以下廿七通　　一巻
譲渡下総国相馬郡云々状以下三十一通　一巻
（下略）

などを含むものであった。この最初の「右、代々御重書之事状」が、前にあげた「目々沢道弘置文」であることは、文言から理解できる。

この「証文」三巻は、現在も相馬家に残る「証文一～三」（岩崎敏夫・岡田清一「相馬家所蔵『証文』『古文書写』について」）とは文書数が異なるので同一とは認められないが、この「証文一」一の冒頭は、

師常
胤綱
胤村
師胤
重胤
右代々御重書之事、

とあって、師常以下重胤に至る相馬氏五代に関わる「重書」であることを示し、以下、系図や関東下知状など相馬重胤に至る一七通を載せている。

同じように「証文二」の冒頭には「親胤　光胤」が、「証文三」には「胤頼　憲胤　胤弘」とあり、それぞれ二九通・四〇通の文書を収録している。しかも、「証文二」の最後に収録された建武三年（一三三六）五月九日付の相馬光胤軍忠状には「至冞光胤証」、「証文三」最後の永享八年（一四三六）霜月付の目々沢道弘預り状にも「至冞胤弘証」という「押紙《おしがみ》」がそれぞれ添付されているから、「証文一～三」は、相馬氏累代の文書を集録した文書集ということになる（岡田清一『中世東国の地域社会と歴史資料』）。

相馬中村藩の系図編さん

では、この「証文」はどのような目的のもとに作成されたのであろうか。歴代の文書を整理・集積する目的は、少なくとも自家の正統性を明らかにするとともに、歴代の事績を顕彰することであろう。そうした行為は、戦いのない安定した時代にこそ求められるのであって、文正二年（一四六七）段階に求めることは難しい。

こうした文書整理等の環境を前提に考えると、寛永十五年（一六三八）十一月、相馬中村藩は、「将門以来の旧記、高胤・盛胤・顕胤・盛胤・義胤・利胤御代々の事跡、証文」を用いて相馬義胤（法号外天）に関する記録「外天記」を編集した（『相馬藩世紀』）。もっとも「外天記」は明暦三年（一六五七）正月の江戸大火によって焼失したため、具体的に知ることはできない。

「外天記」編さんの直後の寛永十八年二月、江戸幕府が諸大名・旗本諸家に系図の提出を求めた時、中村藩は「御先代の証文揃集八拾四通、雑文四拾七通、都合百三拾壱通」をもとに系図を編集し、早くも五月十九日、幕府（太田《おおた》資宗《すけむね》）に提出した。この系図の控えと推測されるものが、相馬一族「相馬将監家」に伝来した「奥州相馬系図」（『原町市史4』）である。その系図の関係箇所を以下に示そう。

良将—将門—忠頼（良文子、将門の跡を継ぐ）—忠常—常将—常兼—常重—常胤—師常（相馬次郎、或いは千葉次郎と号す）
良文

また、文尾に「寛永十八辛巳年五月十九日　相馬大膳亮義胤」ともあり、『相馬藩世紀』の記述と一致する。

ところが中村藩は、翌年閏九月に新たな系図を再度幕府に提出したのである。この系図は控えが作成され、寛永二十一年七月、城下の歓喜寺《かんきじ》に預けられた（『相馬藩世紀』）。いわゆる「相馬之系図」である。この系図も関係箇所を以下に示そう。

将門（相馬小次郎）┬将国（相馬小太郎）―文国（相馬小太郎）―頼望（信田小太郎）―常望（同小太郎）―将長（同小太郎）―長望（同小太郎）
　　　　　　　　　│　└（常州信田に住す、）―兼頼（同小太郎）―重国（信田小太郎、相馬郡に住す、仍って信田を改め、これより相馬と号す、）―胤国（相馬小次郎）―師国（相馬中務太輔　師常の養父）
　　　　　　　　　└忠頼（将門の跡を継ぐ、）―忠常―常将―常兼―常重―常胤―師常

この中村藩から提出された二つの系図を比べると、前者は将門の系譜を引いているものの、将門の跡を継いだ良文の子忠頼（将門の従兄弟）の子孫千葉氏の一族の立場をとっているのに対し、後者は将門直系の子孫として信太氏〜相馬氏を位置づけ、相馬師国に子がなかったため、千葉常胤の子師常を養子に迎えるという設定を行い、将門の子孫という系譜をより直接的なものにしていることに気付く。

では、なぜ中村藩はこうした変更を加えたのであろうか。

「相馬当家系図」

旗本となった下総の相馬氏が、幕府に提出したと考えられる系図に「相馬当家系図」（『取手市史　古代中世史料編』）がある。関係箇所を抽出しておこう。

将門
- 将国
  - 文国　信田小太郎
    - 頼望　小太郎、信太住
    - 常望　小太郎
    - 将長　小太郎
    - 長望　小太郎、信太住
    - 兼頼　信太小次郎
    - 重国　初め常州信田に住む
      長治元年、常州信田より下総相馬郡え引き移り、相改め、これより代々相馬と云う。苗字を相馬次郎左衛門尉とす。
    - 胤国　相馬小太郎、相馬郡居住
    - 師国　相馬小次郎
    - 師常　相馬小次郎、母は秩父重弘女
      実は千葉介常胤の次男
  - 女子　千手妃
- 如蔵尼
- 良門

この「相馬当家系図」は最終記載者ともいうべき胤永《たねなが》に「寛永十七辰年正月十三日死」とあるのがもっとも古い年紀であることから、それ以降に作成されたものであろう。その特徴は、将門の孫文国《ふみくに》以下の系統が常陸国信太庄に住んで信田《しだ》を名のったが、重国の代になって相馬に戻って相馬を苗字とし、その孫師国が千葉常胤の子師常を養子に迎えたという点にある。しかも、ここでは省略したが、文国と姉千手《せんじゅ》には詳細な流離譚《りゅうりたん》・廻国《かいこく》伝承が記載されており、その内容は幸若舞《こうわかまい》『信太《しだ》』に見られる信太小太郎とその姉の流離譚とほとんど同じであることに留意すべきであろう。さらに、系譜は「相馬之系図」とも共通する。

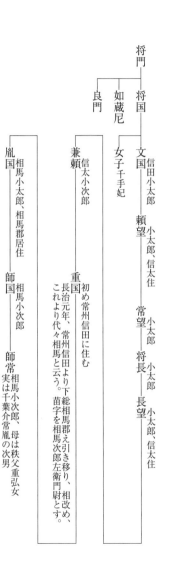

また、「相馬当家系図」には次のような記述もあった。

良文―忠頼（将門の聟となる、千葉相馬一族に依るなり、）―忠常―常将―常長―常兼―常重―常胤
　　　└某（相馬中務太夫苗字継ぐ子絶う。これにより千葉介常胤次男を養子とし師常と名乗る。）

すなわち、相馬師常が千葉氏流であることを示すばかりか、その祖忠頼は将門の聟であったため、千葉と相馬は一族であることを述べている。したがって、「相馬当家系図」は将門直系の子孫として信太氏を介した相馬氏と、忠頼が将門の跡を継承した千葉氏の一族が師常であるという系譜を併記しており、「相馬之系図」と一致する。

下総相馬氏に残る将門子孫伝承

下総の相馬氏に将門の子孫という伝承があったことは、「相馬則胤覚書」（『続群書類従』）に、将門の乱後、「若輩」は配流されたが、孫文国は赦されて常陸国に移住。その後、相馬郡に帰ったが、相馬師国に男子が無かったため、千葉常胤の次男師経（師常）を養子に迎えたという。この内容は、「相馬当家系図」と同じである。

同書は、元和八年（一六二二）、「総州相馬内荒木村（千葉県我孫子市）住人」相馬則胤が「大久保加州大守の御内、相馬長四郎」の所望に任せ、「総領小次郎殿」が「御家伝書」を

書写したものであった。相馬長四郎は、『寛政重修諸家譜』によれば相馬整胤の子「長四郎」に、総領小次郎は長四郎の甥政胤にそれぞれ比定できる。「御家伝書」の内容が判然としないが、「将門の孫文国の時に免ぜられ、配所より常州に帰り移り住む」などの記述からすれば、幸若舞「信太」の内容が取り込まれていた可能性がある。少なくとも、将門の子孫という系譜伝承が下総相馬氏に伝えられていたことがわかる。

相馬嫡流という意識―外様から譜代並へ

中村藩が寛永十八年五月に提出した「奥州相馬系図」は、将門との関係をことさら強調したものではなかったが、翌年提出した「相馬之系図」は将門直系の子孫である点を強調したものに変更されていた。

「奥州相馬系図」の後に「相馬之系図」が作成されたこと、「奥州相馬系図」と「相馬当家系図」に共通する部分が少ないこと、「相馬之系図」と「相馬当家系図」にはかなりの近似性が確認されることなどからすれば、「相馬之系図」の編さんに「相馬当家系図」あるいは少なくとも将門の子孫伝承が影響を与えたことは容易に考えられる。それは、中村藩では将門の子孫という点が当初から強く意識されていたわけではなかったことを意味する。

それを藩レベルで受容したのは、分流と意識し続けた（『相馬藩世紀』）旗本下総相馬氏に残る将門の子孫伝承を、「嫡流家」としては無視できなかったのであり、そのためには下総相馬氏以上の根拠を保持していると主張しなければならなかったのであろう（岡田清一『中世東国の地域社会と歴史資料』）。

以後、享保十三年（一七二八）には「相馬将門八百年忌」を執行しようと、平将門の位牌の残る「相馬郡大雄山海善寺」（茨城県守谷市）に働きかけるが、同寺は「分流」旗本相馬氏の菩提寺でもあった。

幕府という組織内における家格を基盤とする秩序のなかで、旗本相馬氏を含む相馬一族の嫡流という立場は必要であった。万治二年（一六五九）二月、外様《とざま》から譜代並《ふだいなみ》を仰せ付かり、帝鑑《ていかん》の間《ま》詰を許されることになるのも、その帰結の一つであった（『相馬藩世紀』）。

中世の奥州相馬氏は、相馬中村藩の時代になって、相馬氏の嫡流家としての系譜認識を確立し、相馬一族を「統一」しようとしたのである。

あとがき――邂逅のなかの「相馬」

本書は、中世相馬一族の動向を描写したものであるが、とくに南北朝期以降は奥州行方《なめかた》郡《ぐん》に移住した、いわゆる奥州相馬一族が中心となった。相馬氏に関する中世史料は遍在しているが、下総国の相馬氏研究もまだ追究する余地が残されている。

しかし、相馬一族は彼らだけではなかった。寛永九年（一六三二）六月、肥後熊本藩主加藤忠広《かとうただひろ》は、牛方馬方騒動《うしかたうまかたそうどう》など重臣間の対立が原因となって改易《かいえき》、出羽庄内（山形県鶴岡市）へ配流されると、替わって豊前小倉城主細川忠利《ほそかわただとし》が同年中には熊本入りを果たした。細川家は領内の開発を進めるなかで、下級家臣に対し「御赦免開《ごしゃめんびらき》」（藩の許可を得ての山野開拓は免税）を条件に山野の開発を奨励した（『菊陽町史』）。寛文九年（一六六九）二月、「筑後牢人」相馬勘兵衛は足軽に召し抱えられて「入道水《にゅうどうみず》・古閑原村《こがばるむら》」（熊本県菊陽町）に入り、「御赦免開」によって山野を開墾、その子孫相馬善三郎は「知行取席」に昇進したという（『菊陽町史研究資料集三』）。

この相馬一族と、東国の相馬氏との関係は明らかではない。しかし、「筑後牢人」を手がかりに考えると、延文四年（一三五九）八月、菊池武光《きくちたけみつ》率いる南朝勢と筑後国味坂庄《あじさか》（福岡県小郡市・久留米市）で対峙した少弐頼尚《しょうによりひさ》勢に島津《しまづ》上総入道貞久《さだひさ》とともに参陣した「相馬小太郎」が確認できる（『太平記』）。相馬小太郎の実名は不明ながらも、九州を本拠とする多くの武士、とくに島津貞久と行動を共にするなど、すでに九州を本拠としていた可能性も否定できない。

あるいは鎌倉時代、相馬胤綱の娘尼妙智《みようち》は島津久経と結婚し、子息忠宗が筑後国三池庄（福岡県大牟田市）の地頭三池貞時《みいけさだとき》の娘（尼しんねん）と結婚したことも気に掛かる。尼しんねんは、相馬郡我孫子《あびこ》村（千葉県我孫子市）を娘あぐりに譲与した。尼妙智が久経と結婚した時、胤綱が一族あるいは家人を副えたことは、河越重頼《かわごえしげより》が娘を源義経《みなもとのよしつね》に嫁す時、家子《いえのこ》二人・郎従《ろうじゆう》三十余輩を供奉《ぐぶ》させた事例（『吾妻鏡』）からも類推できる。島津氏という大族との婚姻からすれば、家人程度ではなかったであろう。そうした相馬の一族は、妙智・しんねんを介して三池氏と結び付く。島津氏の家臣団構成とも関連付けて追究できる可能性を残している。

令和五年（二〇二三）五月、妻の帰省（肥後国霜野庄《しもののしよう》〈熊本県山鹿市〉）にともない訪熊《ほうゆう》した際、菊陽町教育委員会の内海史郎氏・田中智也氏（前任）、さらに前田千佳子様からさまざまな資料・情報をいただいた。早く「可能性」の域を脱したいと念望している。

筆者は、昭和五十二年（一九七七）四月、東北福祉大学に着任するまでの多くの時間を茨城県北相馬郡内（現守谷市および取手市）で過ごした。とくに三年間を通った守谷小学校は、戦国期・守谷城の大手門近くに設置されたもので、正門近くに残る土塁上には「平将門城趾」の石碑が建っていた。取手町（当時）で通った中学校三年当時の桜井幸男《ゆきお》先生は、近くに残る中世城郭「大鹿《おおしか》城」を熱く語り、その城名が、建武三年（一三三六）十一月二十二日付斯波《しば》家長《いえなが》奉書（相馬文書）に載る「大鹿」に由来することを知るのは、大学入学後であった。龍ケ崎第一高等学校では、上野《うえの》錦一《きんいち》先生のご指導のもと、紆余曲折はあったものの、國學院大學に進学した。

昭和四十四年十二月、卒業論文「中世相馬氏の研究」を提出。主査は小川信《おがわまこと》先生、副査は村田正志先生であった。この間、法学部の小林宏先生のゼミで『塵芥集《じんかいしゅう》』を講読したが、近年、その学びと邂逅を実感している。翌年四月、学習院大学大学院に進学、安田元久先生のもとで五年を過ごした。学部生のころであったろうか、千葉県柏市を中心に活動する東葛歴史研究会に属し、地域の歴史資料の講読、見学・調査に加わり、とくに森田洋平氏からは大きな影響を受けた。卒業論文をもとに、『中世相馬氏の基礎的研究』（崙書房）を刊行したのが昭和五十三年九月のこと。相馬市在住の岩崎敏夫先生から「序」をいただいた。平成二年（一九九〇）十一月、相馬市教育委員会主催の文化講演会での講演がきっかけとなり、翌年六月、「奥相の歴史と文化を語る会」（会長大迫《おおせこ》徳行《のりゆき》先生）が設立され、中世文書を講読する講座が毎月一回開催されることになった。福島県浜通りの方々と共に史料を読む機会は、いつも知的興奮をもたらした。この活動は、平成二十四年三月まで、二一九回を数えた。

この間、平成二十三年三月十一日に発生した東北地方太平洋沖地震による巨大津波は、福島県双葉町の東京電力福島第一原子力発電所を襲い、全電源喪失と一～三号炉の炉心溶融は大量の放射能物質を飛散させた。福島県浜通りの多くの自治体は、全住民避難を含む最大の被害を蒙るばかりか、茨城県取手市や千葉県我孫子市・柏市を含む関東地方でも、飛散する放射能物質は日常を大きく狂わせた（東日本大震災）。皮肉なことに、その多くの被災地に旧相馬中村藩領と下総国相馬郡という、二つの「相馬」が含まれていた。しかも、旧標葉郡《しねはぐん》に属する自治体では、いまだ帰還困難地域を抱えるなか、新しい「まちづくり」を進めざるをえない状況が今もある。被災直後に開催された「相馬野馬追」は、規模こそ小さかったが、地域住民にとって大きな希望になったと思える。被災した文化財・史跡の復旧も進むなか、一三年が経った今もほとんど手付かずに近い「中村城」が一方にある。悔しい限りである。地域の歴史叙述が、地域に住む方々に、あるいは地域の振興にどの程度関与できるか今は断言に苦しむ。しかし、「相馬野馬追」が示したように、「歴史」という地域遺産の活用が求められることはいうまでもない。

本書は、如上の方々との「邂逅」無ければ成り得なかった。その刊行にあたり、南相馬市教育委員会・同市博物館・相馬郷土研究会・小高史談会の皆様、さらに小川一義氏、写真掲載を快諾された各位・各機関には格別のご高配にあずかった。加えて吉川弘文館の岡庭由佳氏からは細心のご助言を得た。これもまた「邂逅」の一齣である。記して深謝申し上げたい。

令和六年六月二十三日

多くの邂逅に感謝しつつ杜都仙台にて

岡田清一

参考文献

自治体史

『青森県史　通史編1』二〇一八
『青森県史　資料編中世3』二〇一二
『福島県史1』一九六九
『相馬市史4資料編1（奥相志）』一九六九
『相馬市史5資料編2（史書類ほか）』一九七一
『相馬市史1通史編Ⅰ』（新『相馬市史1』と記述）二〇二三
『相馬市史4資料編Ⅰ中世』（新『相馬市史4』と記述）二〇二〇
『原町市史1通史編Ⅰ原始・古代・中世・近世』二〇一七
『原町市史3資料編Ⅰ考古』二〇一一
『原町市史4資料編Ⅱ古代中世』二〇〇三
『原町市史10特別編Ⅲ野馬追』二〇〇四
『石川町史一通史編1原始・古代・中世・近世』二〇一二
『いわき市史一』一九八六
『会津坂下町史二　文化編』一九七六

『白河市史一　通史編1』二〇〇四
『仙台市史　資料編1古代中世』一九七五
『仙台市史　通史編2古代中世』二〇〇〇
『亘理町史　上巻』一九七五
『取手市史　古代中世史料編』一九八六
『潮来町史』一九九六
『東町史　古代中世史料編』一九九八
『千葉県の歴史　通史編　中世』二〇〇七
『我孫子市史　原始・古代・中世編』二〇〇五
『柏市史　原始・古代・中世編』一九九七
『柏市史　原始古代中世考古資料』二〇一九
『小田原市史　通史編　原始・古代・中世』一九九八
『静岡県史　資料編8中世四』一九九六
『新熊本市史　通史編　二　中世』一九九八
『菊陽町史』一九九五

著書・論文・調査報告書・史料集

小豆畑毅「相馬盛胤の湯治と白川義綱」『福島史学研究』九三、二〇一五

阿部浩一「戦国期南奥の政治秩序」東北史学会ほか編『東北史を開く』山川出版社、二〇一五
阿部哲人「関ヶ原の合戦と奥羽の諸大名」高橋充編『東北近世の胎動』吉川弘文館、二〇一六
石井新二「上総国周東郡における称名寺領」『千葉県の歴史』二一、一九七八
石井清文『鎌倉幕府連署制の研究』岩田書院、二〇二〇
泉田邦彦「鎌倉末・南北朝期の標葉室原氏―新出史料　海東家文書の『室原家伝来中世文書』の考察―」『相馬郷土』三〇、二〇一五
「南北朝・室町期の標葉下浦氏―新出史料　海東家文書の『下浦家伝来中世文書』の考察―」『相馬郷土』三二、二〇一六
「中世の請戸」『大字誌　ふるさと請戸』蕃山房、二〇一八
「室町時代の相馬氏と海道地域」新『相馬市史1通史編Ⅰ』二〇二三
「奥羽と京・鎌倉―国人一揆を中心に―」東北大学日本史研究室編『東北史講義【古代・中世篇】』筑摩書房、二〇二三
市村高男「当主の居城と前当主（または継嗣）の居城」千葉城館研究会編『城郭と中世の東国』高志書院、二〇〇五
『足利成氏の生涯』吉川弘文館、二〇二二
伊藤喜良『中世国家と東国・奥羽』校倉書房、一九九九
『東国の南北朝動乱』吉川弘文館、二〇〇一
「南奥の国人一揆と『公方事』」細井計編『東北史を読み直す』吉川弘文館、二〇〇六

『伊達一族の中世』吉川弘文館、二〇二一
伊藤邦彦『鎌倉幕府守護の基礎的研究【国別考証編】』岩田書院、二〇一〇
入間田宣夫「鎌倉幕府と奥羽両国」大石直正等編『中世奥羽の世界』東京大学出版会、一九七八
いわき市教育文化事業団編『大平山城跡・寺院跡　大平山A横穴墓群』福島県浪江町教育委員会、二〇一七
岩崎敏夫・岡田清一「相馬家所蔵『証文』『古文書写』について」東北学院大学『東北文化研究所紀要』二五、一九九三
植田真平『鎌倉公方と関東管領』吉川弘文館、二〇二二
江田郁夫「奥州管領大崎氏と南北朝の動乱」柳原敏昭・飯村均編『鎌倉・室町時代の奥州』高志書院、二〇〇二
『室町幕府東国支配の研究』高志書院、二〇〇八
「東北の南北朝内乱と奥州管領」白根靖大編『室町幕府と東北の国人』吉川弘文館、二〇一五
遠藤　巌「建武新政と南北両党の抗争」『福島県史1』一九六九
「南北朝内乱の中で」大石直正ほか『中世奥羽の世界』東京大学出版会、一九七八
大石直正「外が浜・夷島考」『関晃先生還暦記念　日本古代史研究』吉川弘文館、一九八〇
小笠原長和『中世房総の政治と文化』吉川弘文館、一九八五
岡田清一『鎌倉幕府と東国』続群書類従完成会（八木書店）、二〇〇六
『中世東国の地域社会と歴史資料』名著出版、二〇〇九

『相馬氏の成立と発展』戎光祥出版、二〇一五
「鎌倉府体制下の相双地域」『原町市史1通史編Ⅰ』二〇一七
『北条義時』ミネルヴァ書房、二〇一九
『中世南奥羽の地域諸相』汲古書院、二〇一九
「相馬氏の受給文書と『相馬西殿』—戦国期・家督相続に関する基礎作業—」『東北福祉大学研究紀要』四五、二〇二一
『鎌倉殿と執権北条130年史』角川書店、二〇二一
「戦国期・南奥諸氏の官途補任について」『福島史学研究』一〇〇、二〇二二
「広元から義時へ—鎌倉的「執権」制の成立—」『鎌倉』一三一・一三二、二〇二二
岡野友彦『北畠親房』ミネルヴァ書房、二〇〇九
小川　信『足利一門守護発展史の研究』吉川弘文館、二〇二一
小国浩寿『鎌倉府体制と東国』吉川弘文館、二〇〇一
垣内和孝『室町期南奥の政治秩序と抗争』岩田書院、二〇〇六
『伊達政宗と南奥の戦国時代』吉川弘文館、二〇一七
「戦国大名相馬氏と宇多荘」新『相馬市史1通史編Ⅰ』二〇二三
亀田俊和『南朝の真実—忠臣という幻想—』吉川弘文館、二〇一四
川合　康『鎌倉幕府成立史の研究』校倉書房、二〇〇四
菅野郁雄「『十月五日付山内殿宛佐竹義重書状』考」『福島史学研究』七〇、二〇〇〇

菅野正道「伊達氏、戦国大名へ」遠藤ゆり子編『東北の中世史4伊達氏と戦国争乱』吉川弘文館、二〇一六
鍛代敏雄「古河公方家臣下総相馬氏に関する一考察」『栃木史学』創刊号、一九八七
久保健一郎『「中近世」移行期の公儀と武家権力』同成社、二〇一七
熊谷隆次「北奥羽の戦国世界」東北大学日本史研究室編『東北史講義【古代・中世篇】』筑摩書房、二〇二三
黒嶋　敏「はるかなる伊達晴宗―同時代史料と近世家譜の懸隔―」『青山史學』二〇、二〇〇二
『中世の権力と列島』高志書院、二〇一二
黒田基樹「戦国時代の柏地域」『戦国期関東動乱と大名・国衆』戎光祥出版、二〇二〇
『国衆―戦国時代のもう一つの主役―』平凡社、二〇二二
小林清治『戦国の南奥州』歴史春秋社、二〇〇三
『奥羽仕置と豊臣政権』吉川弘文館、二〇〇三
『奥羽仕置の構造―破城・刀狩・検地―』吉川弘文館、二〇〇三
『伊達政宗の研究』吉川弘文館、二〇〇八
『戦国大名伊達氏の研究』高志書院、二〇〇八
『戦国大名伊達氏の領国支配』岩田書院、二〇一七
小林　宏『伊達家塵芥集の研究』創文社、一九七〇
近藤祐介「聖護院門跡の成立と展開―公武権力との関係を中心に―」永村眞編『中世の門跡と公武権

力』戎光祥出版、二〇一七
佐賀県教育委員会『特別史跡名護屋城跡並びに陣跡3文禄・慶長の役城跡図集』一九八五
佐々木紀一「『平家物語』の中の佐竹氏記事について」『山形県立米沢女子短期大学紀要』四四、二〇〇八
佐々木健策「複数の主郭を持つ城―小田原北条氏の領国支配と城郭構造―」『小田原市郷土文化館研究報告』五七、二〇二一
佐藤進一『増訂鎌倉幕府守護制度の研究』東京大学出版会、一九七一
『鎌倉幕府訴訟制度の研究』岩波書店、一九九三
白根靖大「奥州管領と斯波兼頼の立場」『中央史学』三〇、二〇〇七
「建武の新政と陸奥将軍府」「東北の国人たち」白根靖大編『室町幕府と東北の国人』吉川弘文館、二〇一五
新城美恵子『本山派修験と熊野先達』岩田書院、一九九九
杉山一弥『室町幕府の東国政策』思文閣出版、二〇一四
「伊達政宗の乱の展開と稲村公方・篠川公方」黒田基樹編『足利満兼とその時代』戎光祥出版、二〇一五
鈴木由美『中先代の乱』中央公論新社、二〇二一
高橋俊介「天正十四年の南奥羽における『惣和』と相馬氏」『駒澤大学大学院史学論集』三七、二〇〇七

滝川恒昭「戦国期江戸湾岸における『海城』の存在形態」『千葉城郭研究』三、一九九四
竹井英文『織豊政権と東国社会』吉川弘文館、二〇一二
「近世の幕開けと相馬氏」新『相馬市史1通史編Ⅰ』二〇二三
千枝章一「再考『相馬重胤の奥州移住について』」『相馬郷土』三三、二〇一八
千葉県文化財センター編『千葉県我孫子市日秀西遺跡発掘調査報告書』千葉県教育委員会、一九八〇
東京都江戸東京博物館ほか編『戦国時代展』読売新聞社、二〇一六
飛田英世・桃崎祐輔「茨城県波崎町の碇石」『六浦文化研究』一〇、二〇〇一
永井　晋『鎌倉源氏三代記』吉川弘文館、二〇一〇
長塚　孝「中世後期における地域概念の一事例」『戦国史研究』二〇、一九九〇
「総論　足利成氏論」長塚孝編『足利成氏』戎光祥出版、二〇二二
七海雅人「鎌倉幕府の配分安堵」『日本史研究』四一四、一九九七
「鎌倉御家人の入部と在地住人」安達宏昭ほか編『争いと人の移動』清文堂、二〇一二
「南北朝動乱の中の相馬氏と海道地域」新『相馬市史1』二〇二三
西岡虎之助『荘園史の研究』下巻一、岩波書店、一九五六
西嶋定生「我孫子古代中世史の研究課題」『我孫子市史研究』創刊号、一九七六
西田友広「鎌倉時代の石見国守護について」『鎌倉遺文研究』二〇、二〇〇七
野口　実「中世東国武家社会における苗字の継承と再生産」『鎌倉』八三、一九九六
橋本義彦『平安貴族社会の研究』吉川弘文館、一九七六

濱本裕史「国立公文書館所蔵『御状引付』および同紙背『三番日々記』について」『古文書研究』八九、二〇二〇
福島県教育委員会『福島県の中世城館跡』一九八八
福田豊彦『中世成立期の軍制と内乱』吉川弘文館、一九九五（初出は一九九三）
福田豊彦・服部幸造『源平闘諍録（下）』講談社学術文庫、二〇〇〇
藤井讓治『徳川将軍家領知宛行制の研究』思文閣出版、二〇〇八
北条氏研究会編『北条氏発給文書の研究』勉誠出版、二〇一九
峰岸純夫『中世の東国―地域と権力―』東京大学出版会、一九八九
「常滑焼・渥美焼の東国伝播の背景」永原慶二編『常滑焼と中世社会』小学館、一九九五
『新田岩松氏』戎光祥出版、二〇一一
宮家　準『熊野修験』吉川弘文館、一九九二
三宅正浩「近世中村藩の成立と展開」『原町市史1通史編Ⅰ』二〇一七
宮武正登「文禄慶長の役（壬辰・丁酉倭乱）における大名陣跡の諸形態（1）」佐賀県立名護屋城博物館『研究紀要』三、一九九七
村上直次郎訳注『ドン・ロドリゴ日本見聞録・ビスカイノ金銀島探検報告書』奥川書房、一九四一
盛本昌広「走湯山燈油料船と神崎関」『千葉史学』一三、一九八八
八木直樹『戦国大名大友氏の権力構造』戎光祥出版、二〇一二
山口啓二「藩体制の成立」『岩波講座日本歴史　近世2』岩波書店、一九六三

山田将之「中人制における「戦国ノ作法」—戦国期の中人制と伊達氏の統一戦争—」『戦国史研究』五七、二〇〇九
「戦国期南奥羽の中人制」南奥羽戦国史研究会『伊達政宗—戦国から近世へ—』岩田書院、二〇二〇
湯山　学「相馬御厨と島津・摂津両氏」『我孫子市史研究』三、一九八七
横山昭夫・誉田慶信・伊藤清郎・渡辺信『山形県の歴史』山川出版社、一九九八
吉川聡・遠藤基郎・小原嘉記「『東大寺大勧進文書集』の研究」『南都佛教』九一、二〇〇八
渡辺英夫『近世利根川水運史の研究』吉川弘文館、二〇〇二
『東廻海運史の研究』山川出版社、二〇〇二
渡部正俊「石塔氏小考—義房と子息頼房・義基—」小林清治編『中世南奥の地域権力と社会』岩田書院、二〇〇一
『戦国大名佐竹義重の生涯—常陸時代の佐竹氏—』六郷史談会、二〇一三
渡　政和「『京都様』の『御扶持』について」植田真平編『足利持氏』戎光祥出版、二〇一六

著者紹介

一九四七年　茨城県に生まれる
一九七〇年　國學院大學文学部史学科卒業
一九七五年　学習院大学大学院人文科学研究科博士課程（史学専攻）満期退学
現在　東北福祉大学名誉教授、博士（文学、東北大学）

〔主要編著書〕
『中世東国の地域社会と歴史資料』（名著出版、二〇〇九年）
『相馬氏の成立と発展』（戎光祥出版、二〇一五年）
『中世南奥羽の地域諸相』（汲古書院、二〇一九年）
『相馬藩世紀』第一・第二（共編、続群書類従完成会、一九九九・二〇〇二年）

歴史文化ライブラリー
608

相馬一族の中世

二〇二四年（令和六）十月一日　第一刷発行

著　者　岡《おか》田《だ》清《せい》一《いち》
発行者　吉川道郎
発行所　株式会社　吉川弘文館
東京都文京区本郷七丁目二番八号
郵便番号一一三―〇〇三三
電話〇三―三八一三―九一五一〈代表〉
振替口座〇〇一〇〇―五―二四四
https://www.yoshikawa-k.co.jp/
印刷＝株式会社 平文社
製本＝ナショナル製本協同組合
装幀＝清水良洋・宮崎萌美

ISBN978-4-642-30608-9

歴史文化ライブラリー

1996. 10

刊行のことば

現今の日本および国際社会は、さまざまな面で大変動の時代を迎えておりますが、近づきつつある二十一世紀は人類史の到達点として、物質的な繁栄のみならず文化や自然・社会環境を謳歌できる平和な社会でなければなりません。しかしながら高度成長・技術革新にともなう急激な変貌は「自己本位な刹那主義」の風潮を生みだし、先人が築いてきた歴史や文化に学ぶ余裕もなく、いまだ明るい人類の将来が展望できていないようにも見えます。このような状況を踏まえ、よりよい二十一世紀社会を築くために、人類誕生から現在に至る「人類の遺産・教訓」としてのあらゆる分野の歴史と文化を「歴史文化ライブラリー」として刊行することといたしました。

小社は、安政四年（一八五七）の創業以来、一貫して歴史学を中心とした専門出版社として書籍を刊行しつづけてまいりました。その経験を生かし、学問成果にもとづいた本叢書を刊行し社会的要請に応えて行きたいと考えております。

現代は、マスメディアが発達した高度情報化社会といわれますが、私どもはあくまでも活字を主体とした出版こそ、ものの本質を考える基礎と信じ、本叢書をとおして社会に訴えてまいりたいと思います。これから生まれでる一冊一冊が、それぞれの読者を知的冒険の旅へと誘い、希望に満ちた人類の未来を構築する糧となれば幸いです。

吉川弘文館